培养好孩子先做好家长

彭坤明　著

江蘇鳳凰教育出版社
Phoenix Education Publishing, Ltd

感谢您使用本书。您在使用本书时如有建议或发现质量问题，请联系我们。
【内容质量】电话：4008283622
【印装质量】电话：4008283610

图书在版编目（CIP）数据

培养好孩子　先做好家长 / 彭坤明著 . -- 南京：江苏凤凰教育出版社，2023.4
ISBN 978-7-5743-0570-0

Ⅰ . ①培…　Ⅱ . ①彭…　Ⅲ . ①家庭教育　Ⅳ . ① G78

中国国家版本馆 CIP 数据核字（2023）第 057368 号

书　　名　培养好孩子　先做好家长
作　　者　彭坤明
责任编辑　马　笑
出版发行　江苏凤凰教育出版社（南京市湖南路 1 号 A 楼　邮编 210009）
苏教网址　http：//www.1088.com.cn
照　　排　南京私书坊文化传播有限公司
印　　刷　江苏凤凰通达印刷有限公司（电话：025-57570426）
厂　　址　南京市六合区冶山街道牡丹村 6 号
开　　本　787 毫米 ×1092 毫米　1/16
印　　张　19
版　　次　2023 年 4 月第 1 版
印　　次　2023 年 4 月第 1 次印刷
书　　号　ISBN 978-7-5743-0570-0
定　　价　55.00 元
网店地址　http：//jsfhjycbs.tmall.com
公 众 号　苏教服务（微信号：jsfhjyfw）
邮购电话　025-85406265，025-85400774
盗版举报　025-83658579

序

胡金波
江苏省政协原副主席
南京大学党委原书记
国家总督学顾问

培养好孩子是教育的核心价值，更是所有家长的最大心愿。然而现实告诉我们，要真正把孩子培养好是很不容易的事，因为好孩子的培养是极其复杂的系统工程，需要多种因素的综合和能量的汇聚，其中，优化的教育生态尤其是好学校、好老师确实至关重要，但伴随着教育理念的更新以及模式的创新，人们对家庭与家长所具有的特殊功能、显著优势给予了从未有过的高度关注和认同，以至于好家庭就是好学校，好家长胜似好老师正成为新的社会共识。如果我们对素质教育再作进一步的解读，那就完全可以得出一个更为重要的结论，这就是：能不能培养出好孩子，在很大程度上取决于有没有好家长，或者说，仅仅有好学校、好老师而没有好家庭、好家长，要想把孩子培养好也是很困难的。正由于此，好家庭尤其是好家长才成为教育的急切期待以及孩子们的深情盼望。

诚然，为了能培养出一个好孩子，我们所有的家长都有着做一个好家长的强烈愿望，也无不为此作出艰苦的努力，但正如培养好孩子一样，做一个好家长也是非常的不易甚至更为困难，其原因固然是复杂的，就其主要方面而言，我认为就是缺乏对好家长的认知即并不真正清楚什么才是一个好的家长、怎样才能做一个好的家长，以至于在孩子的教育与培养过程中常常事与愿违，既有好事办不好的纠结，更有好心无好报的苦恼。显然，教育发展到今天，已不能仅仅满足于对家长们提出“好”的要求，也不能简单地对家长们所谓的“不好”进行指责，而是要致力于让家长们知道如何是“好”、怎样才“好”。为此，坤明同志以高度的责任感，用五年时间凝心聚力地写成的新著《培养好孩子　先做好家长》（以下简称新著），不仅正当其时，而且意义重大。

新著立足于好孩子的培养，聚焦于好家长的素质，对什么是好家长以及如何做好家长这一既是热点又是难点的问题，进行了全面的解读和系统的阐述，在进一步强调好家长的重要性以及厘清好家长与好孩子相互关系的基础上，着重就好家长应当具备的正确认知与清晰思维、职责定位与角色扮演、人文精神与言行规范尤其是怎样理性地关爱孩子等内容，从七个大的维度作出了精当的归纳，每一个维度又选择了十个视点展开了细微的分析，既指出存在的问题与不足，又提出积极的对策与建议；既有冷静的点评和善意的批评，又有耐心的劝告与直爽的忠告；既注重观点与方法的创新，又致力于共识与正能的汇聚，对于家长们自觉地更新教育的理念与方式、有效地化解内心的纠结与苦恼、切实地防止实践的盲目与误区尤其是更好地完善人格的修养与形象都具有很强的针对性和指导性，堪称是不可多得的好家长教科书、新时代教子经。

新著不仅内容丰富、品质厚重，而且具有清新的风格与鲜明的特色。

一、激情奔放　诚挚感人

新著通篇充满着对孩子们的炽热情感，不仅跃然于纸上，而且融化于字里行间，可以说，每一句话都是真情的流露、激情的迸发。尤其是在如何尊重与善待、呵护与关爱这些小生命以及怎样才能让他们快乐和健康地成长的问题上，对家长们的谆谆善诱、语重心长确实动人心弦、感人心脾。这样的人文情怀与人本精神，相信会让家长们产生心灵的共鸣，更加自觉地回归并坚守育人的初心。

二、贴近生活　真话实说

新著在如何做好家长、怎样培养好孩子这一重大的理论和实践问题上，有着独立的思考以及个性化的见解和观点，可谓独抒已见，其中不乏许多的真知灼见。这些见解与观点虽然呈现出浓厚的浪漫色彩，但更多的则是散发着浓郁的生活气息，即新著所讨论的都是家长们关切的真问题，给家长们提出的建议皆能接地气，因而不是装腔作势、虚谈高论，而是开心见诚、真话实说。这样的讲真话以及拉家常的态度和方式，相信会让家长们有平易近人之感并由此给予充分的信任。

三、面向大众　雅俗共赏

新著是写给家长们看的，也是说给家长们听的，但家长是庞大的社会人群，其构成确实非常复杂，尤其是每一个家庭的状况各不相同，每一个家长的素质各有千秋，要把教育的认知乃至智慧转化为所有家长都能共享的公共资源无疑是困难的。同时，孩子的教育与培养是一门科学，既有深刻的道理，也有严密的逻辑，更有抽象的概念与范畴，要让绝大多数家长没有枯燥和艰涩之感更为困难。为此，新著以大众化为价值取向，对教育科学作了深入浅出的再解读，通俗易懂的再阐释。这样的大道至简、雅俗共赏品质，相信能为家长们所喜闻乐见，也能使各从其志的家长们各得其宜。

四、诗以言教　独具创意

新著既情文并茂又要言不烦，同时，在充分说理的过程中巧妙地运用了许多生动形象的比喻，旨在通过妙喻取譬而解家长们之困惑。尤其值得点赞和欣赏的是，新著良工心苦地为家长们创作了近八十首家教诗。在我国传统的文化宝库中，散见着许多脍炙人口的关于孩子教育与培养的诗词、歌谣以及格言和警句，新著的这些家教诗既注重了继承和集成，又赋予了现代教育科学的内涵，使之更加丰富和鲜活，不仅能登大雅之堂，而且能入大众之心，确实难能可贵，值得品味。这些独具匠心和创意的家教诗，相信能使家长们获得新的启悟并由此开辟孩子教育与培养的新境界。

新著的特色不胜枚举，但仅就以上四个方面的概括就足以让人产生别开生面、耳目一新之感，因而具有很强的亲和力与可读性。正是基于新著指导性与可读性的内在统一，我非常乐意地向家长们推荐并郑重地建议家长们认真阅读。当然，如何做好家长、怎样培养好孩子是人所共知的难题，这决定了新著所表达的观点和提出的建议都有进一步讨论的必要，期待有更多的专家学者贡献智慧，也希望所有的家长共同努力。为此，我把坤明同志新著中的两句诗用作结语：美中不足非过错，存异求同聚正能。

目　录

第五章　福田广种责任田

家长义不容辞的十大主业

第六章　有位有为定准位

家长名实相符的十重角色

绪论

一、说教谈经为家长

孩子教育大文章
开宗明义话家长
圣哲垂训不遗力
言微旨远劝家长
百姓乐道味无穷
归全反真评家长
世说新语妙天下
彰明较著导家长

自古以来，孩子的教育与培养一直被公认为是人世间最大的事情，正所谓“悠悠万事，唯此为大”。同时，人们把如何教育与培养孩子看作是一门大学问、一篇大文章，其中，家长如何教育与培养孩子，尤其是怎样当好家长，不仅是重要的内容，而且是中心的议题之一。乃至于说到孩子的教育从来不忘论家长，谈到孩子的培养更是先要话家长。历史上众多的圣哲贤达不仅情真意切地给孩子们留下了朗朗上口的“劝学篇”，也意味深长地为家长们奉献了声声入耳的“劝教篇”，即通常所说的教子经。这些劝教篇或教子经充满了育人的哲理，既表达了对家长们的殷殷期盼，更具有启家长们教育之蒙、开家长们教育之悟的功能，对此，我们家长要以敬畏之心自觉地继承和弘扬。

回看现实生活，今天的社会公众无不对孩子的教育与培养问题津津乐道，言之不尽，其可喜的变化之一就是把所道所言聚焦于或回归于家长这一本原，换言之，社会公众对孩子教育问题的热议不再仅仅停留在外部环境以及学校与老师等诸多层面，而是更多地注重对家庭生态尤其是家长素质的评价。这种评价虽然是自发的，却是自觉的，标志着家长们主体意识的自我觉醒。

伴随着社会形态以及教育战略的创新性转型，家庭的育人功能以及家长的教育职能得到了进一步的强化乃至从未有过的凸显，以至于在家长们如何教育与培养孩子的问题上，各种新观点、新思潮以及新语境层出不穷，不仅世语新说，而且语妙天下，由此赋予了传统教子经以崭新的时代内涵，为古老的家庭教育注入了新的活力，进而使家长们更有效地教育孩子、更科学地培养孩子具有了新的导向。

从圣哲劝家长到百姓评家长再到新语导家长，既是如何教育孩子的智慧集成，更是怎样当家长的共识凝聚，这与其说是生活版的家庭教育学，不如说是接地气的“家长学”，问题则是在于家长们以什么样的态度去对待“劝”“评”“导”。事实上，许多称职乃至优秀的家长都有一个共同的特征，那就是既能虚心地听劝，又听得进劝；既能主动地参评，又经得起评；既能积极地信导，又跟得上导。这也同时说明，听得进劝，经得起评，跟得上导，正是家长们自我成长、走向成熟，成为一个好家长的有效途径和明智选择。

二、端人正品靠家长

培育孩子重素养
主体责任在家长
貌相长相顺天意
神态心态看家长
求知问道拜老师
为人处世学家长
地灵未必出俊杰
最好风水是家长

无论是传统的教育文化还是现代的教育科学，之所以一以贯之地把家长作为重要的话题乃至中心的议题，是因为对家长在孩子教育与培养中所具有的重要作用都有着高度的认同，集中到一点，就是孩子素质培育的主体责任在家长。正由于此，教育形态的转型、人才培养模式的创新、素质教育的推进，才使家长们从教育广场的边缘走到了中心，从教育舞台的幕后走到了台前，也从教育活剧的配角变成了主角。所有这一切，都不是人为的编排，而是时代的选择。

孩子的素质培育是复杂的系统工程，需要全社会尤其是学校与家庭、老师与家长的有效合作以及高度协同，但家长无疑是最为重要的责任主体。家长的主体责任有着多方面的定位及要求，我们将在之后的各章中进行具体的解读并分专题展开讨论，作为序论，我们先用一句话作出总体性的概括，这就是：孩子素养看家长。

所谓孩子素养看家长，既表明孩子是看着父母的背影长大的，更强调孩子具有什么样的素养要看家长们如何去培育。例如，孩子饱满和良好的精神状态，阳光和正大的心理品质，积极和进取的人生态度，文明和健康的生活方式，尤其是为人处世的基本准则和规范，等等，都需要家长们去培育，也应当主要靠家长们去培育。我一直持有这样的观点：家长的首要责任不是把孩子培养成什么样的才，而是把孩子培养成什么样的人，或者说看一个家长是否优秀和成功，固然要看孩子的才能与才华，但更为重要的则是看孩子的人品和人格，正所谓端人正品靠家长。

日常生活中，我们总说“地灵人杰”，相信灵秀之地能产生杰出的人才。应当承认，“地灵”与“人杰”之间确实有着紧密的联系，优美的自然环境或生态不仅有利于人才的成长，而且影响着人才的品质，但并不能因此就得出人才的辈出乃至大师的云集仅仅是由环境或“风水”所决定的结论。如果一定要“说风水”“看风水”“选风水”，那么，具有良好人文修养和形象的家长才是孩子成长最好的风水，同时，具有浓郁人文气息和情怀的家庭，才是孩子成长最贵的宝地。

三、至诚感恩归家长

孩子人生爱回放
家长功德最难忘
牵手学步领正道
教会做人守伦常
推诚立心励壮志
教会生活图自强
且看感恩动容时
真情热泪为谁淌

孩子的成长与成功是多种要素的综合，当他们回放人生过程以及回望心路历程的时候，总是百感交集，尤其对倾心为其成长和成功助力的许多“贵人”和“幸事”难以忘怀，其中，父母的功德是最难忘的。孩子对父母功德之所以最难忘，并不仅仅因为生命是父母给予和哺育的，还在于人生的第一步是父母牵手迈出的，正确的人生道路是父母率先引领的，做人的道理最初是由父母教会的；同时，人生的志向和目标是靠父母推心置腹和谆谆善诱而确立的，如何面对生活和创造生活也是从父母那里学会的，等等。所有这些，不仅让孩子们具有了感恩父母最为充分的理由，也是孩子们感恩“所有”但首先感恩父母最为充分的依据。

在现实生活中，我们经常看到各种各样的感恩场景，也经常听到许多成功人士的感恩话语，如果仔细观察和辨听，就不难发现有着这样的共同特征：感恩父母时，所动之情最为真纯，所发之感最为真实，所动之容最为真切，所淌之泪最为真诚，可以说没有丝毫的作秀，更没有刻意的煽情。同时，纵有千言万语，都可以归结为两句话，即感谢父母让我懂得了如何做人，感谢父母让我学会了如何生活，也可以说没有任何的修饰和夸张，因而是那么的质朴、平实和可信。这样的感恩场景和话语，才是我们所有父母最大的情感满足和心灵慰藉。

我之所以和家长们一起再度欣赏这样的感恩场景，品味这样的感恩话语，并不是为了谋求情感归属上的优越乃至“恩归私门”，而是旨在从中获得进一步的启示。启示一：父母要让孩子懂得感恩，首先要教会孩子做人，只有教会孩子如何做人，孩子才会有感恩之心。今天的一些孩子之所以对父母缺乏应有的感恩之心，主要原因正是在于我们父母对孩子缺少了做人的教育，事实上，孝子贤孙与不肖子孙都不是天生的，正所谓种瓜得瓜、种豆得豆。启示二：孩子对父母的感恩并不仅仅是情感的自然流露，而是有着价值的判断和理性的选择，其核心的标准就是看父母有没有教会自己怎样做人。孩子在成长过程中，对父母总是有着这样那样的要求，也难免有着或多或少的不满，但在其长大以后，他们终究会明白，什么才是父母最大的贡献和功德。坦率地说，我们做父母的不管如何辛苦和努力，能教给孩子或给予孩子的都是有限的，但只要能教会孩子如何做人和怎样生活，也就贡献巨大乃至功德无量。

四、礼赞先要赞家长

教育铸鼎写辉煌
心折首肯赞家长
同心画出和谐图
相忍贡献正能量
万家灯火一轮月
一校成名万家忙
人民教育人民办
草根原来是脊梁

新中国教育所取得的巨大成就既令国人自豪，也令世人瞩目。在一个基础薄弱且人口众多的国度，仅仅把“有教无类”“学有所教”这一千年梦想变成现实，就足以堪称奇迹并彪炳史册，为此铸鼎立碑彰显辉煌，既顺理成章，更是民意所归。

我国的教育之所以能在短短的几十年就取得如此辉煌的成就，归结于党和政府对教育的高度重视，归结于中国特色社会主义的政治优势和制度优越，归结于一代又一代教育工作者的奋力拼搏，同时也归结于所有家长的倾情付出和无私奉献，所以，当我们满怀激情地为教育礼赞的时候，切不可忘记普天之下的家长们。在我看来，礼赞教育不仅不能忘记家长们，而且先要给家长们点赞。

礼赞教育先点赞家长，并不仅仅是为了让家长们共享教育发展的成果或分享教育繁荣的喜悦，而是旨在对家长们的贡献价值给予应有的且高度的认同。正是家长们的慷慨解囊，才使教育资源得到了快速的积聚，从而使办学的条件不断有所改善；正是家长们的尊师重教，才使教育的环境得到了持续的优化，从而使教育的发展实现了不断的跨越；更是由于家长们的日夜辛劳，才使“生源”的质量不断提高，从而使“重点”“名校”“一流”成为可能。如果我们俯下身来，眼睛向下再作观察还会发现，在教育的发展过程中，家长们究竟履行了多少职能，承担了多少责任，从来就难以计量，更没有岗位与职能的计较，唯有任劳任怨、无怨无悔，尤其是在教育改革的问题上，尽管存在诸多的困惑，也有着被折腾的强烈感觉，但为了大局，总是能同心同德、相依相忍，也总是能以主人翁的姿态和主动分忧的精神，理顺情绪、调整心态，进而为教育的稳定与和谐释放正能量，所有这些都是难能可贵的。也正是由于万家灯火照亮了教育的天空，无数草根托起了教育的大厦，才有了教育的“风景这边独好”，同时使“人民教育人民办”，无论是作为教育的唯物史观还是作为教育的人本哲学都有了真实的内涵和生动的写照。

我们如此地为家长们“评功摆好”，绝没有任何的“讨好”故意，只是还家长们一个公道，更为重要的是旨在进一步强化这样的认知：家长们不仅是可爱可亲的，而且是值得信赖和依靠的。只有充分地尊重并真诚地善待家长们，教育才真正地充满力量，在家长们面前没有傲慢和盛气的学校也才真正称得上是名校或一流的学校。

五、问责也需问家长

教育积习成乱象
责有攸归问家长
固守旧态若金汤
迷离新姿更惝恍
减负降温变口号
加载增压换花样
怜其不幸是体谅
恨其不争非冤枉

说句真心话，教育的成就确实非常巨大，不可低估，更不容抹煞，对于我们这些“文革”前上小学、恢复高考后进大学的人来说，其体会和感悟尤为真切和深刻。说句实在话，今天的教育也确实存在着诸多令人忧虑的问题，这些问题虽然不能说积重难返，但至少可以说积习难改，以至于人民群众有着许多的不满意，相信任何一个正直和诚实尤其是对教育具有高度责任感的人都不会故意地回避和掩饰。

教育的问题很难一言以蔽，尤其是深层次的问题更难一语道破，但在现实生活中，人们最直观的感受就是乱象丛生，孩子们苦不堪言，家长们不堪其累，对此，家长们有着此起彼伏、不绝于耳的批评和问责之声。尽管这些批评和问责难免会有偏颇的地方，甚至不够冷静和理性，但在我看来，不仅没有罔顾事实，而且具有积极的意义。

我们承认家长们对教育批评和问责的合理性，但并不意味着家长们就是局外之人，可以置身事外。坦率地说，教育的许多问题或乱象与家长们不仅直接有关而且是密切相关，突出的表现之一就是为数不少的家长对传统教育理念、思维以及模式的固守，对教育新思想、战略以及格局的迷离，这种固守旧态、迷离新姿的结果，与其说是增加了教育治乱的困难，不如说是给教育添乱。例如，总有那么一些家长一方面强烈呼吁要给孩子们减负降温，另一方面又变着花样给孩子们加载增压，更有甚者，对学校减少孩子的作业似乎很不习惯，也很不适应，以至于学校在做减法，家庭在做加法，正所谓校内损失家里补，明里降压暗中升，地上培训转地下，人前不言背后行，这样的状况如果得不到根本的改变，要根治教育的乱象进而实现教育生态的优化显然是不可能的。当然，据此就把家长们看作是教育乱象的制造者并不符合事实，但说家长们是教育乱象的助推者我以为也没有被冤枉。所以，面对剪不断、理还乱的教育问题，家长们不要总是以为自己是受害者，而是同样需要自我反思，更需要自我问责，同时还要深刻地认识到，人民满意的教育同样要依靠人民自己去办。

六、改革功圆看家长

大国教育再启航
发展势破万里浪
创新难借风推船
改革更在水中央
家长不是观光客
同舟共济才无恙
成功底气靠地气
正果来自正能量

伴随着中国式现代化建设新征程的开启，教育这艘巨轮再次云帆高挂，破浪远航，其声势之雄壮让人激情飞扬，其蓝图之精美让人心驰神往，仅就现实目标而言，就足以让人荡气回肠，这就是：在新发展理念的引领下，以创新为驱动，进一步深化改革，努力实现教育生态的优化，切实提高人民群众的满意度。所有这些，都是我们家长的所思所想和热切期盼。

创新的浪潮翻滚，改革的洪波涌起，确实给了我们所有家长以巨大的鼓舞和信心，但现实告诉我们，无论是创新的持续还是改革的深化都仍然是长期的过程，更是艰难的历程，正所谓知易行难。难在哪儿？我认为其重点不在鼎新，而在革故，不是布新，而是除旧，即是说，创新没有借风驶船或顺风推船那么简单，也没有“忽如一夜春风来，千树万树梨花开”那么浪漫。同时，改革已进入深水区，不是“宛在水中央”，而是确在水中央。所谓进入深水区，就是要解决深层次的矛盾，根治顽症痼疾，但冰冻三尺非一日之寒，因而深层次的矛盾不可能迎刃而解，顽症痼疾也不可能药到根除，对此，家长们应当有足够的理性和耐心，防止急躁情绪。

教育的创新与改革，直接关系到每一个孩子的成长和未来，可以说，教育的任何一项创新与改革举措都与千万个家庭的切身利益乃至根本利益密切相关，正所谓一枝动百枝摇，牵一发动全身，因此，家长们需要以主人翁的姿态积极推动创新，主动参与改革。即是说，同在教育创新与改革这条船上的家长们不是观光客，而是共济者，只有同舟共济，才能安然无恙。所谓共济，就是在增强责任感的基础上，进一步汇聚并释放正能量，为教育的创新和改革营造更加宽松和谐的环境；主动思考，为教育的创新与改革出谋划策、贡献智慧，更为重要的是要勇于探索，以家庭教育的生动实践为教育的创新和改革提供有价值的经验借鉴。都说高手在民间，创意在基层，力量在群众，由此我们可以形成这样的共识：教育创新与改革一定能取得成功或正果的自信和底气在很大程度上来自家长。

七、振兴希望在家长

教育振兴在路上
希望寄托新家长
重重路障无所惧
迷雾蒙蒙不彷徨
思路交织聚智慧
择优从善看方向
回头找路是死路
莫让阴魂再还阳

振兴教育，让教育充满生机和活力，是实现中华民族伟大复兴的必由之路，也是最为重要的强国战略，对此，全社会都有着高度的认同和共识。谈到教育的振兴，我们非常重视乃至十分强调教师的作用，即“振兴民族的希望在教育，振兴教育的希望在教师”，这无疑是正确的，但并不全面，因为教育的振兴是巨大且复杂的系统工程，需要全社会的共同努力，其中，家长显然是不可或缺的重要力量，这又是因为家庭教育不仅是教育体系的有机组成部分，而且是支撑教育大厦的稳固基础，同时，家长不仅是孩子素质培育主体责任的担当者，也是教育改革与创新的推动者。理论和实践都证明，离开了家长这一庞大的群体或家长们不给力，教育振兴的目标无异于空中楼阁，所以，振兴教育的希望既在教师，也在家长，至少离不开家长。充分认识到这一点，与其说是教育理念的更新，不如说是唯物史观的回归。

把振兴教育的希望同时寄托于家长，既强化了家长们应有的地位，也赋予了家长们更大的责任。家长们要切实承担起这样的责任，需要自我的转型，即从旧式的家长转变为新型的家长，其最为显著的标志就是要具有新的教育理念和价值取向，新的职能定位和角色担当，新的育人方式和行为规范，进而具有崭新的内在修养和外在形象。正是从这个意义上说，新型的家长才能承载教育振兴的希望。

教育的振兴已经在路上，家长们要奋起直追，教育的振兴仍然在路上，家长们更要坚忍不拔，但教育的振兴之路同样并不平坦，路障重重，迷雾蒙蒙都在所难免，正由于此，众多的有识之士纷纷提出了新的振兴思路，我们家长理应给予足够的尊重。同时也要看到，这些犹如蜘蛛网一样交织的思路既有智慧的闪光，也有鱼龙的混杂，既有新潮的奔涌，也有沉渣的泛起，更存在着因改革与创新还面临诸多的困难就想着回头找路的现象或倾向。例如，有的人对素质教育既缺乏准确的理解和积极的认同，也缺乏充分的信心和自觉的行为，以至于回眸向应试教育这块臭豆腐张望，所谓“宁受应试教育之苦，也不愿被素质教育所累”就是典型的逆向回心转意；也有的人既忘记了教育的初心和人本精神，又不善于教育方式尤其是思想工作方法以及沟通机制的创新，以至于回身向打骂孩子这一旧做派请教，所谓“不打不骂培养不出优秀的孩子”就是突出的逆势回船转舵。这样的现象或倾向，不仅需要引起高度的警惕，而且需要给予有效的遏制，因为回头路绝不是教育的活路，更不是教育的振兴之路。对此，家长们切不可随声附和，随波逐流，而是要坚定正确的方向，只有心开目明不迷茫，择善而从有主张，才能真正成为教育振兴的希望。

八、童心呼唤好家长

孩子优秀学有方
身后伫立好家长
新月升腾众星捧
首屈一指好家长
幸运莫过遇良师
悲哀难选好家长
默默无言心在唱
祈祷渴望好家长

教会孩子做人进而把孩子培养成优秀的人，是一切教育的价值取向和目标追求，或者说是教育的初心和人本精神之所在，但孩子能不能优秀显然取决于多种要素，其中，孩子爱不爱学习，会不会学习无疑是决定性的要素之一。事实上，绝大多数优秀的孩子都有着一个共同的特征，这就是爱学、会学，或者说不仅乐于学习，而且善于学习即学习有方，由此我们可以确立一个重要认知：优秀的孩子首先或主要是靠自己学出来的。我们强调孩子学的重要性，并不意味着可以淡化教的功能，尤其不能因此就否定家庭与家长的作用。其实，许多优秀孩子的背后都有一个好家庭，身后都站着好家长。虽然在现实生活中，好家庭未必一定就能走出优秀的孩子，好家长也未必都能育出优秀的孩子，但优秀的孩子必定与好家庭、好家长正相关，至于鸡窝飞出金凤凰，驽马生出千里驹，在我看来并不具有普遍性，更不具有规律性，所以不必故意夸大、刻意炒作。这里所说的鸡窝和驽马，不是对普通家庭和平凡家长的贬低，而是指生态不良的家庭和素质低下的家长，事实上，许多普通的家庭正是好家庭，众多平凡的家长也正是好家长。

诚然，任何一个优秀孩子的身后并不只有好家长，至少还有好老师，正所谓新月升腾众星捧，但无论如何，好家长是最为重要的。一个不争的事实就是：孩子们面对共同的教育环境和情景，接受相同的教育内容和方式，甚至就读于同一所学校和班级，其素质状态却存在着很大的差异，原因固然很复杂，但最主要的则是家庭生态的优劣和家长素质的高低，所以，家长们要想培养出一个优秀的孩子，选择好学校和好老师无可厚非，而建设一个好家庭并努力成为好家长也同样重要，甚至更为重要。

对于孩子们来说，在其人生的道路上能遇到好老师显然是莫大的幸运，而摊不上好家长无疑是最大的悲哀。都说人师难求，即使是求一个好的经师也并不那么容易，但仍然可追可寻，可拜可访，唯有好家长无法选择，这也许正是许多人把投胎看作技术活的主要依据。伴随着孩子们的成长，他们不会总是安之若素或听天由命，而是会有自己的心灵呼唤和无言之歌，那就是对好家长的祈祷和渴望，我们家长岂能充耳不闻、无动于衷！

九、重新学习当家长

育人科学非虚妄
实指家长如何当
上岗虽无许可证
资质从来有考量
纵然知高识又广
仍需重修再扫盲
自我培训若自觉
不是内行也懂行

孩子的教育与培养是一门科学，同时也是一门艺术。所谓科学，主要体现为规律与规范，所谓艺术，主要体现为方式与方法。家长们是否尊重科学，讲求艺术，确实关系到孩子教育的效果与培养的质量，事实也说明，同为家长，在孩子教育与培养的问题上，都具有相同的心情与期望，也几乎有着同样的辛苦和付出，但效果却迥然不同，导致这种差异的原因固然十分复杂，但我认为家长们在教育上的科学与艺术素养的各不相同无疑是主要的原因。

具有教育的科学与艺术素养，是家长们必备的“任职”条件，或者说是家长们必备的“上岗”资质。家长与孩子是一种特定的关系，家庭教育也是一种特殊的形态，决定了家长对孩子教育与培养的职责履行没有明确且硬性的条件设置，也没有准确且严格的资质检测，即是说，家长们的“任职”与“上岗”不需要获得“许可证”。但这并不意味着家长们的“任职”或“上岗”就没有资质的要求，恰恰相反，无论是社会还是孩子，都会用不同的方式对家长们的资质进行考量，同时也会从不同的角度对家长们提出要求。我们在前面所提及的诸如“百姓论道评家长，希望寄托新家长，孩子盼望好家长”等等都包含了对家长资质的考量和要求，这决定了家长们必须具有这方面的自我意识和认知，更为重要的则是必须注重自我提高和完善。

应当承认，今天的家长们尤其是新生代家长，知识越来越丰富，可谓知高识广，这对孩子的教育与培养显然是十分有利的，但家长具有丰富的知识并不代表就具有教育的科学与艺术素养，进一步说，家长们的学识无论多么高端和广博，都不能替代教育的科学与艺术素养，这就是许多学富五车的不同领域专家，在孩子教育与培养的问题上同样会感到困难、存在纠结的重要原因。坦率地说，绝大多数的家长对孩子的教育与培养看似很熟悉，其实仍然很陌生，都需要重新学习，甚至需要重新“扫盲”。

在孩子教育与培育问题上的重新学习乃至重新“扫盲”，是家长们面临的重要且紧迫的任务。虽然全民学习、终身教育体系的构建为家长们的重新学习搭建了广阔的平台，同时各级各类学校也为家长们的重新“扫盲”提供了有力的支持，但最为有效的途径和方式则是家长们的自我进修和自我培训。只要家长们具有在职进修与岗位培训的高度自觉，其资质就一定能不断健全和完备，在孩子教育与培养的问题上，即使不能成为内行，也绝不会是外行。

第一章

知行合一先认知

家长必修必备的十门课程

教育实践重认知
家长行成靠真知
心开目明贵有知
茫然若迷因无知
经验感悟是后知
科学原理应先知
多知从来胜少知
更把新知换旧知

只要是家长就天然地承担着教育与培养孩子的责任，但懂教育与会培养则不是天生的，可以说，几乎没有一个家长先天就具有科学地教育与有效地培养孩子的素质和能力，所以，在孩子教育与培养的问题上，家长们若是感到心有余而力不足是完全正常的，同时，存在或多或少的纠结和苦恼也是一种常态。面对这样的正常现象或常态，家长们用不着过多的自责，但也不能因此就心安理得、聊以自慰，尤其不能把“不懂”“不会”当作躺平或无所作为的托词和借口，而是要以积极的态度、主动的精神，大胆实践，勇于探索，从而在实践中懂得如何教育，学会如何培养，犹如在游泳中学会游泳一样。这就决定了孩子的教育与培养必须尊重实践或重在实践，正所谓“绝知此事要躬行”。

重在实践，绝不是盲目地实践，或者说只是凭借激情和跟着感觉走，而是要能动地实践，注重理性并依靠认知的引领。只有置于理性之上或在科学认知引领下的实践才是有序的，更是有效的，这就要求家长们从一开始就必须高度地重视且充分地做好认知的准备。事实证明，家长对孩子教育与培养效果的大与小、正与反，虽然受到各种因素的制约，但在很大程度上取决于认知的有与无、多与少，正所谓多知者胜，少知者不胜，更何况不知乎！回看现实，在孩子教育与培养的问题上，许多家长之所以能有条不紊、淡定从容，由此走向成功，秘诀之一就是知之较多，而且善求新知，相反，一些家长之所以茫无头绪、手忙脚乱，原因之一就是知之甚少，甚至一无所知。这样的事实给了我们深刻的启示，即有知才能有为，无知必定“无畏”，而“无知无畏”正是孩子教育与培养上最为突出的问题，也是存在种种弊端的主要根源。

为了避免实践的盲目性，家长们不仅要重视认知，而且要努力“先知”。所谓“先知”，并不是指未卜先知，而是指教育的科学原理以及基本常识应当预先知道，或者说把相应的教育认知准备在实践之前，贯穿于实践之中。从这个意义上说，“先知先觉”与“后知后觉”并不截然对立，因为我们今天的“先知”，都是前人的“后知”，或者说是前人长期实践与探索的成果积累和智慧汇聚，所以，努力把前人的实践成果和智慧作为“先知”，正是对实践的尊重，同时也说明，纸上得来未必浅。只有辩证地看待先知与后知的关系，我们才能避免对“实践出真知”的机械理解，也才能防止对“后知后觉”的消极等待，为此，我认为需要进一步确立或认同这样的观点，即引领实践靠认知，知行合一知在前。再次聚焦现实，我们也经常看到这样的现象，许多家长为孩子的教育与培养可谓费尽了心思，竭尽了全力，等到孩子特定的教育与培养阶段或过程结束，尤其是孩子长大且独立以后，回过头来看，不免有着无尽的反思，也有着太多的不满意乃至遗憾，以至于总是会这样理直气壮地说：“如果重新开始，我们一定会把孩子教育得更好，培养得更加优秀！”同样遗憾的是，孩子的成长有着自身的规律，其教育与培养的过程不可重复，犹如生命不可重来一样，此时，家长们的体悟不管多么真切，认知不管多么深刻，都已经是后知。后知无疑是宝贵的，也是对后人的贡献，但对于孩子来说，显然是迟到的认知，通俗地说，就是错过了孩子的最佳培养期或培养的黄金期，所以，在孩子的教育与培养问题上，家长们的认知既不能缺少，也不能迟到。

日常生活中，我们对“亡羊补牢，犹未迟也”这一说法有着普遍的认同，也使许多人因此而得到了宽慰和勉励，但在孩子教育与培养的问题上，这一说法显然不能简单地套用，因为晚与不晚也要作具体的分析。对于未亡之羊来说，及时补牢确实不晚，而对于已亡之羊而言，任何补牢不能不说为时已晚。所以，家长们要想尽量减少遗憾，在认知的准备上就应当宜早不宜晚，恐后更争先，只有在认知上早做准备，才能争取教育的主动，也才能抢占培养的先机。

以上的讨论旨在说明并强调教育认知尤其是家长们早做认知准备的重要性，但教育的认知是一个体系，其内容十分丰富，理论色彩极其浓厚，坦率地说，要在孩子教育与培养问题上具有完整且系统的认知，事实上是困难的，同时，要等到具有相对完备的教育认知之后再去培养孩子更是没有必要的，因而家长们既不必苛求教育认知的完整性和系统性，也不要因为认知的不够充分就裹足不前，但有些基本认知或“须知”则不可不知。从实际出发，我认为家长们应当把如下十个方面作为应知或须知的重点，乃至于确立为必修必备的十门课程：一、把握时代特征；二、弄清社会需求；三、更新人才理念；四、学会成功认同；五、信任老师爱心；六、注重学校品质；七、承认孩子差异；八、树立自身形象；九、优化家庭环境；十、敬畏教育常规。

一、把握时代特征

天下英才应运生
一个时代一群星
教育本是进行曲
时代召唤最强音
雏凤清于老凤声
落后时代无心听
家长旧时堂前燕
当识时代新特征

教育的发展尤其是人才的培养虽然是永恒的话题并且具有永恒的价值，但又都是时代的现象和产物并彰显出鲜明的时代属性，因此，必须站在时代的高度，用时代的眼光和精神去审视和解读。纵观人类的文明史，我们不难发现，什么样的时代造就什么样的人才，什么样的人才开辟什么样的时代，同时，每一个时代都有着属于自己的人才群体，每一个时代的天空也都有着群星的闪耀。伴随着时代的变迁，新的人才群体总是不断地涌现，正所谓“江山代有才人出，各领风骚数百年”。人才的这种应运而生的特性，赋予了教育因时制宜和与时俱进的特质，即是说，教育总是努力地适应时代的变化，听命时代的召唤，不断更新人才的理念，丰富人才的内涵，调整人才的素质定位，创新人才培养的模式，旨在为时代的进步提供人才的支持，更为重要的是为时代的变革做好人才的准备。所以，教育高唱的是时代进行曲，展示的是时代新风貌，这正是教育为什么永远充满活力的根本原因，也是教育必须优先发展的充分理由。

人才的时代属性决定了家长在孩子的教育与培养问题上必须具有时代的认知。所谓时代的认知，从总体上讲就是对时代特征的把握，具体地说则是要清晰地判断孩子生活在一个什么样的时代，这个时代为孩子创设了什么样的成长环境，进而对孩子的素质提出了什么样的要求。只有对时代的特征以及要求作出相对清晰的判断，我们做家长的才谈得上对孩子的未来有所规划，对孩子的成长有所引领。

我们所有家长虽然都生活在一个全新的时代，对新时代也具有高度的认同感以及强烈的归属感，由此积极主动地调整生存与生活的方式，但往往不能静下心来对时代的变化与教育发展的关系，尤其是时代的进步与孩子培养的关系进行认真的思考和理性的分析，以至于教育的理念和培养的方式难免因循守旧而不能与日俱新，其突出的表现之一，就是对今天的孩子缺乏充分的理解和信任。

对于所有的孩子来说，他们是新时代的幸运儿，天然地属于新时代，在他们身上，不仅带有鲜明的新时代印记，而且散发着浓烈的新时代气息，更为重要的是展示着新时代的风采。新时代赋予了他们独特的优越感，同时也使他们在价值取向、人生态度、生活理念、行为方式以及情感表达等诸多方面都呈现出超越传统的特征，但我们许多家长常常不能给予积极的认同、主动的接纳以及热情的点赞和欣赏，而是更多地表现出担心和忧虑，甚至批评和指责，千方百计地想把孩子拖回传统的轨道，其突出的表现之一就是用昨天的我们评价和要求今天的孩子，这实在是不合时宜，说到底，是我们家长缺乏应有的时代认知。

长期以来，在我们家长群体中，似乎存在着这样的一种感觉，这就是伴随着孩子的成长，相互的沟通不是越来越顺畅而是越来越困难，许多人把这一现象称之为“代沟”。在我看来，代沟之说并不确切，因为代与代之间没有不可逾越的鸿沟，而只是在时代的适应性、融合度等方面存在着一定的差异，或者称之为“代差”更为精当。家长与孩子之间的代差不仅是一种客观的存在，而且具有时代进步的意义，表明孩子走在了时代的前列。都说“雏凤清于老凤声”，如果我们落后于时代，对于雏凤的“清声”，是很难听得清楚的，甚至根本无心去倾听，所以，家长要缩小与孩子的代差，明智的选择不是让孩子迁就我们甚至停下脚步等待我们，而是要鼓励孩子大胆地往前走，同时要努力地追赶孩子。追赶孩子就是追赶时代，从某种意义上说，我们在引领孩子的同时，孩子也在引领着我们。

教育与人才的时代属性，决定了家长在孩子的培养问题上必须具有时代的认知和眼光，一个落后于时代的家长，其教育的观念和思维必定是保守的，其模式和行为也必然是僵化的，是很难与孩子同行的，只有把握时代的特征并紧跟时代的步伐，才能为新时代培养新的人才。

二、弄清社会需求

教育哲学唯物论
理念模式看社情
欲定目标先自问
社会需要什么人
素质花开千般好
脱离社会如浮萍
家长莫做井底蛙
面向社会敞开门

在现实形态上，人才的时代性集中体现为社会性。依据马克思主义的辩证唯物论，人才培养的社会性虽然可以从多方面进行解读，但我认为主要应当把握如下两个方面：第一，人才培养的理念是否正确、模式是否科学，需要接受社会的检验，人才质量的高低、素质的优劣，需要接受社会的评价，进一步说，孩子有没有成才，是什么样的人才，不是由家长说了算，也不是由学校说了算，而是由社会说了算。第二，在孩子培养的问题上学校和家庭虽然有着各自的责任定位，也具有相对独立的功能，但都不是孤立和封闭的，都是人才培养这一社会系统工程的有机组成部分，都是为孩子走向社会做好素质上的准备，因此，无论是学校教育还是家庭教育，都必须确立社会化思维，努力实现与社会的高度融合。正是基于这两个方面的解读，我认为，家长对孩子的培养不仅需要具有时代的眼光，同时需要具有社会的认知。

所谓社会的认知，重点是对社会环境的变化、社会形态的转型、社会发展模式的创新给予密切的关注，尤其是对社会发展的未来趋势要作出总体的判断，进而认真思考并努力弄清孩子的素质如何才能满足社会的需求，培养的模式如何才能与社会相适应。

在现实生活中，我们几乎所有的家长都有着把孩子培养成才的强烈愿望和急迫心情，由此对孩子的素质目标以及培养方案进行精心的设计，同时对孩子提出这样那样的素质要求，并采取各种自认为必要和有效的措施加以拓展和强化，应该说所有这些都是积极的。但问题在于，这样的目标设计如何才能减少乃至避免主观性，同时，怎样才能有效防止培养方式以及措施选择上的随意性，这就要求家长必须高度重视孩子素质培育与社会需要适应性以及契合度的分析和评估，否则，就很容易出现“一厢情愿”或“自以为是”的情况，其结果就不仅仅是实实在在地做了许多的无用功，更是辛辛苦苦地培养了手持毕业证书的失业者。这说明，我们家长在满怀激情地畅想要把孩子培养成什么人且为此不懈努力的时候，先要认真地想一想、问一问，社会需要什么人。这绝不是功利而是现实，教育从来就不是为了培养所谓的世外高人，如果脱离了社会需求这一现实，孩子的素质看上去纵然有鲜花般的美丽，也不过是水面上的浮萍，生活中之所以有那么多的“天之骄子”遭冷落，“皇帝女儿”也愁嫁，其重要原因之一也正在于此。

一些家长也许会这样认为：孩子走向社会那是以后的事，孩子考出好分数并能够上个好学校才是当务之急。这实在是一种狭隘的思维和短浅的目光，说到底是不愿意为孩子的未来发展负责。只要放眼社会就不难发现，孩子能考出好分数、上个好学校固然重要，但决不能与满足社会的需求画等号，即是说，孩子未来的生存与发展状态以及人生风采绝不仅仅是靠好分数和好学校就能决定的。

也有一些家长可能会这样辩解：社会的需求既抽象又复杂，很难弄得清楚，不如难得糊涂，这无疑是一种懒惰哲学和消极态度。其实，只要用心倾听社会的呼声就可以大致明白。什么是社会的呼声，我认为最为强烈的莫过于“责任”“诚信”和“爱心”，即社会需要勇于担当、敢于负责的人，需要遵守规则、诚实守信的人，需要懂得感恩并具有大爱精神的人。这样的社会呼声也是我们家长的诉求，只是因为对考个好分数、上个好学校过度关注而有意无意地被淡化和忽视了。

以上讨论旨在说明，在孩子素质的培养问题上，弄清社会的需求不仅是十分必要和重要的，同时也是完全可能的，关键是我们家长的培养理念和方式都必须主动地向社会开放。只有向社会敞开大门，才会有孩子培养的大格局，如果总是关着门窗，或“躲进小楼成一统，不管冬夏与春秋”，无疑是井底之蛙，纵然使用了洪荒之力，也很难让孩子跃上广阔的社会舞台，更不可能让孩子成为社会的精英。

三、更新人才理念

人才解放天地新
万马奔腾向基层
社会选才去身份
百姓举贤唯德能
建功立业多才俊
为民服务皆精英
家长育才不拘格
道宽路广步更轻

把孩子培养成才，是我们家长共同的情感归属和愿景所在，这种情感和愿景虽然具有利己性，甚至也可以说是一种私心，但更多的则是体现了社会的责任，因为孩子们的成才关乎着社会的发展、国家的强盛和民族的振兴，可谓利在家庭功在社会，所以，家长们的望子成龙、望女成凤不应受到质疑甚至诟病。伴随着社会发展形态的转型以及教育的创新，人们对孩子的培养问题有着越来越深刻的反思，并由此提出了各种各样的新思维、新观点，对此，家长们不仅要高度关注，而且要善于从中汲取智慧，但不管思维多么活跃，观点多么新颖，努力把孩子培养成才这一基本的价值取向和目标追求既不能偏离，更不容否定。问题在于：我们应当确立什么样的人才观，或者说，对于人才，我们应当具有什么样的认知。

人才培养同样是一门科学，或者说是广义的"人才学"范畴，因而人才的认知具有非常丰富的内容，但对于我们家长来说，最有必要且最为重要的就是弄清楚这样的问题，即什么是人才。只有弄清这一问题，孩子培养的价值取向才是健康的，目标追求才是合理的，方式和举措才是有效的，同时也才会有胸襟的开阔和心境的豁达。

都说事实胜于雄辩，那就让事实说话。改革开放以来，我国的人才培养取得了巨大的成就，其成功经验和显著标志需要从不同的角度去总结和归纳，但集中到一点就是人才的解放。所谓人才解放，突出的表现就是打破了人才培养的僵化体制和单一模式，改变了人才评价、选拔的单一标准和机制，不仅创设了宽松的人才环境，为各级各类人才展现风采提供了充分的机会和广阔的舞台，而且优化了人才的生态，使各行各业的人才都得到了积极的价值认同且受到了应有的尊重，尤其是确立了不唯身份、不唯学历的新导向和新风尚，由此形成了千舟竞发济沧海，万马奔腾向基层的生动画卷。家长们请看：

用智慧和创意，为社会进步、人类文明作出突出贡献的科学泰斗们，令人仰望；

用灵心和巧手，为国之重器、尖端产品提供质量保障的大国工匠们，同样令人敬佩。

胸怀天下、肩负重任，为国家强盛、民族振兴显示卓越才能的领导者们，获得信赖；

扎根基层、心系群众，为脱贫致富、同奔小康发挥带头作用的村干部们，同样获得点赞。

勇于开拓、善于经营，为社会创造巨大财富的工商领袖们，受到热捧；

穿街走巷、精准到户，为百姓送来满心服务的快递小哥们，同样受到尊重。

展艺术之风采，倾心创作，让人民享有精神愉悦的大师们，掌声不绝于耳；

展烹饪之技能，精心制作，让公众品尝舌尖美味的大厨们，同样好评如潮。

还有值得我们家长欣赏的是：

忠于职守、任劳任怨、默默奉献，平凡岗位涌现劳模群；

放飞梦想、敢于弄潮、自主创业，草根阶层荣登英雄榜。

这一幅生动的画卷虽然并不完整，但已经对什么是人才的问题作出了准确的诠释，给出了完整的答案，概括地说，凡是对国家、社会、公众具有强烈的责任感和奉献精神，并在相应的领域和岗位创造业绩的人，都是人才，即有德有能皆精英。所以，人才并不神秘，也不是高不可攀，犹如高等教育一样，早已大众化、普及化，同时使“人人都可以成才”这一曾经的励志语有了真实的写照。

人才的这一生动画卷以及对什么是人才的诠释，足以让我们的人才思想得到真正的解放，人才的理念实现根本的转变，集中到一点，就是在求才、育才的问题上，要不拘一格，从而对人才的多样性给予积极的认同和尊重，尤其是对孩子成才道路以及目标的个性化、多元化选择要给予热情的鼓励和支持，只有打破人才认知的旧格式，才能确立人才培养的新格局。其实，我们所有家长都希望社会选才用才唯才是举、不拘一格，那为什么在识才育才的时候还要被“格”所限乃至拘俗守常、格于成例呢？

四、学会成功认同

培养孩子求成功
家长守望不言空
成功方式千万种
各如所愿乐无穷
价值引领成功路
进取人生味最浓
助力成功重体验
激发自信靠认同

我们所有家长既有着把孩子培养成才的愿望，更有着让孩子拥有美好人生的渴望，这两者在现实形态上的统一和叠加就构成了成功的欲望和追求，由此决定了家长们都是孩子成功的守望者，这是一种进取的人生态度和积极的人生哲学，值得信奉和坚守。如果没有了成功的欲望和坚守，其思想必定是迷惘的，其内心也必定是空虚的，所以，家长们切不可把守望成功当作是空谈，尤其不能用“人生如梦”“过眼烟云”乃至“未死已知万事空”等悲观论调和消极情绪去影响孩子们。

守望成功是家长的精神支柱和动力之源，同时也是精神负担和压力之因。今天的家长们确实有着太多的精神负担和太重的心理压力，从现象上看，似乎是因孩子成绩的好坏、排名的先后、择校的难易等竞争性因素而起，但从本质上看，则是由对什么才是成功以及如何让孩子走向成功等问题缺乏理性的判断和合理的选择所致。这就要求我们家长对成功必须具有正确的认知，其关键则是要学会成功的认同。

成功是一个价值范畴，简单地说就是人生价值的体现。在现实形态上，任何一个人只要乐观向上，积极进取，努力施展才华，充分释放能量，具有健全且独立的人格，丰富且健康的精神，充实且尊严的生活，同时有益于公众与社会，其人生就是出彩和成功的，所以，成功并非可望而不可及。每个人的生存与发展环境不同，尤其是个体的客观差异，决定了人生价值取向和体现方式具有多元化和多样性的特征，即是说，成功虽然也有通用的“公平秤”，但绝没有统一的“度量衡”，乃至于各尽所能、各奔前程、各如其愿、各有所乐也是既真实又可信的常态。因此，在孩子们成功的评价标准和认同方式问题上，家长们不要固守趋同的思维定式，更不必一味地追求高端化，过度地追捧贵族化和富豪化，而是应当注重人本化和个性化，尤其是要回归平民化和草根化，通俗地说就是不求做“人上人”而愿做“人中人”。其实，放眼普通大众、芸芸众生，人生得意者或人生赢家比比皆是，只是我们许多人常常心有不甘，以至于总是把种种不切实际的美好愿望和高大上的目标强加给孩子。

家长只有确立理性的成功认知，才能有宽松和从容的成功心态，也才能真正懂得如何为孩子走向成功助力。所谓助力，就是要用进取的而不是颓废的、新颖的而不是陈旧的、真实的而不是虚幻的价值文化把孩子引上人生的成功之路，其中，最为有效的途径和方式，就是让孩子获得成功的体验，例如，点滴的进步都能得到家长的鼓励，细微的变化都能得到家长的欣赏，从而激发成功的自信。应当承认，在孩子走向成功的过程中，我们家长无不倾心相助，竭力助推，但也必须看到，我们对孩子的价值观（包括人生观、世界观）的教育相对薄弱，尤其是如何让孩子们具有成功的体验重视不够，甚至可以说，许多孩子很少有成功的自我体验，因而对成功的自信普遍不足，这方面的例子不胜枚举，我们不妨把高考作为典型案例进行简要的分析。

对于所有孩子来说，高考确实是人生的一件大事，也可以说是走向人生成功的重要一步，但由于我们过度解读和夸大了高考的意义，常常把高考分数的高低确立为孩子人生成败的唯一标志，一分论输赢，一考定终身，由此导致了同样是参加高考的孩子，其成功的体验却截然不同。当高考分数公布的时候，全社会都把“成功”这一赞美词慷慨地献给了那些高分者尤其是“学霸”和“状元”，但对于那些为数更多的考分相对不高的孩子们而言，似乎已被认定与成功无缘，纵然也有宽慰之言和勉励之语，但“成功”一词的使用则是十分吝啬，其结果就是少数考分相对较高的孩子获得了成功的体验，而大多数考分相对不高的孩子获得的则是失败的体验。高考本无事，因而不必总是拿高考来说事，但为什么对于大多数孩子来说，高考不仅是烦恼事，而且是伤心事，其根本的原因显然在于我们家长以及整个社会没有把高考看作是所有孩子的成功体验从而给予普遍的成功认同。其实，只要我们对高考的认同标准和方式稍作改变或调整，效果就会大不一样。例如，面对大多数考分相对不高的孩子，家长们若能这样热情地说：“你的考分虽然没有达到理想的状态，但你已经很努力，且已取得了进入大学深造的资格，这是你走向成功的重要标志和实力证明，只要以此为起点，再接再厉，就一定会实现成功的人生目标。”我确信，这样的认同，必定会让孩子消除自卑感，激发自信心。这无疑给了我们有益的启示：孩子能否获得成功的体验并由此确立成功的自信，在很大程度上取决于我们家长给予怎样的成功认同，所以，家长们要守望并助力孩子的成功，首先必须学会对成功的认同。

五、信任老师爱心

老师素质看德性
辛勤耕耘为育人
池水深浅相对论
重在教会取和饮
只要手捧一颗心
孩子不会误青春
家长有理当有情
信任效果胜差评

在孩子的成长过程中，老师的作用确实无与伦比，“一群好老师就是一所好学校，一个好老师意味着一群好孩子”的说法绝对没有夸张，正由于此，我们家长对老师无不具有热切的期待，尤其急切盼望自己的孩子能幸运地遇上好老师。

家长对好老师的热切期待，不仅是合理的诉求，而且是正能的释放，一方面体现了对老师的情感和尊重，另一方面促进了老师素质的提升和完善。事实上，几乎所有的老师都会把获得家长们的认同与点赞，成为家长们心中的好老师作为自觉的价值追求，所以，家长们期盼好老师，老师们努力成为家长们心中的好老师，正是教育良性发展的重要动能，也是教育生态优化的显著标志。

我们充分肯定家长们期盼好老师所具有的积极意义尤其是对教师队伍建设所彰显的激励功能，但作为一种美好的愿景同样必须回归现实和理性，其关键就是要具有对老师的正确认知。

说到对老师的认知，一些家长也许会认为这是非常简单的事情，因为我们不仅曾经有过众多的老师，而且每天都面对老师，似乎并不陌生，其实不然。坦率地说，很少有家长在为孩子选择老师的时候，能够对老师的职业特点、素质内涵以及好老师的标准进行认真的思考，正所谓相逢未必就相识，相识未必就相知，以至于许多好老师就站在孩子的身边和自己的面前，家长们却视而不见，从而人为地产生了不必要的情绪纠结和心理恐慌，这显然不利于教育生态的健康，更不利于孩子的有效培养。所以，家长如何正确地认识老师，不仅十分必要，而且非常重要。

那么，我们对老师应当具有什么样的认知尤其是应当如何确立好老师的评价标准呢？我认为“学识”“教书”“育人”“爱心”无疑是其核心的要素。这四个要素是一个整体，但不是并列的关系，而是递进的关系，即是说，我们评价一个好老师，既要看有没有学识、会不会教书，更要看会不会育人、有没有爱心。

老师确实需要有丰富的学识以及扎实的专业知识，自古以来就有“学高为师”之说。伴随着老师们的学历提升，其专业知识越来越厚实，学识也越来越广博，虽然学无止境，老师们的“水池”也有深有浅，但从总体上说已足够孩子们取和饮，因而家长们不必担心会出现“水荒”的现象，需要关注的只是在于如何教会孩子们“自取”和“自饮”，这就要看老师会不会教。所谓会教，并不仅仅在于能不能把知识讲解得清楚和准确，更在于会不会唤醒孩子的求知意识，培养孩子的求知兴趣，告诉孩子求知的方法，训练孩子求知的能力，形象地说就是既“授之于鱼”，又“授之于渔”。所以，老师不仅要有学识，更要会教书，一个不会教书的老师是不称职的，更谈不上是优秀的。

会教书虽然体现了老师“艺”的素养，但并不就是“好”的标准。一个真正的好老师不仅要会教书，更重要的则是要会育人，即是说，能把育人置于教书之上，寓于教书之中，具体地说就是在知识的传授中，能让孩子得到健康的价值引领，科学的精神培育，先进的文化熏陶，进而让孩子能领悟人生的意义，明白做人的道理。因此，任何一个好老师从来不会满足于做知识的搬运工或技艺精湛的教书匠，而是努力成为孩子人格的塑造者、灵魂的工程师，这就是为什么有“经师”和“人师”之别以及“经师易得，人师难求”之说的原因。所以，家长们在看待老师的时候，切不可把教书与育人加以割裂，或只看如何教书而不问怎样育人，更不能把解题有术、应考有法作为评价好老师的唯一标准。

教书是老师的天职，育人是老师的使命，天职的履行和使命的担当都取决于有没有德性和爱心，其具体体现就是对孩子具有博大的人文情怀，能把孩子的健康成长和人生发展作为自觉的价值追求，没有私心，不昧良心，不逐功利，更不求索取，正如人民教育家陶行知先生所说的那样，“捧着一颗心来，不带半根草去”，同时能基于人本精神，真诚而公平地善待每一个孩子，在其成长的道路上，不让任何一个孩子掉队或被遗弃。老师只要有这样的德性和爱心，即使“池水”不深、职称不高、名声不大、光环不多，也一定能给予孩子良好的教育和培养，或者说不会误了孩子的青春，家长们完全可以放心和安心。如果说家长们一定要有所选择，那么，首先就应当选择具有德性和爱心的老师。同时还要看到，伴随着师资队伍建设力度的不断加大，老师们的德性会越来越高，爱心也会越来越满，家长们理应给予充分的信任，坦率地说，今天的老师们也热切地期待家长们的理解和信任。家长们只有充分信任老师的爱心，才能共同确立起孩子教育与培养的信心。

六、注重学校品质

学校同质不同色
评价认同重在格
资源优劣可转化
风气纯正最难得
升学指标非虚设
快乐指数是硬核
素质教育安神丸
家长心定自退热

为了能让孩子得到良好的教育和有效的培养，我们家长不仅期盼孩子能遇上好老师，同时也希望孩子能进入好学校，其愿望和心态都是合情合理、无可厚非的。事实上，只要是家长，对好学校无不心向往之，问题在于我们应当如何理性地看待学校尤其是对好学校给予怎样的评价和认同。

首先应当承认，多种原因导致了学校与学校之间存在着一定的差异，从而使差异化发展成为一种常态。但在我看来，学校之间不管有多少差异都不是本质的不同，而是各具特色，即是说“同质不同色”。所谓“同质”，不仅表现为教学计划、课程设置以及质量评价等诸多方面具有统一的规范，更为重要的是都必须贯彻党和国家的教育方针，坚持立德树人的宗旨和素质教育的理念，由此具有共同的价值取向和人才培养的目标。所谓“不同色”，主要指育人的环境和情景以及方式和举措有着个性化或校本化的特征，由此使学校呈现出千姿百态的景象，同时也彰显出学校的创意和活力。所以，“色”的不同绝不是“质”的分化乃至异化，概括地说就是殊途同归，异曲同工，这就要求家长们在看待、评价学校的时候，既要观“色”，更要重“质”，即注重学校的内在品质，犹如看人选人应当注重品格一样。

学校的内在品质具有丰富的内涵，要具有整体性的认知和综合性的评价显然是困难的，即使是长期在学校工作的家长也未必就那么轻而易举，但基本的要素则是可以把握的，例如，正确的办学思想，先进的教育理念，优秀的教师团队，科学的培养方式，优美的育人环境，浓厚的人文气息，等等。此外，还有两个重点更需要家长们给予高度的关注，第一是校风的纯正，第二是快乐的指数。

所谓校风的纯正，既指良好的教风，也指优良的学风，表现为老师们用爱心教书育人，孩子们靠自觉求知上进蔚然成风，尤其是师生之间能够互相尊重，同学之间能够团结友爱，没有冷漠和歧视，也没有暴力和欺凌，这样的校风看似平淡无奇，实则难能可贵，犹如化雨之春风，足以让孩子的情感得到培育且逐渐丰富，心灵得到洗礼且趋向纯洁，人格得到塑造且不断健全。相对于资源的优质而言，纯正的校风显然更为重要也更为难得，因为优质的资源可以整合，也可以共享，唯有纯正的校风不可以通用，更不可以外借，而是要靠长期的积淀和精心的培育，所以，家长们既要看学校的资源优不优，更要看学校的风气正不正。我们虽然不赞成家长们在孩子教育的问题上盲目跟风、追风，但纯正的校风不仅要善于跟，而且要努力追。

所谓快乐的指数，主要是指孩子学习的快乐感受和状态，即孩子能快乐地学习和成长。虽然为孩子的升学做好准备也是学校的重要任务，或者说，升学率同样是不可或缺的学校评价指标，因而不能一概地加以否定，但相比之下，孩子的快乐学习则是更为重要的指标。也许有些家长会认为孩子的学习是否快乐很难判断和评价，充其量是一个软化的或隐性的指标，其实正好相反，不仅是硬指标，甚至可以说是真正的硬核，只要注意观察一些孩子对学校的情感和心态就足以明白这一点。由于他们在狠抓乃至片面追求升学率的学校，经受的是超常的训练、承受的是超强的压力，当他们升学的目的达到后，留给他们的往往不是愉快的回忆，而是痛苦的记忆，以至于离开母校不是依依不舍，而是像冲出囚笼。所以，家长们在评价学校好不好的时候，其依据和标准不要仅仅局限于升学率高不高，而是要放眼于孩子们乐不乐。当然，家长们能不能确立这样的依据和标准，取决于有没有人本的精神、人文的情怀以及素质教育的理念。话再说回来，孩子的快乐指数与学校的升学指标并不是此消彼长或非此即彼的关系，只要孩子们能真正地快乐学习，就完全用不着为升学的问题过度担忧甚至恐慌，许多货真价实的名校也都充分地证明了这一点。

以上讨论旨在为家长们如何看待和评价学校提出建议，归结到一点就是要注重品质。如果聚焦学校的品质，就不难发现，好学校比比皆是，也许就在家门口。同时，伴随着教育高质量发展的新态势，各级各类学校的品质将进一步有所提高，好学校也将越来越多，这无疑是让我们家长在好学校的问题上有了“镇静剂”和“安神丸”。

七、承认孩子差异

人才可塑重基础
因材施教最靠谱
个性难找公约数
不认差异必有误
孩子犹如一本书
读懂需要真功夫
熟视无睹灯下黑
少言知子莫若父

在孩子的培养和成长过程中，好老师和好学校确实非常重要，但家长们切不可因此就形成这样的认知：似乎孩子只要能遇到好老师、进入好学校，就一定会学有所成乃至梦想成真。一个不容争辩的事实就是：同样的老师和学校或同样的好老师和好学校，孩子们的学习和素质状态却有着不同的显示度，其原因固然十分复杂，但我认为孩子的个体差异显然是最主要的原因之一。所谓个体差异，就主观层面来说，表现为学习态度是否端正，学习行为是否自觉，学习兴趣是否浓厚，学习方法是否有效，等等。就客观层面而言，则表现为身心发育有早有晚，适应速度有快有慢，承受能力有大有小，智商情商有高有低，等等。主观层面的差异主要是后天形成的，因而通过积极的引导和自身的努力是完全可以缩小的，但客观层面的差异在很大程度上是先天造成的，因而要缩小这种差异是比较困难的，甚至可以说，客观层面的差异永远不可能消除，家长们只有勇于承认这种个体差异，才能理性地看待孩子。

承认孩子的个体差异，是一切教育的基本前提，或者说是人才培养的重要基础。我们从来不否定所有的孩子都具有可塑性，也从来不怀疑教育的能动性，但绝不意味着因此就可以淡化孩子个体的差异以及过度夸大教育的功能。如果不承认孩子的个体差异，教育的理念无论多么先进，培养的模式无论多么新颖都是空泛和僵化的，很难有效地满足孩子们多样化的学习和成长需求。由此我认为，教育不能一味地强调所谓的“最大公约数”，事实上，孩子的个性并没有“公约数”，用最大公约数去面对个性鲜明且鲜活的孩子们，看似平等其实并不公平。诚然，人才培养的模式很难甚至不可能做到为每一个孩子量身定制，但一把尺子量到底，一剂良药大家吃，显然既不合理，也不靠谱。

那么，怎样的教育才是合理或靠谱的呢？这虽然可以从诸多方面去评价，但我认为最主要的指标就是尊重孩子的个性，即承认孩子的差异。一段时间以来，“适合孩子的教育就是最好的教育”这一新的教育理念不仅得到了迅速的传播，也引起了不少人的关注，但什么是“适合”？说起来似乎很复杂，其实也很简单，这就是教育的模式必须与孩子的个性化特征和需求相适应，与孩子的差异化成长和发展相契合，而不是要求孩子必须与固有的教育模式相适应、相契合，归结起来就是通常所说的因材施教、因势利导。

因材施教、因势利导，是最为重要的教育理念之一，也是最为有效的教育模式乃至最为基本的教育规律，堪称最值得信奉的教育经典。遗憾的是，许多人只是当作概念和口号，很少转化为自觉的意识和行为，其突出的表现就是只重视对孩子“教”和“导”的作用而忽视了对孩子“材”和“势”的分析，以至于有心去教却常常不得其法，用力去导却往往不能顺势。这说明，要真正做到因材施教、因势利导，首先要弄清楚孩子是什么样的“材”，具有什么样的“势”，其重点则是把握孩子的个性特征和个体差异。

弄清孩子的“材”和“势”或孩子的个性特征和个体差异，对于家长们来说，不仅是必备之课，而且是必读之书。今天的家庭教育之所以有效性不足，很大程度上也正是由于家长们的备课并不那么充分，或者说是没有真正下功夫去读懂孩子这本书，其重要原因之一是家长们在孩子的认知问题上存在着盲目的自信，自以为没有人能比自己更了解自己的孩子，因为我们与孩子朝夕相处，似乎孩子的一言一行、一喜一怒都在眼中。其实，我们用眼睛看到的虽然并不都是假象，但往往是表象，甚至有错觉，以至于我们对孩子生理与心理、情感与情绪以及成长性需求和行为方式的变化不能敏锐地觉察，更不能见微知著。所以，家长们不要总是为看不懂孩子而感叹，而是要反思和自问有没有用心去读懂孩子。

自古以来就有“知子莫若父”的说法，但实践证明，这一说法并不完全可靠，尤其是用教育的科学进行评估，真正“知子”的家长并不多。如果家长们不用心或不下一番由表及里的功夫去读懂孩子，那么，孩子将永远是你最熟悉的陌生人，要想取得理想的教育效果显然是十分困难的。在孩子的教育和培养问题上，家长们虽然需要举目看环境，抬眼望远方，但决不能对孩子熟视无睹，更不能“灯下黑”。

八、树立自身形象

教子有方用心写
树立形象第一篇
身歪影斜口难开
正视绳行胜万言
素质培育靠素养
自我考问自修炼
若以内涵论颜值
谁说母丑子不嫌

孩子的教育与培养是社会化的系统工程，集中体现为学校与家庭、老师与家长的密切配合和通力合作，由此成为责任的共同体，这就要求家长们必须主动担责，使“教子有责”成为一种自觉。但仅仅有责任感显然是不够的，同时需要有正确的教育方略，即“教子有方”。科学与经验都一再证明，家长们如果只是“有责”而“无方”，孩子的教育与培养也很难收到理想的效果。自古以来，人们把“养不教，父之过”用来强化家长们的责任意识，同时也把“教子有方”作为对那些在孩子教育与培养上取得成绩乃至获得成功的家长们的最高褒奖。

教育与培养孩子确实需要有方，凡是成功的教育与培养也都确实有方，但现实生活中又确实不存在统一的或标准化的家家适用、人人可用的教子之方，因而需要家长们自己去寻找和选择，即是说，教子之方是要靠家长们自己去写的，不仅要用手去写，而且要用心去写，从而写出既适合于自己又适用于孩子的教育方略。

教子方略是教育科学与艺术的统一，其内涵十分丰富，需要家长们在实践中不断完善，但我认为居于首位的应是树立自身的形象。我们都认同这样的说法：孩子是看着父母的背影长大的，所谓背影就是形象；我们也常说，榜样的力量是无穷的，所谓榜样也就是形象，家长们只有树立良好的形象，才能对孩子具有正向的影响力和感染力。因此，家长们树立良好的形象是教子方略的核心所在，或者可以称之为教子方略的第一篇。

形象不是外在的包装或作秀，而是内在素质的外化或展示，其中，一定的知识涵养和文化素养固然不可缺少，但关键的要素则是人格的修养，例如，具有良好的社会公德、职业道德、家庭美德；靠诚实劳动创造生活、靠坦诚收获友谊、靠诚信取得认同；做人有爱心、做事凭良心；等等。所有这些，都可以归结为“身正”。常言道，“学高为师、身正为范”，只有两者的统一才能称得上师表，也才能成为表率。对于家长们来说，“学”可以相对不高，“身”绝不可以不正，身正虽然未必就能不令而行，但身不正必然是有令不行，甚至有口难开，所以，家长们对孩子的教育既需要立其言，更需要正其身，家长们只有自觉地正身，才能让孩子学有榜样。在日常生活中，我们到处可以看到这样的情景：许多家长平凡又普通，既没有优越的地位和优质的资源，也没有很高的学历和广博的学识，但因为能恪守道德的规范、做人的准则，在孩子的心中，其形象总是那么的高大，尤其是一些家长在泥土中日夜劳作、在工地上常年奔走的身影，更是让孩子的心灵受到强烈的震撼，乃至成为孩子的人生灯塔。面对那些出自寒门的优秀学子，全社会都由衷地发出了“向贫穷致敬”的心声，其实，贫穷并不值得致敬，真正值得致敬的是那些面对贫穷而具有生活勇气和自强精神的家长们，正是这样的内在品质，为孩子的立志成才和自我成长注入了巨大的能量，这无疑是对“正身率下”所作出的生动诠释，也使我们进一步强化了这样的认知：孩子的人品需要靠家长们的人格去塑造，孩子的素质需要靠家长们的素养去培育。

对于孩子来说，都有着以家长为荣的共同愿景，正如所有的家长都有着以孩子为荣的心理一样。所谓以家长为荣，虽然可以从多方面去解读，但核心则是以家长具有良好的内在修养和外在形象为自豪。这就让我们联想到当今社会的所谓“拼爹”现象。对于“拼爹”现象，我认为不必大惊小怪，更不要大张挞伐，因为这是一种正常的心理，关键是要对孩子进行正向的引导，即让孩子明白，“拼爹”应当“拼”什么。如果孩子不是“拼爹”的地位、权力、财富，而是涵养、素养、修养，那这种“拼爹”就是积极的，问题则是在于，我们这些当爹的是否敢于让孩子们这样“拼”，能否经得起孩子们如此“拼”。

在我国传统的伦理文化中，有着“子不嫌母丑”的说法，今天看来，这一说法具有明显的局限性，甚至可以说是父母们以“特权”给孩子设置的且强迫孩子必须接受的“霸王条款”，需要认真反思。如果我们对“丑”与“不丑”重新定义，即不是以相貌或颜值而是以素养和修养为内涵和标准，那么，孩子的“嫌”与“不嫌”也就应当重新裁量。说白了，一个没有内在修养和良好形象的父母，孩子虽然不会“弃”，但一定会“嫌”，只是不肯或不敢明言罢了，这就需要我们家长能有自知之明。家长们还要进一步认识到，伴随着孩子的成长，他们对父母的内在修养和外在形象会越来越关注，也会有着越来越高的要求，这决定了所有的父母们再也不能把“子不嫌母丑”以及“子不嫌父陋”用于自慰，更不能以此“摆烂”，而是要有“母丑”“父陋”子也嫌的自省并由此走向自觉。家长们在孩子的教育与培养过程中，既要俯身看孩子，也要经常“照镜子”“整衣冠”，从而不断地加强自身修养，完善自我形象。我再次强调这样的观点：要想把孩子培养成优秀的人，家长首先要做一个有良好修养和形象的人，简单地说，家长应当有家长的样子。

九、优化家庭环境

家庭育人重环境
优看神韵质看文
金砖铺地暖中冷
书香满屋最温馨
豪宅无学非雅居
陋室有读养心亭
门第高低教育论
子曰诗云皆上品

家庭具有重要的且不可替代的育人功能，早已成为一种普遍的共识，但家庭的育人功能并不是自然形成或自动生成的，即是说，家庭与育人不能简单地画等号。家庭要充分地发挥育人的正向功能，需要家长们的主动作为和有效经营，一方面是要完善自我的素质，树立良好的形象，另一方面则是要加强家庭的建设，提升家庭的品位。

说到家庭的建设，几乎没有一个家长不为此努力打拼，从某种意义上说，家长们的一切奋斗都是为了能把家庭建设得更美好，这既是对孩子的责任，也是对社会的贡献。但建设一个什么样的家庭以及如何才能把家庭建设得更好，家长们无疑有着各自的理解和选择，这不仅是正常的，而且是合理的，因为家庭与人一样，具有鲜明的个性特征，正是由于这种个性的存在，家庭的面貌才如此多彩多姿，家庭生活也才如此多滋多味，如果否定了家庭的个性，也就窒息了家庭的内在活力。所以，家庭的建设既没有统一的标准，更不必强求统一的模式，而是要鼓励所有家长各从其志、各显神通。

承认家庭的个性特征，并不意味着家庭建设就没有基本的价值遵循。

作为社会的细胞，家庭的建设必须纳入社会主义精神文明建设的体系，自觉践行社会主义核心价值观；作为孩子成长的学校，家庭建设更应当融入人才培养的体系，确立素质教育的价值取向。这样的价值遵循，使家庭建设有了目标的引领和行为的规范。聚焦育人的功能，所谓家庭建设，就是致力于为孩子的健康成长创设优化的环境。

无论是传统的教育文化还是现代的教育科学，尤其是素质教育的新理念，都高度认同环境所具有的重要育人功能，乃至于把环境育人与教书育人、管理育人放在同等重要的地位，正由于此，创设良好的育人环境构成了学校、社会以及家庭的共同任务。由于家庭与孩子成长的关系最为紧密，因而家庭环境的育人功能也就体现得最为充分，当我们说什么样的家庭走出什么样的孩子的时候，既是对家长素质和形象的谈论，同时也是对家庭环境和生态的评价，这就要求家长要高度重视家庭环境的创设，致力于育人环境的优化。

什么是优化的家庭育人环境呢？我认为主要体现在两个方面：一是物质的，二是人文的。所谓物质环境，就是孩子的学习和生活应当具有相对充分的条件保障，例如，让孩子拥有适度宽松的物理空间，至少可以放得下小书桌，使之能够安心地学习；摆得下单人床，使之能够安静地休息。所谓人文环境，主要表现在积极的价值认同和取向、健康的生活态度和方式、厚重的道德和伦理文化等方面，其中，浓郁的学习氛围和教育气息无疑是核心内容和关键指标。对于任何一个家庭来说，只要崇尚学习，重视教育，使乐于学和善于教成为自觉的意识和行为，也就具有了高雅脱俗的神韵和品质。在我国的传统文化中，家庭学与教的状态从来都是评价其品位高低的首要标准，不仅有着对书香门第的推崇，而且有着对教育世家的褒扬，尤其是把耕读传家看作是最优最美的家庭生态。

伴随着社会的文明进程，门第的观念与家庭的形态都发生了许多新的乃至质的变化，但书香和教育仍是稳固且坚硬的精神内核。对于普通的家庭来说，虽然不必刻意追求成为书香门第，但决不能没有书卷之气、书香之味，也不必刻意要把家庭建成图书馆、藏书阁，但应当成为文化站、阅览室，只有书香满屋的家庭才是温馨的，即使是所谓的寒舍，也能成为孩子的养心斋、怡情亭。同时，对于大多数家庭而言，不一定都要成为教育世家，但应当努力成为教育之家至少是有教之家，因为如果缺失了教育的功能，即使是豪宅，也不可能成为孩子的“典雅居”“芳草园”。相信许多家长都非常熟悉且经常引用唐朝诗人刘禹锡“山不在高，有仙则名；水不在深，有龙则灵”的“金句”，追比先贤，化而用之，我们完全可以这样说：房不在大，有书则温馨；宅不在豪，有教皆上品。

十、敬畏教育常规

教育科学聚常规
简明扼要更清脆
粗看常规白开水
细品才知其中味
常规条条接地气
胜过天花纷纷坠
玄机就在常规内
家长岂能不敬畏

关于家长在孩子教育与培养问题上应当具有的认知或必修必备的课程，我选择了九个方面进行了初步的讨论，现在回过头来再谈谈关于教育科学的认知。之所以把教育科学认知的讨论放在最后，是因为对教育科学的认知是家长们所有认知的归结点，即是说，无论家长们教育认知的视野多么开阔、思维多么活跃，都必须建立在科学的基点之上。

我们正处于一个崇尚科学的时代。科学不仅改变了我们的生活，也改变了教育的理念和模式，由此使孩子的教育与培养具有了鲜明的科学化特征，或者说，育人已经成为一门相对独立的科学。这就对家长们提出了科学育人的要求，即我们今天对孩子的教育与培养，不能仅仅凭借所谓的经验，而是要遵循科学，也不能仅仅依靠激情的燃烧，而是要运用理性的力量。只有尊重科学、富于理性，孩子的教育与培养才不会偏离轨道，任性而为，所以，家长们必须努力学习并掌握教育科学，从而不断提高科学的素养。

在现实生活中，绝大多数家长尤其是新生代家长群体对学习和掌握教育科学的必要性和重要性有着越来越充分的认识，但态度和行为从总体上讲仍然不够积极和自觉，其重要原因之一是学习和掌握教育科学确实有着很大的难度。广义的教育科学是哲学、经济学、社会学、伦理学、人才学、生理学、心理学等诸多科学的综合，也融合了许多新兴科学，例如思维科学、生命科学以及脑科学的研究成果，这就使教育科学成为一个博大精深的体系，堪称是百科全书和大成智慧。面对如此博大精深的教育科学，我们许多家长感到不胜其“繁”、不堪其累甚至望而生畏、望而却步，实属难免，或者说，有畏难情绪完全可以理解。事实上，真正懂得教育科学或者说对教育科学能有完整而系统、深刻且准确认知的人并不多见，否则，教育就不会有那么多的误读，孩子们也不会遭受那么多的折腾，因此，家长们既不要把教育科学的认知当作一种负担，也不必捧着“教科书”去教育和培养孩子。

我们既强调教育科学认知的重要，同时又承认教育科学认知的难度，这就构成了一对矛盾或成为一种纠结，要解决这一矛盾和化解这一纠结，我认为比较现实且相对有效的办法就是知其然而不刻意追求知其所以然。所谓知其然，就是明白教育的基本原理和道理，所谓不追求知其所以然，就是不必深究教育的哲理和机理。那么，教育的基本原理和道理在哪儿呢？或者说从哪里可以知道呢？我认为就在教育的常规。所谓教育的常规，是指人们在长期的教育实践中，对繁杂、深奥、晦涩的科学内涵所作的简明扼要的概括、通俗易懂的表达，由此成为日常生活中大多数人能够掌握、便于操作的行为规范。例如，把人才培养的规律概括为顺其自然、循序渐进，而不要拔苗助长，防止欲速不达；把尊重孩子的个性表述为因人而异、因材施教，而不要一概而论，防止强人所难；把适度的原则简化为宽严相济、轻重相宜，而不要矫枉过正，防止过犹不及；等等。这样的基本常识和日常行为规范还可以列出许多，对于我们普通的家长而言，了解并信守这些常规，也就有了教育科学的基本认知。

也许正是因为常规的简明和通俗，许多人就误以为常规很简单、很肤浅，甚至把常规看作白开水那样淡而无味，从而采取不以为意的态度。其实，只要用心去品味，常规不仅是教育科学精华的凝结和智慧的凝聚，而且具有务实管用的特质，可以说，条条常规皆接地气。回看现实，无论是学校教育还是家庭教育，其成功的经验虽然可以从多方面进行总结，但首先都可以归结为注重常规，狠抓常规；实践也同时证明，一旦漠视和偏离常规，教育的理念和模式纵然是先进的，也很难取得实际的成效。由此我们需要进一步强化这样的认知：是否懂常规、守常规，直接决定教育的成败，甚至可以说，人才培养的玄机就在常规之内。所以，家长们对教育常规必须有所敬畏，科学育人，需要的是常规落地，而不是天花乱坠。

第二章

激浊扬清思维清

家长明辨明晰的十对关系

育人需要思维清
家长求新先求清
假象真相看得清
质朴本正源自清
虚言实话辨得清
心静神安气也清
复杂关系厘得清
画面图像更高清

在如何科学地教育与有效地培养孩子的问题上，家长的认知非常重要，为此，我们在第一章不仅提出了知行合一先认知的观点，而且就家长应当具有的基本认知从十个方面进行了初步的归纳和讨论，但孩子教育与培养的复杂性决定了家长仅仅具备这些基本的认知是不够的，这就要求家长的认知必须不断地深化。认知的深化是一个过程，需要家长们作出长期且艰苦的努力，其重点我认为就在于一个“清”字。所谓清，主要是指：第一，面对纷纭杂沓的信息能辨清真伪，不被传说所忽悠；第二，面对莫衷一是的观点能分清虚实，不被空言所误导；第三，面对错综复杂的现象能看清本质，不被假象所迷惑；第四，面对交织如麻的关系能理清头绪，不被乱麻所缠绕。家长们能不能做到这“四清”，思维的清晰无疑是关键，由此我们可以提出这样的观点：引领实践靠认知，深化认知靠思维。

家长们的思维是否清晰，不仅关系到认知的深化，而且决定着育人的成效。现实生活中，我们所有家长几乎都有着相同的情感归属与愿景表达，也有着共同的职能定位与责任担当，甚至有着同样的辛苦与付出，但在孩子教育与培养的效果上却有着很大的差别，对此，我们曾从认知的视角进行过分析。其实，在认知的背后隐藏着思维清晰度的差异，即是说，家长的心开目明不迷茫是因为思维的清晰，家长的雾里看花多朦胧是由于思维的模糊。由此，我们可以进一步得出这样的结论：育人需要思维清，思维浑浊难玉成。

清晰的思维既然如此重要，家长们理应给予高度的重视，就基本的要求而言主要有如下两个方面：一是不要因事废思，二是不要自以为是。

确实，在孩子的教育与培养上，我们家长有着忙不完的事，仅仅就生活保障和陪做作业以及课外辅导与培训的精心安排就足以让我们忙得不可开交甚至喘不过气来，但不管多忙都必须静下心来对思维和思路进行及时的整理和清理。其实，在如何教育与培养孩子的问题上，思路的整理和思维的清理是非常重要甚至更为重要的事。同时要防止产生这样的错觉：似乎只要把日常事务处理好或做到位，我们也就担了职，只要督促孩子能较好地完成学习任务并取得良好的考试成绩，我们也就尽了责，至于有没有思路以及思维是不是清晰都无关紧要。这就很容易导致思维的虚化，很难做到事半功倍。

诚然，在孩子教育与培养的问题上，我们家长都有着各自的体悟和想法，理应受到尊重，但家长们要自觉防止这样的误解：似乎有想法就是有思路，真实的想法也就是清晰的思路，同时自以为只要按照自己的思路与思维去做就一定能取得预想的成效。其实，想法与思路以及思维并不是一回事，即使是把想法转化成为思路以及思维，仍然需要对思路是否正确、思维是否清晰进行理性的分析和评估。理论与实践一再证明，没有理性思维的“自以为”犹如假象具有很大的欺骗性，也就是“你所以为的并不就是你所以为的”，如果盲目自信、一意孤行，就很容易导致思维的僵化以至于很难避免自入误区。

正是基于思维的重要性，人们在推进教育改革与发展的过程中，不仅高度重视思想的解放、理念的更新，而且充分强调思维的转变与创新。从某种意义上说，思维的创新才是教育的源头活水。同时必须承认，思维是一门科学，其创新有着很高的要求，也有着很大的难度，对于我们普通家长而言不必苛求，但必须努力追求清晰，即是说，在思维的问题上，家长们应当把先求清再求新作为理性的选择，倘若思维能清，新也就在其中矣！

那么，家长们的思维如何才能清晰呢？这显然又是一个非常复杂的问题，从总体上讲就是要正本清源，激浊扬清，立足于现实，我认为则是要着力于明辨明晰如下十大关系：一、教育抓早与开发过早；二、静态强基与动态厚基；三、起步提速与中途加速；四、助力成长与拔苗助长；五、冷观超常与热看平常；六、相信可能与承认不能；七、看重分数与不唯分数；八、直面竞争与引导竞争；九、不为应试与应会考试；十、没有最好与只求更好。

一、教育抓早与开发过早

教育关爱小生命
莫因贪早种病根
蓄势聚能为未来
过早开发缺后劲
培元养气才固本
耗散过早必伤身
人才资源最珍贵
及早保护胜创新

教育具有鲜明的人本属性和博大的人文情怀，其集中的体现就是生命性。所谓生命性，不仅指教育伴随或贯穿于人的生命全过程，而且指教育能使人的生命内涵和意义不断地得到丰富和充实，所以，教育尊重的是生命价值，高唱的是生命赞歌。面对所有孩子，教育更应坚守生命至上的原则，更应呵护生命之花的绽放，更应对这些小生命给予真诚的关爱。

教育要关爱小生命，绝不仅仅是一个抽象的理论问题，而是一个严肃的现实话题，因为在日常生活中，漠视生命价值、摧残生命之花的现象屡见不鲜，甚至天真烂漫的孩子因教育出了问题而付出生命代价的悲剧也不再是个案。痛定思痛，我们不禁要问：让孩子接受教育究竟是为了什么？面对这样的发问，所有教育工作者和家长们都不应当故意地回避，而应当深刻地反思，其中，理性对待并正确处理孩子教育的抓早与开发过早的关系就显得十分必要和重要。

无论是传统教育理念，还是现代教育科学，都高度重视孩子的教育必须抓早或抓小，通俗地说就是“从娃娃抓起”，这本身无可厚非，问题只是在于抓早早到什么程度，早抓抓些什么。关于早到什么程度，概括起来不外乎有两种说法，一是说从母胎开始，即胎教，二是说从摇篮开始。胎教之说尚在讨论之中，摇篮之说似乎已成为共识，因为被公认为人类教育最高智慧或最具创新价值的终身教育理念，正是把“从摇篮到坟墓”作为最生动的形象比喻和最精辟的科学论断。相比之下，难题显然在于“抓”什么？我认为，所谓早抓，作为一种启蒙教育，重点是要抓孩子人文素养的培育，尤其是要让孩子从小接受道德或伦理文化的熏陶。

孩子的人文素养，确实需要从小就得到培育。我们虽然不迷信“三岁看大，七岁看老”的说法，但孩子人文素养的早期培育对其未来发展所具有的影响无论如何都不能低估。相信许多家长都会有这样的体验或感悟，那就是一些孩子在成长过程中或到了一定的阶段，其素质的缺陷大多与早期培育的疏忽有关。所以，无论是作为经验之谈，还是作为科学之论，孩子的人文素养应当且必须注重早期的培育，在孩子的素质培育问题上，宜早不宜晚。

注重孩子人文素养的早期培育，我认为是教育抓早应有的定位，但在实践层面上很容易出现偏差甚至走入误区，突出的表现就是为数不少的家长不仅把抓早变成了贪早，而且把孩子人文素养的早培育当作是应试的早准备，以至于急如星火地对孩子进行所谓的智力开发，例如，孩子的学习刚刚起步，就对孩子进行超纲超本的教学、超强超难的训练，为孩子设置超高超严的标准以及布置超量超重的作业，等等。这样的贪早，虽然用心良苦，但结果往往适得其反，使孩子的身心过早地处于超负荷的状态，过度地承载了精神的压力，正所谓小荷刚露尖尖角，早有蜻蜓一大群，即使不被压垮，也一定会被压弯，纵然不会致命，也一定会致残。

对孩子资源与能量的过早、过度开发，不仅是对教育的误读，也是对培养的曲解。日常生活中，人们习惯于把培养与教育作为同一个范畴来使用，但在我看来，培养更能体现人本化和生命性特征，或者说，培养才是教育的本质内涵或核心要义。关于培养，相信许多人都具有比较完整的认知，如果聚焦人本化与生命性特征，那么，我们还可以进一步作出这样的解读：所谓培，重在培元，所谓养，重在养气，两者的结合就是让孩子具有充足且正阳的“元气”。元气才是孩子最为宝贵的发展资源和能量，需要通过培与养从而得到积与聚，而不可过早地、过度地耗与散，否则，将有损孩子的未来，也有伤孩子的根本，犹如气血亏虚的人，不仅容易生病，而且会未老先衰。这绝不是牵强附会，更不是危言耸听，只要把今天的小学生、中学生与大学生、研究生作一粗略的比较，就不难得到印证。

平心而论，我国的基础教育确实具有多方面的显著优势，许多小学生、中学生是那么的灵气十足、光芒四射，但为什么一进入大学以及到了研究生阶段，似乎就有些黯然失色或相形见绌呢？且不说创造能力普遍不足，甚至有些孩子常常为能否按期毕业而焦虑，这不免引起社会对大学教育的质疑，以至于一度有过这样的观点，即现在的教育是拼命的小学，玩命的中学，逍遥的大学。说小学就拼命，中学在玩命基本属实，但要说大学就很悠闲甚至是逍遥馆显然言过其实，因为绝大多数大学生、研究生都是刻苦努力的，只是“后劲”不足，或者说缺乏充足的“续航”能量。之所以如此，其根子恰恰在于小学的过早拼命、中学的过度玩命，使资源和能量过早地被消耗和被过度地透支。许多孩子在闯过中考、高考大关之后，都有着明显的“筋疲力尽”之感，且在一段时间内很难得以恢复，这就是“元气”被损伤而导致的“虚亏”现象。这就使我很自然地联想到著名的“钱学森之问”，即我国高等教育的规模如此之大，发展如此之快，但为什么培养不出众多的杰出人才呢？要回答这一问题显然是困难的，因为原因十分复杂，我认为孩子的资源与能量被过早开发和过度消耗不能不说是最重要且最直接的原因之一。

基于以上的讨论，我明确反对把孩子简单地看作是一座富矿而进行掠夺式的早开发、大开发，同时我强烈呼吁：在孩子的培养问题上，要自觉地坚持“绿色发展”的理念，对孩子的资源与能量及早地开展大保护。立足于孩子与国家的未来，把过早的大开发转变为及早的大保护，才是以人为本的教育新理念，也才是不忘初心的人才培养新模式。

二、静态强基与动态厚基

基础教育终身论
奠基工程变过程
夯基坚实重积累
根基牢固靠底蕴
宽基不是编大筐
厚基勿用压缩饼
养基当要先养人
强基谨防强迫症

在孩子成长与发展的诸多要素中，基础确实最为重要，通俗地说，根深才有大树的枝繁叶茂，底宽才有大厦的高耸入云，这不仅是生活中的普遍共识，也是孩子培养问题上的定律。正由于此，宽基、厚基、强基、夯基才成为素质教育以及人才培养模式的重心，但问题是，孩子的基础究竟要多宽、多厚？什么才称得上是实和强？其标准往往很难掌握。同时，在实践层面上，我们虽然把“应知应会”作为基本的要求，但应知什么、应知多少以及应会什么、应会多少也具有明显的不确定性，这就导致了在孩子的基础问题上，存在着很大的自由空间，由此使学校和家长很容易随意甚至任意地运用自由裁量权。

正因为基础的重要性与标准的不确定性同时并存，许多家长难免会产生“宁左勿右”的思维和心理，即要求上宁高勿低，内容上宁多勿少，甚至片面地强调孩子的基础越宽越好、越深越好，即使明知有些要求和内容不切实际，也唯恐“基础不牢，地动山摇”，因而不愿做合理的选择和必要的删减，由此使基础成了一个无边无底的筐，什么都可以往里面装，不仅内容繁杂，而且任务叠加。这与其说是一个“大拼盘”，不如说是一块

"压缩饼"。

压缩饼的营养也许很丰富，但对孩子来说却很难下咽，因而不得不采取相应的强制性措施，由此使强化基础演变为基础教育的"强迫症"，其结果不仅导致了孩子的消化不良乃至厌食，而且造成了孩子情绪和心理的紧张乃至抑郁。

基础教育上的"压缩饼"和"强迫症"，是孩子培养的急性病的另一种表现，看似一个标准问题，实质是一个观念问题。如果观念不更新，即使不断出台新标准，也只能是"压缩饼"的翻新，"强迫症"的变异。正由于此，多少年来，基础教育的改革虽然波涛汹涌，浪花飞溅，但"压缩饼"犹如磐石，岿然不动，"强迫症"也犹如顽疾，难以根治，以至于素质教育推进的力度虽越来越大，孩子们的书包却越来越沉，或明或暗的负担更是越来越重。显然，要搬掉"压缩饼"这块磐石，根治"强迫症"这一顽疾，我认为需要思想的再解放，观念的再更新，关键是要以终身学习、终身教育的理念为引领，确立大基础观。

所谓大基础观，并不是指基础的容积之大，更不是"编大筐""摊大饼"，而是指时空和坐标之大，即在终身学习、终身教育的大时空和大坐标中寻找基础的定位。作为一种崭新的理念，终身学习、终身教育强调的不是"管用一生"，而是"贯穿一生"，在现实形态上，我们可以把这"贯穿一生"的学习和教育大致划分为既相对独立又相互衔接的四个阶段，即基础性学习、高端性学习、拓展性学习、回归性学习。基础性学习主要指中小学以及学前教育的阶段，高端性学习主要指大学包括研究生教育的阶段，拓展性学习主要指进入职场到退出职场之前的阶段，回归性学习主要指退出职场以后的阶段。这四个阶段的学习虽然在内容和方式上存在着明显的差异，但有一点则是共同的，这就是都承担着为人的终身发展奠基的任务，狭义的基础性学习即基础教育自不必说，高端性学习即高等教育其实也是为走入社会、踏进职场而进行的素质准备，即使是身处职场乃至退出职场的社会人群，奠基的任务也没有终结。面对社会环境和生活方式变化的快捷性以及知识更新与科技创新的瞬时性，所有人都需要重新学习，更需要重新补课，弥补基础的新弱项，修补基础的新短板，从某种意义上说，拓展性学习也就是基础的拓展，回归性学习则是向基础的回归。因此，任何一个人的全面、终身发展的基础并不仅仅是在狭义的基础教育阶段所奠定的，而是在过程中逐渐积累的，也是在动态中不断拓宽、加厚、充实的。

长期以来，由于观念的僵化和思维的局限，我们常常孤立地、静态地强调基础教育的功能，总是指望终身奠基的任务由狭义的基础教育阶段独立承担并一次性完成，这样似乎就可以一劳永逸，这种“毕其功于一役”的做法，必然导致基础教育任务的过度膨胀以及孩子压力的过于沉重。如果这种静态强基的思维模式不能彻底转变，即使减少了原有的作业数量，也会增加新的学业任务，基础教育便不可能真正消肿，孩子们更不可能真正减负和轻装前行。

为基础教育消肿，让孩子们轻装前行，应当成为教育综合改革的重要目标。所谓消肿和轻装，并不是单纯的减法，而是合理的分解，即是说，把叠加或附加在基础教育阶段的任务还给基础教育以后的阶段，进而实现两个重大的转变，第一是把奠基工程转变为过程，第二是把静态强基转变为动态厚基。只有在过程中奠基，孩子们才能不断获取新的动能，只有在动态中厚基，孩子们才能厚积发展的底蕴。

三、起步提速与中途加速

孩子成长进行时
速度快慢皆可期
人生如跑马拉松
起步提速不用急
路漫漫兮稳致远
中途加速何言迟
优势后发平常事
弯道超速未足奇

依据素质教育的理念，孩子的培养既要重视基础，更要注重质量，从本质上说，人才培养的工程就是质量工程，这决定了家长们不仅要确立大基础观，而且要树立新质量观，并坚持质量至上的原则。说到质量就必然要谈论速度，因为两者不仅是对应的范畴，而且具有紧密的联系。科学的质量观从来不简单地否定速度的重要性，即是说，质量与速度并不是完全对立的，而是具有内在的统一性。我们常说没有质量的速度是虚假的，但没有速度的质量也是失真的，把这样的认知运用到孩子的培养上，就是既要反对疾如旋踵的“急行军”，也要防止漫不经心的“慢节奏”。其实，教育年限的制度性设定，教学进度的时间性安排，都体现了人才培养的速度要求，尤其是在孩子培养上所采取的诸多措施，如环境的优化、方式的创新、正向的激励等等也都是为了孩子能更快地进步，因此，我们不要用简单的方式去否定孩子成长的速度问题，更不要在孩子的成长道路上人为地设置“减速带”“限速牌”。

在现实生活中，我们也常常把“欲速则不达”作为一种告诫词和警示语，虽然具有积极的意义，但决不能作机械的理解，因为“不达”与“欲速”

并没有必然的联系，也不是“欲速”的唯一结果。只要“欲速”是合理的、适度的，方式是可行的、适当的，而不是不顾条件的一味图快，也就是“可达”的，正是在这个意义上可以说，欲达应有速。

既然人才培养的质量与速度并不截然对立，合理的“欲速”也不应一概否定，那么，我们家长对孩子成长与进步的速度问题就不应当消极地回避，而是要积极地面对，关键是要确立辩证的思维，理性地看待孩子成长与进步速度的快与慢。事实上，我们家长的许多纠结和苦恼正是与不能理性看待孩子成长或进步速度的快慢有关。

现代教育的重要特征之一就是同龄的孩子同时出发，而且在同一条道路上结伴同行，但由于各种原因尤其是个体的差异，他们在行进的过程中从来就不同步。只要细心观察就能发现，孩子们不同步的现象在刚进学校的时候就已经出现，例如，有的孩子一进学校，就犹如鱼入江河、鸟归森林那样具有愉悦之感，同时能很快地进入学习的轨道，不仅表现为学习兴趣的浓厚，而且常常呈现出兴奋的神情，既能按时完成学习的任务，也能合理地安排学习与玩耍的时间，所有这些，都表明孩子对学校环境以及学习生活具有较快的适应性。有一些孩子则不然，在一段甚至较长的时间里，他们对学习环境尤其是课堂场景具有明显的陌生感，不仅常常跟不上学习的进度，而且往往理不清学习的头绪，因而一时难以进入良好的学习状态，相对而言，他们的适应速度较慢。伴随着孩子们学习与成长过程的展开，这种有快有慢的现象不仅会越来越明显，而且会在其他诸多方面有所体现。

孩子们进步速度的有快有慢，必然引起家长们心境的有喜有忧。面对适应和进步速度较快的孩子，家长们自然喜气洋洋，面对适应和进步速度较慢的孩子，家长们难免忧心忡忡，这两种心境既属正常也能理解，只是喜者不可忘乎所以，忧者不必悲观失望，因为孩子们适应以及成长与进步的速度是相对的，其快慢更是在过程中可以转化的，孩子的前行不是一种“匀速”的状态，而是一个“变速”的过程。古往今来，人们既有着对捷足先登者的认同，更有着对后来居上者的点赞，大量的事实证明，后来居上的人确实比捷足先登的人要多得多。这也进一步启示我们家长，在孩子成长与进步的问题上，要确立动态的速度观，尤其不要把“慢”与“差”画等号，而是要相信，所有的孩子都是值得期待的。为此，我们家长的心要平、气要和，要理智地欣赏孩子的平流缓进，静待孩子的花朵盛开。

家长们在孩子成长与进步速度问题上的辩证观点以及平和心态，不仅来自哲学的思维，而且具有现实的观照。如果说大家对什么是终身学习还需要有一个认知的过程，那么，对如何跑马拉松则是非常熟悉的，用来比喻孩子的成长乃至人生发展也是非常贴切的，因为马拉松既生动地说明了孩子成长过程的持续性，即孩子的成长不是短跑，更不是速滑，又精准地诠释了孩子成长速度的相对性，即孩子的成长速度不能只看一时，而是要看变化。在马拉松的跑道上，起步较慢的人往往是跟跑者，但一开始的跟跑并不就是“不能跑”，伴随着过程的拉长，许多跟跑者逐渐成为并跑者，到了最后的阶段则可能成为领跑者，所以，马拉松的精彩并不在于起跑如何快，而是在于如何从跟跑到并跑然后再到领跑，或者说，马拉松的成功秘诀和独特魅力不靠起步的提速，而是靠中途的加速乃至弯道的超速。这样的比喻并非旨在苛求每一个孩子在人生的跑道上都要成为领跑者，其实，只要以坚强的毅力和拼搏的精神独自跑完全程，就都是胜利者。之所以用这样的比喻，是为了让家长们在孩子成长的速度问题上能够有更直观的理解，由此转化为科学的认知，概括起来就是：起步提速以稳为先，中途加速为时不晚，弯道超速不足为奇。

四、助力成长与拔苗助长

孩子鲜活似春苗
自由生长怕干扰
智慧农夫懂育苗
精心助长守天道
愚蠢莫过是拔苗
喜人长势变枯槁
绿色田野有好苗
茁壮成长无烦恼

我们家长对孩子的人生无不寄予美好的希望，对孩子的未来也总是有着热切的展望，这无疑是我们家长激情和动力的源泉。在现实形态上，家长们对孩子所有的希望和展望都可以归结于孩子的成长状态，即是说，孩子的健康成长就是希望，因而也最值得展望；如果孩子不能健康地成长，热切的盼望好比是望梅止渴，深情的遥望也犹如犀牛望月。所以，我们家长要对孩子的未来寄予厚望，就必须精心守望孩子的成长。

守望孩子的成长，不能只是高度地关注，更为重要的是必须有积极的作为。所谓积极的作为，就是要对孩子的成长给予有力的帮助，即通常所说的“助长”，例如为孩子的成长创设优化的环境，让孩子不断获得成长的正能量，包括价值的引领、文化的熏陶、成功的激励、自信的激发、心理的调节、纠结的化解、方法的指导、行为的矫正等等。从某种意义上说，家长们为孩子所作出的一切努力，都应当是为了有力且有效地助推孩子的健康成长。

家长们为孩子的成长助力，既是激情的驱动和责任感的驱使，也是孩子的内在需求，因而是人才培养的重要举措乃至要义所在。我们常常把一个个孩子比作一棵棵幼苗，但幼苗的生长也离不开助长，都说“万物生长靠太阳，雨露滋润禾苗壮”，其实，对于禾苗而言，仅仅靠阳光雨露是不够的，还要靠适时的培土、墩苗，适度的浇水、施肥以及适当的防虫、治病，所以，一个有责任感的农夫，从来不会满足于“望天收”。禾苗的生长尚且如此，更何况孩子的成长呢！诚然，教育十分强调孩子的自我成长或自由生长，尊重孩子成长的自主性和主体性，但基于孩子培养的社会属性和人文属性，其自我成长绝不是自然生长，自由生长也不是野蛮生长。事实上，没有一个孩子是“纯天然”的，也不存在孩子成长的“原生态”，那种把孩子的自我成长简单地等同于自然生长的看法，与其说是对教育的误读，不如说是为逃避责任而寻找的借口。

以上的讨论旨在说明，家长们对孩子的助长不仅十分重要，而且其责任非常重大，对此，绝大多数家长都有着高度的认同感，但难题在于我们应当怎样给孩子助长，或者说，我们用什么样的方式给孩子助长才是合理和适度的。正因为是难题，所以在实践层面上就很容易出现种种不当的现象，总体上可以概括为三个“过”：第一是对助长重要性的过度解读，第二是助长的心情过于急迫，第三是助长时用力过猛，这三者合一就是把助力成长变成了拔苗助长。所谓拔苗，简单地说就是任意超越孩子身心发育的阶段，强行改变孩子成长的轨迹，人为打乱孩子生长的内在秩序以及顺畅的成长机制，我们在前面提及的诸如资源与能量的过早和过度开发，强化基础的“压缩饼”和“强迫症”，起步的急于提速以及我们在后面的讨论中指出的成人化倾向等，都是拔苗的行为。“拔苗助长”作为一个常用的成语，对我们许多家长而言似乎早已耳熟能详，但对其深刻的寓意却很少有人去深究，能够深切体会这一成语在孩子培养和成长问题上所具有的警示作用的人可能更少，因而在现实生活中，拔苗助长的现象不仅普遍存在，而且难以杜绝。

“拔苗”不仅指出了助长方式的不当性，更为重要的是强调了后果的有害性，即拔苗将直接导致苗的枯槁，对于孩子来说，其后果也许没有严重到成长过程的被阻断，但一定会造成成长的烦恼。关于孩子“成长的烦恼”，曾经引起广泛的关注，也一度是热议的话题，但许多人关注的重心似乎仅仅局限于孩子，即把烦恼的产生归结于孩子自身，殊不知孩子成长的许多烦恼在很大程度上也是由我们家长制造的，其中，用拔苗的方式助长，无疑是孩子烦恼最为重要的原因之一。不仅因烦而恼，而且由恼生怒，乃至于有些孩子面对家长刻意追求虚高的心态和拔高的行为，时常会表露出嫌烦乃至厌恶的神情，对此，我们家长切不可一味地叫屈和责怪孩子，而是要主动地调整助长的方式。

用“拔苗”的方式为孩子助长，用拔高的方式给孩子助力，与其说是好心好意办坏事，不如说是自作聪明干蠢事，为此，我们需要再次向智慧的农夫致敬，因为智慧的农夫最懂得如何育苗，既不望天收，又不逆天道，既精心，又适度，培土不垒堆，浇水不漫灌，墩苗不用蛮力，施肥不靠激素，尤其是防虫治病不依赖或尽可能不使用毒药，由此使禾苗充满了生机。这无疑是写在绿色田野上的教科书，我们家长岂能不认真地学习和虚心地请教！

五、冷观超常与热看平常

孩子差异很正常
打开心结放眼量
超常现象需冷观
不宜热炒又夸张
平常样态要热看
切忌冷漠如冰霜
育人有常无怪相
一分天赋九分养

孩子作为独立的生命个体，在其孕育的一开始就具有了差异性特征，即是说，孩子的个体差异是与生俱来的，不是由人的主观意志所能决定的。虽然生命科学的发展使人们对优生优育给予了从未有过的高度重视，但孩子的个体差异不会因此而消失，所以，孩子们存在个体差异不仅完全正常，而且别无选择，这需要家长们理性认同。伴随着孩子们的成长，这种个体差异会越来越明显，同时有着各式各样的表现，例如：有的孩子不仅学习的兴趣相对浓厚，求知的欲望相对强烈，而且思维相对清晰和活跃，想象力相对丰富；有的反应较敏锐，记忆力较强；有的信息的获取与整合能力以及知识内化与表达的能力相对较强；等等。所有这些都构成了孩子相对的个体优势。具有相对个体优势尤其是个体优势比较突出的孩子总是会引起家长们的关注，进而从不同的角度去解读，以至于不仅用“聪明”而且用“超常”来加以评价，这就有了对孩子“超常”与“平常”的分类。

正是由于孩子“超常”与“平常”的分类，家长们具有了截然不同的心态，即拥有一个所谓超常孩子的家长，很容易喜出望外，扬眉吐气，而只是拥有一个平常孩子的家长，则难免大失所望，唉声叹气，这样的心态无疑也是正常的。坦率地说，只要是家长，就都有着对“超常”孩子的渴望，同时对“超常”孩子也总是心生羡慕，这用不着回避和掩饰，问题则在于我们很容易把这种心态演变成一种“心结”，由此导致孩子培养上的认识误区以及理性的缺失。显然，打开这一“心结”非常必要，明智的选择我认为就是冷观“超常”，热看平常。

所谓冷观“超常”，就是对孩子的“超常”现象要冷静地观察和思考，既不要一概否定，也不要一味地热捧，更不可刻意地炒作、过度地夸张，因为“超常”只是相对于大多数孩子而言所具有的某方面优势，同时这种优势也会转化，何况“小时了了，大未必佳”也是常有的，所以不要把“超常”当作“异常”或“特异”而加以渲染。对“超常”的热捧、炒作和夸张，极不利于孩子的健康成长。孩子的人生刚刚起步，需要的是踏实前行，而不是“名人效应”，再说，孩子幼小，经不起因捧而造成的摔倒，孩子娇嫩，受不了因炒而带来的炙烤。

所谓热看平常，就是对孩子的平常样态要给予热情的接纳和鼓励，因为孩子的平常样态才是自然且真实的，如果不出“意外”，绝大多数孩子都是普通的或平常的。平常虽有平凡之意，但绝不是平庸。放眼社会，人才群体主要是由平常之人所构成的，其发展的贡献也主要是由平凡之人所作出的，即使是那些创造出非常之业绩，取得了非常之成就的人，其实也是平常或平凡之人，而不是“非常”或“非凡”之人。所以，家长们要以平常心面对平常的孩子，不要总是心有不甘或心灰意懒，更不要冷脸相待甚至冷若冰霜。

对孩子“超常”现象的冷观以及对孩子平常样态的热看，是家长们教育理性的回归，也是对教育价值的自觉遵循。教育的价值虽然是多元的，但作为人本性和民主性本质特征的集中体现，就是面对所有的孩子坚持普惠的原则，同时坚信每一个孩子都应当且可以得到有效的培养，这就使“为了一切孩子”成为普遍认同的素质教育理念，进一步说，素质教育虽然十分重视孩子的特长，但不刻意追求孩子的“超常”，更不热衷于寻找“神童”和发现“天才”。人们之所以尊师重教，恰恰是因为教育致力于把普通或平常的孩子培养成才，所以，教育的可信与可敬，并不在于有什么“怪”相，而是在于始终保持常态。

对“超常”现象与平常样态的讨论，必然会引出如何看待孩子天赋的话题，这一话题极其复杂，由于本人的知识和能力所限，很难说得清楚道得明白，因而只能提出一个基本的看法与家长们交流。我认为，天赋是客观存在的，承认天赋以及认同天赋的重要性也是唯物的，无论是科学理论还是实践经验都给予了充分的证明，但同样基于科学的精神，孩子的成长、成才以及未来的成功，其决定性因素并不仅仅在于先天的禀赋，而是主要在于后天的努力，正如歌曲《爱拼才会赢》所唱的那样：“三分天注定，七分靠打拼。”我们没有必要对“天注定”与“靠打拼”三七开比例的准确性进行质疑，但确有必要对打拼比天定更为重要这一论断给予充分的认同，把这一论断运用于教育的领域，那就是孩子的先天禀赋固然重要，但后天的培养更为重要。为了简明直观地标示后天培养的重要程度，我们也可以设置一个比例，即一分在天赋，九分靠培养。

六、相信可能与承认不能

教育励志信可能
脱离现实难言真
科学坦诚说不能
闭目塞听非理性
总把不能当可能
高谈虚论误导人
强行挑战不可能
违背规律瞎折腾

我们绝大多数家长对孩子的未来都有着美好的憧憬，对孩子的人生发展也都有着精致的规划，由此不仅为孩子确立既高远又宏大的目标，而且对孩子提出近乎苛刻的要求，尤其在孩子成为什么样的人才问题上，展现出丰富的想象力，所有这些与其说是一种浪漫，不如说是一种自信。那么，家长们的这种浪漫情怀和自信底气是从何而来的呢？其理由虽然可以从多方面进行分析和概括，但从理念和意识的层面看，我认为主要是对“一切皆有可能”的深信不疑。

伴随着教育思想的解放，许多人不仅把“一切皆有可能”确立为人才培养的重要依据，而且看作是教育的金科玉律，以至于无论是学校和老师还是家庭和家长，都会用“一切皆有可能”去激励孩子们。这样的励志用语所具有的积极意义显然不可低估，更不容否定，因为给孩子们多讲可能性，或者为孩子们人生发展的路径和目标的选择指出无限多的可能性，不仅能让孩子们打开心灵的窗户，拓宽思维的空间，而且能有利于孩子们确立自我成长的信心，增强进取的精神和拼搏的勇气，从而敢于编织未来的梦想，描绘未来的蓝图，正是从这个意义上说，给孩子们多讲可能性，也就是给孩子们注入正能量。

我们认同给孩子讲可能的必要性，也不否定“一切皆有可能”的合理性，因为现实生活中，可以举出许许多多的例子加以证明，但现实生活同时也告诉我们，不可能的情况不仅存在而且似乎更多，以至于我们常常有这样的感觉：不可能的概率要比可能的概率大得多。事实上，许多人正是在经历了无数的不可能之后才具有了某种可能，由此使我们也常常有这样的感叹：有志，事未必就能成；心想，事也不一定能成，正所谓理想是丰满的，现实则是骨感的。面对这样的事实和现实，我们需要理性的回归，既要相信皆有可能，也要承认确有不能。

可能与不可能是一对复杂的关系，也是一个重大的哲学问题，要弄得很清楚显然是比较困难的，但有一个基本点我认为则是可以掌握的，那就是可能与不可能的判断依据在于是否具备相应的条件。简单地说，具备相应的条件就是可能的，不具备相应的条件则是不可能的，所以，可能与不可能是现实的或具体的，而不是抽象的。正由于此，所有的科学在讲可能性的时候，都把条件的设置作为前提，更把条件的论证作为重点，从而有了与神话在本质上的不同。离开了现实或具体的条件而谈一切皆有可能，虽然不能说是伪命题，但至少是不真实的，即使是真的，也只是真的假说。

教育是科学，不是神话，孩子的培养从来都高度重视条件的分析，所谓因人而异、因材施教、自主选择、个性发展，都是基于孩子的现实条件而作出的预测，同时也包含了对不可能的判断。当鼓励孩子有可能成为这方面人才的时候，其实也是对他不可能成为那方面人才的忠告，这种预测和判断也许不一定完全准确，但从总体上说是可信的。诚然，为了充分释放正能量，教育对可能性的鼓励常常是大张旗鼓，对“不可能”的忠告往往不广而告之，这需要我们给予充分的理解。坦率地说，教育犹如做人一样也是很难的，但并不能因此就质疑乃至否定教育科学的诚实，对于教育的“不可能”忠告，我们更需要用心去倾听和体会。

依据条件论可能与不可能，家长们对孩子的教育与培养应当确立如下两个方面的认知。

第一是要勇于承认孩子的有所不能。孩子们确实都有着潜在的能量，因而对孩子必须充满信心，但潜能并不意味着无所不能。事实上，同样的目标，有些孩子是可能达到的，有些孩子则是不可能达到的，同样的任务，有些孩子是可能完成的，有些孩子则是不可能完成的，其主要原因在于孩子的潜能以及条件存在着客观差异，并非完全是由于主观努力程度的不同。虽然潜能可以开发，条件也可以改变或创造，但潜能的开发以及条件的改变和创造同样需要条件，同时也是一个过程，所以在孩子特定的成长阶段，这样那样的不可能既是客观的存在，也是一种常态。面对孩子事实上的不可能，我们家长应当给予充分的理解，而不是强人所难。

第二是慎言挑战不可能。孩子确实需要有迎接挑战的勇气以及挑战自我的精神，但这并不意味着非要去挑战事实上的不可能。一段时间以来，“挑战不可能”也成了一种时尚或时髦，相对于“科学向未来”而言，听起来似乎更有励志感，也更具能动性，但冷静地想一想就会发现，所谓挑战不可能，既不合常理，也不是科普，从逻辑上讲，既然是不可能，怎可轻言挑战？从事实上说，一些孩子正是由于盲目挑战不可能，才造成了这样那样的遗憾甚至悲剧。为此，我要向家长们大声疾呼：这样的时尚不必去追，这样的时髦不必去赶，而是要以科学的态度和精神引导孩子去做可能做的事，做能够做的事！一个理性的家长从来只要求孩子做力所能及的事，各显其能。其实，孩子如果能把可能做的事做到，把能够做的事做好，就已经难能可贵。

最后我要强调的是，承认孩子确有不能，从而放弃事实上的不可能，既是一种理性，也是一种勇气，更是一种智慧。不顾条件讲可能以及把不可能当作可能，尤其是盲目鼓励孩子去挑战不可能，绝不是尊重科学的新创意，而只是违背规律的瞎折腾，有害而无益。

七、看重分数与不唯分数

分数牵动家长心
只因取人分为凭
虽说分数最公平
唯分为重也失衡
素质综合分数外
多元标准难通分
回归人本看分数
方知高分非命根

在孩子的教育与培养过程中，几乎所有的家长都高度关注或看重孩子的分数，甚至可以说，许多家长的神经常常被孩子的分数所牵动，情绪也往往随着孩子分数的变化而波动，进而形成了“分数情结”，对此，整个社会充满着各种各样的议论，其中不乏批评指责之声。在我看来，家长们重视孩子的分数理所应当，其理由至少有如下两个方面。

第一，分数是检测孩子学习质量的重要标尺。在通常的情况下，分数能相对清晰地显示孩子知识掌握的程度，同时也能比较具体地显示孩子在应知应会上存在的差距，虽然未必精准，但从总体上讲是真实的、可信的，正由于此，教育科学才把分数确立为基本的评价指标和方式，所以“百分制”不仅是各级各类教育而且是世界各国通用的规则。家长们想要真实地了解并及时地跟踪孩子的学习状况，就必须把分数作为基本的观测点。

第二，分数是当今社会人才选拔的现实依据。在如何更合理和更科学地选拔人才的问题上，人们经过长期的试错和反复的比较，最终形成了“以分取人”的共识并由此确立了相对稳定的制度和机制。相对于“以貌取人”尤其是“以势（权势、财势）取人”而言，“以分取人”无疑是巨大的进步，事实上，迄今为止，还没有比“以分取人”更为公平和公正的办法。正由于此，无论是非义务教育的各类招生，还是企事业单位乃至党政机关的人才招聘，都把“以分取人”作为共同的方式选择并作为重要的规范接受社会的公开监督。所以，家长们要想让孩子能被公平和公正地“择优录取”，就必须把分数作为重要的关注点。

正是基于这样两个方面的理由，家长们看重分数甚至鼓励孩子取得高分都是合情合理和顺理成章的，所以，不要被各种批评分数的声音所干扰，更不要被所谓的淡化分数的论调所忽悠，凡是大谈分数不重要或者一味强调要淡化分数的人，要么是分数不关其痛痒，要么就是有着分数外的企图，不必轻信，因为不容回避和争辩的现实就是：无论是中考还是高考，达不到分数线，绝对进不了心向往之的学校之门；同时，没有分数的优势，也根本入不了人才招聘和录用之围。面对这样的现实，家长们对孩子的分数岂有不重视之理？

我们承认分数的重要性，也认同家长们看重分数的合理性，但这并不意味着唯分为重。所谓唯分为重，就是把分数看作评价孩子的唯一标准，同时把高分确立为孩子培养的唯一目标，这种双重的唯一性恰恰表明了分数的局限性，因为分数不能充分反映和全面衡量孩子学习与进步的状态，例如，孩子学习兴趣的广泛性、认知视野的开阔性、文化底蕴的厚实性等都很难在分数中得到体现。更为重要的是，孩子的素质内涵是丰富的，诸如道德的好与坏、人格的全与缺、爱心的有与无、情商的高与低、意志的强与弱、能量的正与负、气质的雅与俗、心灵的美与丑等人文素养都无法用分数进行量化。分数虽然融合在素质评价之内，但综合素质尤其是人文素养却独立于分数指标之外。所以，素质教育作为人本化的教育形态，注重的是质，而不是量，强调的是素质评价的综合性，而不是分数指标的单一性，这也正是高校在录取新生、社会在选聘人才的时候，都高度重视综合素质的考评尤其是把品德的优良确立为先决条件并以此行使“一票否决”

的重要原因。这进一步说明，单一的分数指标不能替代素质的综合评价，同时，孩子的综合素质也很难被“通分”，如果一定要把孩子的综合素质都折合成分数，那必定是牵强的和机械的，也必定是失真的和失实的，很容易把素质教育进一步异化为分数教育。

以上的讨论旨在形成关于分数问题的共识，概括起来就是：分数对孩子能否获得有利的发展机会确实非常重要，所以家长们理应重视分数，但放眼孩子的未来，应更加注重分数之外的综合素质尤其是人文素养，因为正是这些不能用分数衡量的能力和素养，才决定着孩子能否具有美好的人生。分数固然要紧，但绝不是命根。

八、直面竞争与引导竞争

孩子竞争波澜惊
家长面对要冷静
竞争法则法自然
优胜劣汰不由人
素质也看竞争力
教育培养上游心
鼓励竞争无过错
只需引导学守正

一段时间以来，许多家长对孩子中存在的竞争现象多有诟病，乃至于群情激愤，不仅用激烈、惨烈、残酷、残忍来加以形容，而且把竞争看作是孩子不堪重负、苦不堪言尤其是心理压力过于沉重的直接原因。平心而论，家长们的这种激愤和怒怼既不是无名之火，更不是无理取闹，而是愤之合情，怒之有理，因为孩子们过早地被卷入竞争的旋涡，确实不利于孩子们的身心健康。如果校园和课堂都是没有硝烟的战场，每一个同学都不再是好朋友而是假想敌，演的不再是集体舞而是对手戏，那么，孩子们在学习与生活中就不可能获得真正的情感满足和快乐体验，也谈不上能在成长的道路上真正地携手同行。从这个意义上说，家长们对孩子竞争现象的激愤和怒怼不仅有着积极的意义，而且内含着巨大的正能量，至少表达了教育生态需要和谐，孩子们的成长环境应当宽松的良好愿望，同时体现了素质教育的理念尤其是人本精神，由此我认为，在孩子竞争问题上的家长之愤并不是私愤，而是公愤。

孩子们的竞争是一个不争的事实，面对这样的事实，家长们仅仅有激愤之情以及怒怼之态显然是不够的，一愤或一怼了之是无济于事的，而是需要冷静和理性的思考。思考的重点并不在于孩子们竞争的程度究竟有多高，压力究竟有多大，而在于孩子们竞争的现象是如何产生的，对于竞争的意义和价值应当如何去评判，更为重要的是我们怎样才能让孩子们具有正确的竞争认知，从而运用正当的方式参与竞争。

关于竞争，相信我们绝大多数家长早已具备这样的认知：竞争既是自然进化的法则，也是社会进步的机制。作为自然法则，讲的是物竞天择，适者生存；作为社会机制，讲的是优胜劣汰，能者为先。正是这种进化和进步的意义，才使自然和社会的生态具有了内在的活力，从而使人们不仅把竞争定义为不以主观意志为转移的客观规律，同时把竞争看作是人人不可逃避而是要积极面对且主动适应的世俗常态，只要看看现实生活中到处通行且得到普遍认同的竞聘上岗、竞选上位的规则就足以说明这一点。我们希望教育是净土，但教育绝不是世外桃源，我们更希望孩子要纯洁，但孩子也绝不是方外之人，置身于竞争的环境之中，可以说是别无选择，正所谓“树欲静”而“风不止”，或“由天不由人”，由此我认为，面对孩子们的竞争现象，家长们不要感到奇怪，更不必过于惊悚。

为了进一步厘清孩子竞争问题上的思路，我们有必要再作如下三个方面的解读。

第一，孩子的竞争并不是应试教育特有的现象，或者说并不能归结为应试教育的产物。素质教育不仅同样存在竞争，而且更加重视竞争，因为正如国家的综合实力包括竞争力一样，孩子的竞争力也是其综合素质不可或缺的要素，从某种意义上说，孩子们的竞争力，体现的是进取心和创造力，进一步说，孩子们今天的竞争力，也就是明天的国家竞争力。所以，素质教育不是为了安抚与世无争或不敢竞争的人，而是旨在培养力争上游和敢于争先的人。

第二，孩子们有竞争并不仅仅是因为资源的不均衡和机会的不充分，而是主要因为人才的择优原则和机制。只要选人用人的择优原则和机制存在，竞争的现象也就永远存在，即使是资源越来越均衡，机会越来越充分，竞争的现象也不可能消失，相反，竞争的平台和段位将会越来越高。所以，教育的发展所能改变的只是竞争的方式，而不是竞争的存在。

第三，学校不应当成为孩子的竞技场和拳击场，或者说不应当成为竞争的中心，但也绝不只是孩子唱歌、跳舞和吟诗的地方。培养孩子的竞争意识，让孩子具有竞争的勇气，同时为孩子创设竞争的环境，营造竞争的氛围，无疑也是符合素质教育理念和人本精神的校园文化。所以，我们既要欣赏校园的百花齐放，也要喜看校园的百花争艳，既要褒扬孩子的谦让品格，也要赞赏孩子的争优精神。

基于以上讨论，我认为，孩子具有争先恐后乃至争强好胜之心并不是坏事，家长们对孩子的竞争给予积极的认同以及大胆的鼓励也不是过错，问题则是在于我们如何对孩子进行正确的引导，关键是要让孩子学会守正竞争。所谓守正竞争，就是在竞争的问题上能正己守道，集中到一点，就是用阳光的而不是阴暗的心理，正当的而不是歪邪的手段去竞争。例如，靠实力说话，而不是投机取巧、弄虚作假；以善良为本，而不是以强凌弱、以邻为壑；等等。这同样是十分重要乃至是更高层次的人文素养，理应纳入素质教育的范畴并作为一门必修的课程。无论是学校教育还是家庭教育，如果能注重孩子竞争素养的培育，让孩子从小就学会守正竞争，那么既是对孩子的未来负责，更是对社会的重大贡献。

九、不为应试与应会考试

考试历来是公器
欲罢不能考新知
只为应考批有理
会考无须多质疑
请看社会大考场
素质考问谁能避
人生旅途皆赶考
自我修炼答考题

我们在分数和竞争问题初步讨论的基础上，有必要对考试问题再作交流，之所以必要，不仅因为分数和竞争都与考试密切相关，同时还由于家长们对孩子的考试最为关切，更为重要的原因则是在日常生活中，许多人在考试的问题上有着种种的误读，突出的表现就是把考试与应试加以混淆，以至于把考试当作孩子负担过重、压力过大的直接原因，甚至把考试看作教育生态不良的罪魁祸首，进而口诛笔伐。所有这些都表明，我们不仅把对应试教育的反思变成了对考试的质疑，而且把对应试教育的批判变成了对考试的诟病，这是对应试教育的矫枉过正，考试只是池鱼林木罢了。如果在考试的问题上不能形成正确的认知，同样不利于素质教育的推进尤其是孩子们综合素质的培养，为此，我不仅要理直气壮地为考试做无罪辩护，而且要旗帜鲜明地提出这样的观点：孩子应当会考试。

在我国，考试被确立为人才选拔的基本制度，是千年智慧的结晶，也是千年文化的积淀。如果说应试教育是一块千年臭豆腐，那么考试制度则是一棵千年常青树，以至于不管社会如何变化，考试这一基本制度始终保持着相对的稳定性，也不管这一制度存在多少缺陷，也始终是“欲罢不能”，其根本原因就是这一制度内含着其他任何制度不可比拟的公正性，恰如迄今为止，还没有比“以分取人”更为公平的办法一样。对此，我们不仅要有充分的敬畏之心，而且需要有足够的历史涵养。

对于我们普通大众来说，考试是与切身利益关联度最高的公器之一，每一个孩子能够平等地参加考试并通过考试接受公开的选拔无疑是一种幸运。虽然人才成长的环境已今非昔比，人才选拔的机制也与日俱新，但考试的公正性不应被否定，而作为基本制度应当得到精心的维护和进一步完善，道理其实很简单，在孩子们的学习和素质状态尤其是努力程度存在差异的情况下，如果从中学到大学都采用摇号、抓阄的办法进行招生，恐怕很少有孩子会愿意发奋攻读。同时，在社会资源尚不均衡尤其是权力运行尚不规范的情况下，如果各种岗位和职位的人才招聘仍然依靠推荐或伯乐相马的办法，恐怕很少有人会对其公正性深信不疑。因此，在若明若暗、时起时伏的各种批评乃至否定考试的声浪中，家长们切不可随声附和，更不能跟着起哄，而是要用积极的态度去维护考试的制度。维护考试的制度，也就是维护公平公正的权利。家长们也不要以为，取消了考试，孩子们就能无忧无虑，一身轻松，殊不知，人才选拔的考试大门一旦被关闭，那么金钱和权力的大门就一定会洞开，家长们切莫上当。

我们高度认同考试制度的公正性，也充分说明维护考试制度的重要性，但并不是说孩子的培养就只为考试。所谓“只为考试”，就是把考试看作是孩子自我发展的唯一动力，把考场看作是孩子能力展示的唯一舞台，把考分看作是孩子素质评价的唯一标准，以至于把迎考和应考作为孩子学习的唯一目的以及内容和方式选择的唯一依据，其突出的表现就是“以考定学”，即考什么就学什么。只要有利于提高考试的成绩，有些内容即使没有多少实际意义也强迫孩子重复地学，反复地练，反之，许多有利于孩子素质完善甚至是必备的重要内容，只要没有被划定在考试的范围内，便不愿孩子花费精力，即不考则不学。由此不仅把孩子的学习局限于考纲和题本，而且把孩子的学习和素质培育简化成考试的准备和应对，这就是通常所说的应试教育模式。应试教育最大的弊端就是过度夸大了考试的功能，严重制约了孩子的全面发展，背离了教育的人本精神和初心，理应受到批判。所以，家长们对应试教育模式既不要留恋，也不要怀念，更不要因为素质教育推进过程中还存在这样那样的问题就呼唤应试教育的回归，理论和实践都充分地证明：应试教育绝不是孩子的洞天福地。

我们批判应试教育，反对只为考试，但为什么又要旗帜鲜明地提出孩子应当会考试呢？其理由并不仅仅在于应当会考试与只是为考试有着本质上的不同，即是说两者虽有关联但绝不是一回事，更为重要的则是素质教育同样需要乃至更加重视考试。作为素质教育的范畴，考试就是素质展示的方式，所谓孩子应当会考试，也就是孩子应具有内在素质的自我展示能力，表现为积极而主动地接受社会的素质考问。其实，社会才是真正的大考场，或者说，社会的素质考问才是真正的大考，这是每一个人都无法回避的，区别只是在于接受考问的自觉程度不同。伴随着社会形态的人本化进程，人们对人生有着更为深刻的思考，其积极的成果之一就是把人生旅途定义为赶考之路。人生的画卷是由一张张考卷叠成的，人生是否精彩取决于如何给社会和公众交出满意的答卷。对于孩子们来说，学会这样的大考才是真正意义上的迎考和应考，因而是最为重要的人生必修课。因此，素质教育的价值并不仅仅体现在如何与应试教育截然对立以及如何把孩子们从只为考试的桎梏中解放出来，更体现在赋予考试以崭新的内涵和价值取向，从而激励孩子们勇敢地奔向社会大考场，通过素质的自我修炼，走好人生的赶考路。

十、没有最好与只求更好

家长都盼孩子好
如何是好当知晓
一好三好到五好
品行良好居首要
点滴进步皆美好
稳中向好气自豪
教育从来讲更好
不为最好唱高调

对于所有的家长而言，虽然有着无限多的美好向往或畅想，但最大的满足和心灵慰藉莫过于能有一个好孩子。正因为有着对好孩子的期盼，我们家长才如此地辛苦和执着乃至于呕心沥血，同时也才有精神的支柱和力量的源泉。但在日常生活中，又有多少家长常常被这个“好”字所困扰，也往往因这个“好”字而烦恼，究其原因就是我们只知道一味求好，并不真正清楚什么是好。所以，家长们要想培养出一个好孩子，就必须对“好”的内涵有所了解，从而能重新考量、再作思考。

对什么是好再作思考，包含着两个基本的层面，一是如何评价的问题，二是如何看待的问题。如何评价重在标准，如何看待重在视角，两者虽有联系但又有区别，相比之下，视角比标准更为重要。要形成对“好”的认知，关键并不在于对标是否精准，而在于视角是否宽阔。那么，我们面对孩子应具有什么样的“好望角”呢？我以为主要体现在如下两个关注上。

第一是关注孩子的品行。看一个孩子好不好，重在看品行是否端正，只要品行端正，就是好孩子，即使学习成绩不那么优异，也都是好孩子。伴随着素质教育的推进，好孩子的评价标准越来越呈现出多样性和综合性的特征，其突出的表现就是从聚焦学习这“一好”到德、智、体的“三好”并进而拓展为德、智、体、美、劳的“五好”。尽管“好”的内涵还会不断丰富，“好”的标准也会继续完善以至于成为真正的“好又多”，但品行良好将永远居于首要的位置，或者说始终是评价好孩子的核心指标。正是基于品行良好的极端重要性，无论是学校教育还是家庭教育，对孩子的品行评价都要极其慎重，例如，孩子的人生刚刚起步，存在这样那样的成长性问题都是正常的，决不能简单地归结为品行问题，更不能轻率地对孩子作出品行不良或不端的结论，甚至不能随意地使用“熊孩子”这一称谓。

第二是关注孩子的进步。看一个孩子好不好，重在看进步的状态，只要有所进步，就是好孩子，即使排名不在前列，也都是好孩子。当然，每一个孩子的进步既有快慢之分，同时也有隐性和显性之别，需要我们细心地观察，哪怕是点点滴滴的进步都堪称美好，应当给予积极的认同和热情的鼓励。为此我建议，要把为少数孩子设置的“优胜奖”变成惠及多数乃至所有孩子的“进步奖”。在此基础上，还要进一步把“稳中向好”这一新发展理念引入并运用于好孩子的评价体系，其中，“好”是指总体的目标，“向”是指过程或趋势，“稳”是指稳定性和持续性，所谓“稳中向好”，就是稳定地趋向好的目标，同时能持续地呈现好的态势，这才是好孩子的成长规律，应当转化为我们在好孩子评价问题上的科学思维和理性认知。其实，伟大的导师毛主席早就为我们的思维和认知开启了大门，指明了方向，这就是：“好好学习、天天向上。”

我们把好孩子的成长规律概括为稳中向好，强调的是孩子变好的过程，追求的是孩子更好的状态。素质教育的核心价值就是如何使孩子变得更好，或者说，旨在让每一个孩子做更好的自己。正由于素质教育只讲更好，它才那么的激越又平静，浪漫又现实，也才如此的合“天理”，通人情，这不仅是我们对素质教育应有的解读，也是素质教育科学性与人文性的集中体现，由此成为社会公众高度认同和信服的充分理由。

密切关注孩子点点滴滴的进步，仔细观察孩子稳中向好、天天向上的态势，同时确立不求最好、但求更好的理念和目标，我们家长在好孩子的问题上才能具有“好望角”尤其是好心态。现实生活中，我们许多家长之所以被“好”字所困，为“好”字所累，在很大程度上并不是因为孩子不好，而是由于自己的视角和心态不好，以至于好孩子就在眼前却视而不见，孩子正在变得更好却总是心有不甘，讲到底，就是不满足于孩子的更好，而奢望孩子的最好。其实，我们都明白“没有最好，只有更好”的道理，那为什么还要苛求孩子的最好呢！好的教育从来都是脚踏实地的，而不是好高骛远的，一味高调地追求最好，与其说是自视甚高，不如说是自寻烦恼。对于孩子们而言这是比拔苗助长更为烦恼的事，因为无论多么的努力变好，都很难满足家长的“最好”心愿，以至于真的不知怎样才好！

第三章

以人为本尊重人

家长成功激励的十项举措

教育神圣因爱人
爱人贵在尊重人
家长辛苦为育人
先把孩子当作人
倘若心中没有人
何谈培养什么人
拟物托物归于人
寡情无情难树人

社会的文明有着多种标志和样态，如果要问什么才是最为显著的标志和最为美丽的样态，我以为就是对教育的尊崇和礼赞。任何一个文明的社会都把最美好的词汇奉献给教育，其中，至高至上的赞美词莫过于把教育称之为太阳底下最神圣的事业。倘若我们从人文的角度再作进一步的解读就会发现，教育并不仅仅是在阳光下，她本身就是阳光，是人性的普照之光。毫无疑问，如果没有教育，人性的世界一定是黑暗的。

教育之所以神圣，是因为教育秉持的是伦理精神，信守的是道德力量，释放的是人文情怀，集中到一点就是对人的关爱，或者说具有博大的爱心，但教育对人的关爱并不仅仅表现为怜悯与同情，而是有着更高的意境，如果用一句话加以概括，我认为就是对人的尊重。尊重人，是教育人本精神的集中体现，堪称是最为坚硬的内核。什么是尊重人？主要指对人格和人性的尊重。所谓对人格的尊重，就是尊重每一个受教育者的平等权利，平等地对待每一个受教育的人。在教育的视野中，没有贫富、贵贱、性别、年龄、颜值之分，奉行的是有教无类，学有所教。所谓对人性的尊重，就是尊重每一个受教育者的内在情感，包括主体的意识、价值的选择、精神的需求、心里的感受、个性的发展、快乐的体验、成功的认同等等。正是由于这两个方面的尊重，教育才具有了鲜明的人本属性以及浓厚的人文情怀，因而也才那样地充满人情味，教育学也以独特的人文情怀和人性光辉真正成为唯我独尊的“人学”。

尊重人是教育人本精神的集中体现，也是培养人的首要前提，教育在追求培养什么人的时候，首先要聚焦如何尊重人。对于我们家长而言，要想成功地培养孩子，同样需要先学会尊重孩子，通俗地讲，就是要把孩子当人。也许有的家长会这样说：我们从来就是把孩子作为家庭生活的中心，一切都在围着这个中心旋转，为了孩子我们如此地日夜奔波，辛勤付出，把所有的心血都倾注给了孩子，难道我们没有把孩子当人？家长们不要急于鸣冤叫屈，让我们平静地想一想这样几个问题：第一，在我们为孩子的进步尤其是学习成绩设定越来越高的目标的时候，有没有问问孩子累不累？第二，在我们为孩子安排各种补习班、培训班、强化班的时候，有没有问问孩子要不要？第三，在我们把所有美好的愿景都加载到孩子身上并作出这样那样的选择的时候，有没有问问孩子愿不愿？第四，在我们要孩子具有这方面或那方面特长和优势的时候，有没有问问孩子能不能？第五，在我们与孩子沟通、交流以及对孩子进行训导和批评的时候，有没有问问孩子心气顺不顺？如果这些都没有，那就谈不上尊重孩子，据此也可以认定没有把孩子当人。我们毫不怀疑所有家长都会把孩子看得很重，但看得很重并不等于尊重。

我之所以提出要把孩子当人的问题，还有一个重要的原因，这就是现实生活中不把孩子当人的现象并不少见，突出地表现为自觉不自觉地把孩子仅仅当作学习的机器，或者是灌装知识的容器，把孩子“物化”了。诚然，教育中我们经常会运用拟物或比物的表达方式，其主要目的是为了把抽象晦涩的教育概念和哲理变得通俗易懂，尤其是旨在让复杂的人才培养过程变得生动而形象，正所谓比物此志，以物言人，而不是只见物不见人，如果心中没有人，也就谈不上培养什么人以及如何培养人。再看捏泥人的工匠们尤其是雕塑大师们，其作品之所以那么的千姿百态、栩栩如生，既传情又传神，并不仅仅是因为他们手指的灵巧和艺术的精湛，而是由于他们对人生、人性有着深刻的理解和感悟，或者说，他们心中有什么样的人，手中才有什么样的人。

心中有人，教育的人本精神才不会被异化，孩子才不会被物化。对于家长来说，所谓心中有人，就是对孩子要充满人文情怀，如果用“拟物”的表达，那就是“一枝一叶总关情”。为此，我对家长们提出如下十个方面的建议：一、把快乐还给孩子；二、把玩权放给孩子；三、把空间留给孩子；四、把微笑赠给孩子；五、把心声吐给孩子；六、把理由讲给孩子；七、把谢意道给孩子；八、把诚信立给孩子；九、把逞强让给孩子；十、把“三宝”献给孩子。

一、把快乐还给孩子

少年壮志不言愁
小鸟吟唱欢乐歌
尽情生长看花朵
荡起双桨乐成波
攀登书山趣为径
横渡学海乐作舟
教育园地有悦色
剥夺快乐无理由

面对今天的教育生态，相信社会公众尤其是家长群体都有着这样的真切感受和总体评价：孩子们是幸福的，但并不快乐。

教育的改革虽然正在为孩子们减负和松绑，但负担和压力过重、焦虑和忧愁过度、限制和束缚过多的现象尚未得到根本的改变，以至于孩子们春天看绿色、夏天摸鱼虾、秋天闻果香、冬天打雪仗仍然是那么的困难，自然被有形无形的围墙所阻隔，童趣被可有可无的作业所取代。不仅如此，许多孩子依然是情感不能轻松地释放，犹如小鸟不能欢快地歌唱；个性不能肆意地张扬，犹如花蕾不能尽情地绽放；未来不能诗意地畅想，犹如弄潮儿不能快活地冲浪；独立的自我意识被冰冷的规则所否定，心灵的自由之窗被僵化的模式所封闭。远离自然、没有童趣、迷失自我、没有自由的孩子，怎么可能具有内在的快乐感呢？相信诚实的人们不会用“子非鱼，安知鱼之乐”（这里反指不乐）来辩解的。

如果追问：是谁剥夺了孩子们的快乐，恐怕绝大多数人都会不约而同地指认应试教育的制度。必须承认，应试教育确实背离了教育的人本精神，犹如一个黑洞，无情地吞噬了孩子们的快乐，但仅仅将原因归结于应试教育制度，似乎也有失公允，在我看来，剥夺孩子们快乐的另有其人，这就是我们这些掌握着孩子教育权力的大人们。长期以来，大人们尤其是家长们，很少甚至从不真正关注孩子的快乐问题，表现为既不用心去体会孩子是否快乐，也不主动满足孩子的快乐渴望，而是以各种各样的理由和方式，争先恐后地把剥夺之手伸向孩子。面对庞大的剥夺者群体，孩子们总是显得那么的无能为力，以至于只能“望乐兴叹”。如果要问我们对孩子最大的亏欠是什么，我以为就是亏欠了孩子们的快乐，既然有所亏欠，就应当归还，把本来属于孩子的快乐归还给他们，至少是要果断地收起剥夺孩子快乐的手。但遗憾的是，时至今日，心甘情愿地收手的人似乎还不够多，相反，在新理念、新模式掩盖下不断变换手法的并不少见。显然，要把快乐真正归还给孩子确实不那么容易，需要痛下决心，刀刃向内，敢于“剁手”，正是在这个意义上说，教育的深化改革应当是自觉的“剁手行动”。

快乐是孩子的天然财富，享有快乐则是孩子神圣不可侵犯的权利，更是“孩子”这一称谓的本质属性。我们之所以用“金色”来形容童年，就是希望孩子能像初升的太阳那样灿烂，像初开的花朵那样烂漫，说到底就是充满着快乐之感、愉悦之情，不因焦虑而消得人憔悴，不因忧愁而白了少年头。也正是在这个意义上，我把享有快乐定义为孩子的成长方式，即孩子不仅应当在快乐中成长，而且快乐本身就是成长，所以，让孩子享有快乐不是恩赐，更不是施舍，而是理应如此。只有充分地认识到这一点，所有的大人们在归还孩子快乐的问题上，才会更加主动和自觉。

把快乐还给孩子，不仅需要人本精神的回归，同时需要重新解读学与乐的关系。我们在教育孩子的时候，常常会引用这样的古训：“书山有路勤为径，学海无涯苦作舟。”这无疑是积极的，但科学和生活也告诉我们，书山之路并不仅仅在于“勤”，同时也在于“趣”，即兴趣、情趣、乐趣，如果孩子没有“趣”，就不会有“勤”的自觉，纵然书山有路，也难免望而生畏，更不可能“会当凌绝顶”，尤其是面对无涯的学海，如果孩子只有苦，而没有乐，那么，学海就真的成了无边的苦海，试问又有几个孩子愿意去畅游？既然“苦海无边”，那么“回头是岸”也许就成了一种看似无奈却不失明智的选择。事实上，古往今来，众多学有所成的人，固然都有着勤奋、刻苦的精神，但更为重要的则是因“有趣”而矢志不渝，因“有乐”而不知疲倦，所以，我们对孩子的学习不要片面地或一味地强调要不怕吃苦乃至“头悬梁、锥刺股”。诚然，要想让每一个孩子都能达到以学为乐或学有所乐的境界确实是比较困难的，但让孩子学中有乐或有学有乐则是应当且可以做到的。

什么是有学有乐？老电影《祖国的花朵》用艺术的方式对此进行了生动的诠释，尤其是主题曲《让我们荡起双桨》深情地唱出了孩子们有学有乐的意境，其中的两句歌词“做完了一天的功课，让我们尽情地欢乐”更是对有学有乐的经典解读：第一，孩子们的欢乐并不是因为没有功课，只是在完成功课之后，而且从神情上看，孩子们是愉快的。第二，孩子们的功课并不那么重，作业并不那么多，可以很快完成，因而有欢乐的时间。第三，孩子们完成的是“一天”的功课，没有额外的负担，所以其欢乐可以做到“尽情”。孩子们的欢乐是在校园之外，小船之上，不仅能看到红墙碧瓦，白塔倒影，而且能独自地推开微波细浪，自由地笑迎凉爽之风。更难能可贵的是没有这样的画面或情景，即孩子们还没有荡起双桨，家长就喊：“抓紧时间，作业还没有做完呢！”或者孩子们刚刚放下双桨，家长就说：“回去该写一篇作文了吧！”所以，我一直认为，这部老电影尤其是主题曲胜过任何一本教科书，堪称是快乐教育的科教片，凡是真诚关爱孩子成长的大人们尤其是家长们都应当用心去静静地欣赏，用情细细地品味，并以祖国花朵的名义由衷地向经典致敬！

二、把玩权放给孩子

孩子爱玩好现象
小手玩写大文章
灵气活力玩中来
会玩远比奥赛强
玩物丧志旧观念
学玩同道新思想
创新时代唤玩童
管控玩权放为上

对于孩子而言，学习无疑是最主要的任务，家长们要求孩子把主要精力集中在学习上显然是合理的，但正如有学也要有乐一样，孩子们既要认真地学，也要轻松地玩。当我们说孩子们在快乐中成长的时候，其实也是在说孩子们在玩中长大，因为玩是乐的重要内容、载体和方式。

说到孩子的玩，恐怕许多家长不会那么很乐意地给予认同，其原因之一就是在传统的文化视阈中，“玩”似乎是一个贬义的字眼，常常被定义为“不务正”，或被看作是“无意义”，且看凡是以“玩”字开头或其中有“玩”字的成语，很难找到正面的解读，这说明，“玩”字的名声从来就不太好。正是由于玩一再地被贬义，家长们对孩子的玩总是不肯正眼相看，而是努力地加以防范，防止孩子贪玩，不能让孩子玩心太重，更有甚者，害怕孩子由“玩童”变成“顽童”，从而设置种种玩的禁区，以致我们今天的孩子实在玩得太少。

过度地贬低乃至否定玩的积极意义也是一种文化的偏见，一概地限制乃至禁止孩子的玩更是教育的误读，需要矫正，需要为玩“正名”。在我看来，玩，不仅是孩子的天性和自我成长的需求，而且是独立意识的萌动和生命活力的迸发，孩子正是在玩的过程中，睁开了认识未知的眼睛，伸开了触摸世界的手指，打开了智商情商的大门，迈开了个性张扬的脚步。只要细心观察就不难发现，孩子的玩，不仅有活泼之态，更有灵动之状，不仅有心情的愉悦，更有智慧的闪光，所以，一个想玩、能玩的孩子是可爱的，至少说明其心智是健全且健康的，值得欣赏；相反，不想玩、不能玩的孩子倒是应当感到担忧，家长们切不要以为这样的孩子很乖，也很省心，而是要给予高度的关注乃至及早的诊断，看看孩子是否存在某方面的成长性缺陷。

以上的初步认知，可以用两个短语来加以概括，一是“玩学同道”，即玩不仅有着学的意义，而且是学的方式和途径，两者具有内在的一致性；二是“能学会玩”，即能学也体现在会玩之中，同时，会玩也是一种学习能力，或者说，既能学，又会玩，都是孩子必须具备的成长性素质，因此，家长们不要总是被“玩物丧志”这一旧观念所束缚。其实，在我国传统的学习文化中，既有着“三更灯火五更鸡，正是男儿读书时”的训导，也有着“儿童散学归来早，忙趁东风放纸鸢”的欣赏，更何况今天是一个崇尚人本、尊重个性的时代呢！

为孩子的玩正名并提出“玩学同道”“能学会玩”的新概念，其目的就是让孩子名正言顺地去玩，而不是偷偷摸摸地玩，能不能做到这一点，在很大程度上取决于我们家长敢不敢把“玩权”放给孩子。长期以来，家长们常常以“管控”的名义把持着孩子的玩权，孩子如果想玩，必须得到批准，而且有着极其严格的“审批程序”，似乎只有在某种特殊的情况下，如大考结束且要取得相对满意的成绩，家长们由于心情较好才肯把玩作为一种奖品赏赐给孩子。难怪一些孩子会向那些把“晚年”纯粹当作“玩年”的老人们投去羡慕的目光，以至于我们也经常听到孩子们这样的叹息声：“唉，如果我们现在就退休该有多好！”童言无忌，但却是对今天教育的严肃叩问，我们家长岂能仅仅当作玩笑而一笑了之！

孩子的玩权确有管控的必要，例如孩子沉湎于玩手机的现象就需要严格的管控，但管控决不能因噎废食，而应当收放有度。立足于孩子们玩得太少的现实，我认为重点不是收，而是放与服。所谓放，就是要让孩子放松玩的心情，放开玩的手脚；所谓服，就是要为孩子的玩主动地创设环境，创造条件，从而使孩子能玩得起来，更为重要的则是要为孩子如何玩进行引导和指导，从而使孩子玩得健康，玩出品位。这就对我们家长包括老师提出了新的要求，即必须具有为孩子“导玩”“陪玩”的能力。今天的家长和老师大多是应试教育的产物，既缺少玩的认知，也缺乏玩的体验，以至于常常不会带着孩子玩，更不知道如何陪着孩子玩。其实，在孩子的成长过程中，尤其是在早期阶段，无论是老师还是家长，能带着孩子玩，陪着孩子玩都是必备的素养。对于老师来说，其素质并不仅仅看学历和职称层次有多高，专业和学科知识有多厚，也要看指导孩子玩的能力有多强；对于家长而言，其责任的体现并不仅仅是看陪读有多么认真，也要看陪玩有多么用心，从某种意义上说，陪玩也是陪读甚至胜于陪读。

让孩子“能玩”，教孩子“会玩”，同样是素质教育的内在要求，更是创新人才培养的模式特征，因为创意并不完全取决于知识和智商，而是主要来自灵气和情商。理论和实践都告诉我们，孩子的灵气和情商与其说是在书中，不如说是在玩中，所以，创新的时代既欣赏“书童”，更呼唤“玩童”，既珍惜“小熊猫”，更青睐“蓝精灵”，家长们岂能只知书中有香而不知玩中有味！

三、把空间留给孩子

自由空间如绿洲
心旷神怡不胜收
外观空间闲与散
内藏素质好又多
倘若空间被塞满
清风艳阳难通透
留出空间给孩子
成长路上信步走

当我们说要把快乐还给孩子，把玩权放给孩子的时候，内含着一个重要的前提条件的设定，这就是孩子必须有属于自己的自由空间，没有自由空间，孩子的快乐无疑是笼中之鸟，孩子的玩权也只能是形同虚设。且看今天的家庭教育，让孩子尽情地乐和玩，虽然不是空谷足音，但由于没有自由空间的保障，常常成了空心汤团，或者说只是给孩子开出了一张空头支票。

自由空间是孩子可以“随心所欲”的课外天地，也是孩子能够“我行我素”的表现场所，在这自由的空间里，孩子无拘无束地做自己愿意做的事，做自己喜欢做的事，不仅压力得到释放，情绪得到调节，而且兴趣得到培养，个性得以张扬，对于长途跋涉且负重前行的孩子来说，自由空间无异于沙漠中的绿洲，足以令他心旷神怡。毫不夸张地说，几乎所有的孩子对自由空间无不心向往之，如渴骥奔泉。

孩子对自由空间的向往和渴望，不是消极的自娱要求，而是积极的成长需求，满足这一需求体现着对孩子主体性、独立性的尊重，因而是素质教育的重要内涵和特征，应当给予充分的理解和高度的认同。但在现实生活中，许多家长常常缺乏理解的主动性和认同的自觉性，其突出的表现就是，对于孩子的成长，其考虑十分周详，计划也极其周密，但孩子的自由空间总是一再地被遗漏，与其说是被遗忘的角落，不如说是不允许存在的角落。可以肯定地说，很少有家长，在制定人才培养方案的时候，能给孩子留下必要的自由空间，相反，总是为如何填满孩子的成长空间而处心积虑，想方设法，例如把指标定得很满、内容充得很满、时间排得很满，使孩子的成长空间犹如被各种杂物塞满了的贮藏间，密不透风。在这样的杂物间里，孩子怎么可能伸展自如、意气风发呢！

孩子的成长空间之所以被塞满，自由空间之所以被遗忘或挤占，虽然与应试教育的过度扩张有关，但更为重要的原因则是对孩子成长模式的过度解读。在我们许多家长的认知中，孩子的学习必须见缝插针，只争朝夕，从而对孩子的成长空间进行精密的计量并利用到极致，似乎如果给孩子留下自由的空间，就会导致光阴的虚度和青春的浪费。更有甚者，一些家长总是把孩子的自由空间看作是闲散之地，进而担心闲则生非，散则生漫，因而严格加以控制。殊不知，正是这种严格的控制，导致了孩子自我成长的生机被扼杀，内在的活力被窒息。

自由空间是孩子自我成长的刚性需求，如果家长们不主动地“留”，孩子则会用自己的方式去“争”。“争”的方式有多种多样，最通常的也可以说是最典型的方式莫过于“堤外损失堤内补”，例如，有些孩子上课时，虽然人在教室坐，但心在窗外飞，一边听着老师讲，一边做着自己的事，我们习惯于把这种现象称之为做“小动作”，其实这正是孩子为争取自由空间而做的“大动作”；再例如，有些孩子为挤出属于自己的自由空间，面对总是做不完的作业，不得不采用敷衍应付、草草了事的办法。这两种方式导致的直接结果就是堤外损失未能补，堤内损失却更大，一些孩子学习上的恶性循环现象显然也可以从这里得到解释。至于旷课、逃课，更是一种“若为自由故，纪律也可抛”的极端行为。

正因为孩子自由空间的需求不能得到有效的满足，一些厂商捕捉到了新的商机，例如网上推出的为孩子代写作业的服务，在一定程度上就是基于孩子对自由空间渴望的心理。对于这种市场行为，相信凡是有良知的人都不会给予认同，而是会进行道义的谴责，因为这样的代写作业将从根本上颠覆教育和学习的价值观，彻底地动摇社会诚信的根基，直接导致人才培养体系的瓦解乃至毁灭。面对这样的缺德市场行为仅仅有道义的谴责是不够的，需要教育尤其是家长们的主动作为，即主动地把自由空间留给孩子们，唯有如此，黑心的市场交易才不会有生存的空间，正所谓扬汤止沸，不如釜底抽薪。

把自由空间留给孩子，其自我成长的环境才是宽松且优化的。当然，孩子的自由空间也应当适度，犹如要防止野蛮生长一样，也要防止自由空间的过度扩张，同时要加强指导，让孩子学会如何合理安排和有效利用自由空间，这样的指导也就是对孩子自主意识和独立能力的培育。一个懂得合理安排和有效利用自由空间的孩子，在成长的道路上虽然不能“天马行空”，但一定可以“闲庭信步”。

四、把微笑赠给孩子

教育甜蜜笑意写
家长笑出亲和力
微笑胜过春风吹
笑逐颜开化纠结
会心一笑传正能
激发自信笑破天
孩子如花丛中笑
喜看笑迎莫黑脸

教育的人本价值和人文情怀决定了人才的培养既是神圣的也是甜蜜的事业，所以古往今来的教育者无不为“得天下英才而育之”的甜情蜜意所陶醉。既然教育是甜蜜的，就应当充满笑意，不仅要把笑意写在脸上，更要让笑意发自内心，这可以称之为“微笑教育”。对于家长们来说，就是要用微笑面对孩子乃至于用微笑去培养孩子。

家长们的微笑是赠送给孩子的最珍贵的礼物。面对父母的微笑，孩子如沐浴春风，吮吸琼浆，尤其是在情绪低落、烦闷苦恼之时，父母的一个微笑会产生巨大的鼓舞力量，从而让孩子得到精神的宽慰和心灵的抚慰，所以，家长们把微笑赠送给孩子，也就是把正能量传递给孩子，切不可小气和吝啬，而应当大方和慷慨。由于主客观的原因，家长们也许不能给孩子创设多么优越的环境以及教给孩子多么丰富的知识，但给孩子微笑则是完全能够做到的。

微笑从来是会心的，是家长与孩子情感的双向互动和心灵的同频共振，你给孩子一个微笑，孩子会还你一片灿烂，正如赠人玫瑰手有余香一样，把微笑赠送给孩子也把愉悦留给了自己，即微笑不仅能让孩子心花怒放，也能让自己心悦神怡，或者说，微笑在提高孩子快乐指数的同时，也增加了自己的幸福指数。因此，微笑与其说是赠送，不如说是获得，家长们何乐而不为呢！

教育需要微笑，孩子们渴望微笑，作为家长应当学会微笑。其实，所有的家长本来都是会笑的，只是后来慢慢地不会笑了。当孩子降临的时候，所有父母无不喜形于色，笑脸相迎，看着新生命的一天天长大，父母们更是喜不自胜，笑容满面，甚至孩子的一个有趣的动作和表情，都会引来父母的洋洋喜气，朗朗笑声。然而只要孩子一踏进学校的大门，家长们就开始“变脸”，笑容越来越少，愁容越来越多，面部的神经绷得越来越紧，光泽越来越暗，变着变着就变成了“黑脸”，纵然有笑，那也基本上属于“苦恼人的笑”。

那么，是何种原因导致了家长们不会微笑乃至脸越来越“黑”呢？我认为主要有这样两个方面：第一是教育的生态让家长们笑不出来，第二是教育的沉重让家长们不苟言笑。

家长们之所以笑不出来，是因为对教育的现状有着太多的不顺心和不满意，例如：家长们都希望孩子能上最好的学校，遇到最好的老师，从而能享有最优质的教育资源，但优质资源的不均衡，选择机会的不充分，常常让许多家长感到纠结和苦恼，尤其是教育体制、政策以及人才选拔方式的多变，更使家长们怀有紧张、恐惧的心理。再例如：家长们都希望自己的孩子能有一个理想的学习和进步状态并具有显著的竞争优势，但由于多种因素的制约尤其是客观存在的个体差异，家长们很难如愿以偿，以至于常有遗憾和焦虑。如此多的纠结、紧张、遗憾、焦虑，家长们怎么可能谈笑自若呢！

家长们之所以不苟言笑，是因为我们把孩子教育的话题说得过于沉重，一字一句、一招一式都被提高到如何对孩子未来负责的高度，以至于在孩子的教育问题上是从来开不得玩笑的，也是容不得嬉皮笑脸的，更不允许成为“嘻嘻哈哈的江湖”。这就强化了家长们对“严”的认知和过度解读，不仅把严格简单地等同于严肃，而且把不苟言笑直接当成了威严。“威”是一种气势和力量，也是一种仪态和表情，其目的无非就是为了追求一个“畏”字，即让人敬畏。这就难免使一些家长在对孩子进行教育时总是板着面孔、端着架子，甚至装腔作势。如此的立威和显威心理，家长们又怎么可能谈笑风生呢！

家长们笑不出来以及不苟言笑，虽然不能简单地等同于冷暴力，但确实是一种隐性的负能量，极不利于孩子的健康成长。坦率地说，没有笑容的家庭教育犹如阴云密布的天空，是让人很难受的，难受的不仅仅是孩子，也是家长们自己。正是基于这样的认知，我有三点建议，希望家长们能笑纳。

第一，要以坚定的信心乐观地看待教育生态的优化。教育正处于深化改革和持续创新的过程中，坚冰正在打破，成就正在显现，在新发展理念的引领下，未来可期，前景光明。面对许多暂时还不能令人满意的地方，尤其是尚待破解的难题，家长们虽然用不着强颜欢笑，但也要知道笑比哭好。

第二，要有足够的耐心积极地等待孩子的自我成长。孩子的成长有着自身的规律，家长们的急迫心情可以理解，但不要指望孩子的学习和进步状态能日新月异、突飞猛进，只要孩子不甘处下游，努力向上，就值得高兴和欣赏。面对孩子的点滴进步，家长们虽然做不到眉欢眼笑，但也应当笑口常开。

第三，要靠内在的温度确立外在的形象。家长们对孩子的心都是炽热的，但不要被冷脸所消解，孩子对家长的信任度并不取决于家长有多么威严，而在于家长有多么亲和，成功的教育靠的不是威慑力，而是感染力。所以，家长们在孩子面前，虽然不必笑语喧哗，但也需要笑容可掬。

五、把心声吐给孩子

教育最重心相印
融会神会靠心领
心门双开情倍增
单边心路独孤行
吐露心声是信任
家长以诚换真心
孩子有心读懂你
故弄深沉心何忍

都说孩子的成长是生命的旅程，但我以为更确切的表述应该是心路的历程，在这一心路上，最需要家长们的心灵陪伴。圣人云：“德不孤，必有邻。”就孩子的成长而言，则是“心有伴，行不孤”，所以，家长们希望孩子能独立前行，并不意味着让孩子孤独前行，尤其是在鼓励孩子们风雨兼程的时候，切不可忘记孩子需要家长的心灵陪伴。没有家长的心灵陪伴，孩子的心路只是单边路，要勇往直前显然也是困难的。

家长的心灵陪伴虽然有多种方式，但我认为最重要的则是能与孩子的心灵相通乃至共鸣。家长与孩子要做到心灵的相通，其关键在于心门的双向敞开，即家长在走进孩子心灵世界的同时，也必须让孩子能进入自己的内心世界，或者说，家长们不要只是想着如何叩开孩子的心灵大门，还要注重怎样向孩子敞开心门。

家长与孩子心门的双向敞开，是情感的积极互动，正是这种积极的双向互动，才能实现情感的双赢和倍增，也才有可能达到彼此心领神会、心心相印的境界，这不仅是孩子健康成长最为重要的保障因素，也是家庭教育最为关键的成功要素。

我们强调家长与孩子心门敞开的双向性，但双向性并不就是同步性或同时性，而是有先有后，即家长应当首先向孩子敞开心灵的大门，让孩子能听到自己的心声。由于心声埋藏在内心深处，对于心智正在发育的孩子来说，尚缺乏感知和捕捉能力，或者说很难有心灵的感应，纵然心有灵犀，如果不“点”也很难“通”，这就需要家长们主动地把心声吐露给孩子，让真情向孩子显露，让心花向孩子绽放。

在一个充满人文情怀的现实世界中，有着各种各样的“音乐之声”，但心声无疑是最美妙和动听的，因为心声最为坦诚和真切，同时只能向最亲近的人倾吐，也只有最值得信赖的人才能听到，所以，让孩子听到心声，是家长对孩子最大的信任，这种信任不仅会增强孩子的亲近感，而且会转化为孩子的自信心和进取心。事实上，孩子的自信心最初是在倾听家长的心声中得到确立的，其进取心也是由家长的心声激发的，很多孩子努力学习、立志成才最初就是为了满足父母的心愿，或者说是为了不辜负父母的期待和信任，显然，家长的心声或心愿是孩子成长的第一动力源。当然，孩子在成长的过程中，逐渐会有独立的判断和选择，也会用自己的方式获取新的动能，但满足父母的心愿始终是内在的激励因素和精神力量，从某种意义上说，孩子也是在听着父母的心声成长的。所以，面对孩子，家长们千万不要把心声自我深藏。

那么，家长应当把什么样的心声吐露给孩子呢？我以为就是真诚地把心中的喜怒哀乐、酸甜苦辣告诉孩子。例如，让孩子知道我们如此艰苦创业和努力拼搏是为了什么，让孩子懂得我们希望他们成为什么样的人以及如何做人，让孩子明白什么才是我们做家长的最大的快乐感和幸福感，一句话，就是让孩子能真切体会和充分理解我们的良苦用心。这样的心声吐露，绝不会绑架孩子的情感，而只会让孩子的情感得到升华，也不会增加孩子的心理压力，而只会给孩子注入正向的能量。

在日常生活中，许多家长都有着这样的抱怨声，即今天的孩子既不知道父母“何所求”，也不明白父母“为何忧”，归结起来就是对父母的不懂。确实，不懂父母的孩子并不在少数，但主要原因及责任我认为并不在孩子，而是在我们自己，是由于我们没有主动且真诚地把心声吐露给孩子，或者说是我们没有把心灵的大门向孩子敞开，所以，家长不要一味地埋怨孩子不懂自己。

就孩子的成长需求和心态而言，他们确实不希望家长总是诉说个没完，成天絮絮叨叨、嘀嘀咕咕，但不可否认的是，他们中的绝大多数对父母的心声都是想听且乐意倾听的，都有着理解父母或读懂父母的愿望。我们曾说，孩子是一本书，需要家长用心去品读，其实，家长也是一本书，孩子也在用心品读，只是由于家长这本书的内涵过于深刻，同时由于品读尤其是赏析的能力尚显不足因而难以读懂。这就需要家长们能主动地给孩子解读，最为有效的途径和方式就是把心声吐露给孩子，或者说，向孩子敞开心灵的大门，唯有如此才能让孩子懂你进而心中有你，所以，家长们不仅要努力做孩子的知心朋友，更要真诚地把孩子当作知心朋友。同时我认为，家长不要把沉默寡言简单地等同于有修养，对于孩子而言，家长的沉默并不是“金”，家长在孩子面前的所谓深沉，实质上是一种不真诚。在一个崇尚人本精神、高赞人文情怀的时代，孩子需要且欣赏的也许早已不是“半壶老酒，一声长叹”的家长，而是“一杯美酒开心扉，多少真和诚，都在倾诉中”的家长。

六、把理由讲给孩子

解读教育取要义
既重情感也重理
孩子听话靠识别
初认人脸后认理
顶嘴争辩是论道
心悦诚服因服理
蛮字有虫非益虫
家长不可不讲理

我们家长都有着这样的共同愿望，就是希望能有一个听话的孩子，同时也有着这样的共同体验，就是孩子最初的听话，并不在于听什么样的话，而是在于听什么人的话，即听话先认人。这里所说的人，主要是指父母。由于孩子对父母有着与生俱来的亲近感、安全感和信赖感，因而对父母的话总是深信不疑，用一句时尚的话来说，孩子的听话最初依靠的是“人脸识别”功能或者说是对父母“二维码”的扫描。

孩子听话的认人或“人脸识别”功能，使家长们在孩子的教育问题上具有了独特的优势，即使在孩子长大以后，家长们的这种独特优势也不会消失，表现为同样的话，只要出自家长之口，效果就大不一样。正由于此，各级各类学校包括大学，老师们在给学生做思想工作的过程中，经常要寻求家长们的配合，尤其是在思想工作遇到困难甚至出现僵局的时候，更需要家长们的帮助。坦率地说，家长们做孩子思想工作的能力诸如劝导的水平和批评的艺术未必都比老师高，但在大多数的情况下，家长们只要一出场，一露脸，一声劝，确实有着相对显著的效果，即使孩子的思想认识问题不能得到彻底的解决，至少也会有利于矛盾的缓和、情绪的稳定、态度的转变，这就是家长们所具有的不可替代的“人脸优势”，由此成为许多家长经常要往学校跑的重要原因之一。

伴随着孩子的身心发育尤其是主体意识的觉醒，我们家长逐渐产生了另一种感觉，就是孩子越来越“难带”了，突出的表现就是孩子会向家长问“为什么”，尤其是受到批评和指责以及需求被否决的时候，孩子不仅要求家长能给出理由，而且要求有充分的理由，如果家长不能给出理由或理由不充分，孩子便会用自己的方式进行争辩或顶嘴。在日常生活中，孩子与家长争辩或顶嘴的现象显然具有一定的普遍性，家长们切莫简单地看作是孩子在故意挑理，而是要看到，这是孩子在与你论理，或者说是要把道理问问清楚。这一论或一问，标志着一个重大的转变，即孩子的听话不再仅仅满足于认人，而是开始学会认理，不再仅仅依靠“人脸的识别”，而是开始懂得道理的辨别，这就要求家长们在教育孩子的时候必须做到以理服人。

无论是传统的伦理文化还是现代的人文科学，都把“情”确立为家庭的圆心和灵魂，以至于我们都有着这样的共识，即家庭是讲情的地方，而不是辩理的论坛，更不是对簿的公堂。在家庭内部，如果凡事都要辩理，不仅不温馨，而且寒气逼人，如果总是依理度日，更不可能有和谐。所以，亲情才是家庭的定海神针，也是维系家庭成员的金丝玉带。但从教育的角度作进一步的解读或思考，这样的认知不免有些绝对或偏颇，因为教育的功能定位和价值取向决定了其既要重情，也要重理，而且通情是为了达理。正由于此，教育才具有了情与理相统一的规范，例如，在与孩子沟通尤其是做思想工作的时候，既要动之以情，也要晓之以理，即情理相融；在处理孩子成长性问题的时候，其要求和措施既要入情，也要入理，即合乎情理。在日常的家庭教育中，我们家长都会把孩子的心悦诚服当作成功的标志，其实，孩子的心悦悦的是情，而诚服服的是理，所以，家长们在孩子的教育与培养过程中，既要发乎情，也要归于理，既不能因理伤情，也不能以情废理。

基于情与理相互关系的讨论，我认为，家长们面临着一个重要的任务，就是不仅要高度重视给孩子讲理，而且要学会如何给孩子讲理，由此实现动之以情与晓之以理的有机统一，为此，我提出如下两点建议。

第一是要努力做到胸中有理。家长们要给孩子讲理，首先要做一个明理之人，虽然不能要求家长们对什么理都懂，但对为人处世的基本道理则应了然于心。有效的方法之一就是把散状的或点点滴滴的道理加以归纳整理，使之有条有理。同时，伴随着时代的进步，要善于接受并运用新道理。唯有如此，家长在孩子面前才能有理可说，否则，面对孩子很难有讲理的底气，硬是要显得理直气壮，很可能变成无理取闹。要知道，无理取闹这一成语并不是专门用于孩子的。

第二是要自觉防止蛮不讲理。关于蛮不讲理，我以为可以作两个方面的解读。我们先看“不”。所谓不，就是不给孩子讲道理。一些家长总是这样认为：“孩子嘛，只要听话就行，没有那么多的道理可讲！”同时认为，许多道理孩子应该明白，因而不需要再讲，更用不着多讲，这不仅是为无以塞责而寻找的借口，更是为理屈词穷而采取的掩饰。我们再说“蛮”。所谓蛮，通常的表现就是总认为自己有理，孩子没理，即使孩子有理，也只是小道理和软道理，必须服从自己的大道理和硬道理，更为突出的表现则是认为自己的嘴巴比孩子大，由此不仅认死理，而且把无理说成有理，甚至把歪理说成正理，这种靠武断和专制而进行的强词夺理，实在是不可理喻。要知道，不可理喻这一成语更不是专门用于孩子的。

七、把谢意道给孩子

教育暖语励志篇
谢字最具感染力
儿女情长幸福源
理当致谢莫抱怨
成功背后有孩子
家长谢人再谢天
价值认同繁化简
只需真诚道声谢

如前所述，文明的社会总是把最高雅的词汇献给教育，由此化作了教育的赞美诗，其中，最具人文韵味的莫过于一个“爱”字。同时，教育也把最温暖的语言献给孩子，从而组成孩子的励志篇，其中，最能感人心脾的则可以概括为一个“谢”字。所以，面对孩子，家长们既要有满满的爱心，也需要有浓浓的谢意，即使说，在孩子的成长过程中，家长们的爱心付出固然十分重要，但谢意的表达同样重要。

向孩子们致谢，是人本精神的充分体现，包含着家长们对孩子的价值认同，这正是孩子的成长性需求。在孩子的自我成长过程中，虽然会致力于优越感的追求，但首先或最初的表现则是存在感的寻找，即是说有着刷存在感的本能。如果说，把孩子的第一声啼哭解读为“我来了”的宣言未免过于浪漫的话，那么，孩子用自己的方式向父母证明自我存在的价值则是真实的，所以，孩子对存在感的寻找与其说是天性不如说是自我意识的觉醒，这就需要我们家长对孩子的存在感给予充分的关注以及足够的尊重，更为重要的是必须努力让孩子具有存在价值的真切体验，孩子只有获得存在价值的真切体验，才能激发自我成长的信心。家庭是孩子存在价值最真实的体验场，家长的态度则决定着孩子价值体验的显示度，这就是孩子为什么对父母的态度不仅很在意而且很敏感，从小就懂得对父母察言观色的重要原因。都说态度决定成败，对于孩子而言，父母是什么样的态度，孩子就有什么样的价值体验以及成长样态，所以，家长们对孩子的培养，首先应从端正态度开始，其重要的标志我认为就是能让孩子听到那一声充满温情的“谢谢”！

家长对孩子的这声“谢谢”，绝不是口不应心的甜言蜜语，也绝不是刻意包装的虚情假意，而应当是由衷的和真诚的，因为孩子确实值得我们去感谢。我们且从如下两个方面进行简要的分析和归纳。

第一是孩子助推了家长的成长。家长同孩子一样，也有着自我成长的过程，其主要特征就是不断地趋向成熟，而这一过程的真正起点或真正动因在很大程度上则归结于有了孩子。因为有了孩子，我们家长才有了天伦之乐、幸福之源，由此使“儿女情长”成为情感的寄托和心灵的归属，更为重要的是，自从有了孩子，我们对生活有了新的理解并赋予了生活更为丰富的内涵和更为积极的意义，对未来有了新的展望并描绘了更为美好的蓝图和更为靓丽的远景，由此不仅激发了我们的进取心，而且增强了我们的责任感。同时，为了孩子，我们更加注重素质的自我完善及形象的自我维护。概括地说，是孩子让我们的情感得到了升华，人生得到了充实，发展具有了动力，打拼具有了勇气，换言之，是孩子成就了我们家长，犹如高徒成就了名师一样。遗憾的是，我们有些家长并没有这样的认知，相反，总是认为孩子是最大的拖累和负担，所谓拖累，就是孩子不仅需要陪伴，而且需要精心的侍候，为此放弃了自己的兴趣爱好，甚至被限制和失去了人身的自由，所谓负担，不仅指培养成本之高，而且指精神压力之重，因此对孩子的谢意总是那么少，抱怨却是那么多。这样的认知是片面的，也是自私的。

第二是孩子助力了家长的成功。在通常的情况下，孩子们早期成长的阶段，正值家长们干事创业的黄金时期，为了生存和自我的发展，辛苦打拼，或加班加点，或四处奔波，对孩子关注不够、陪伴不多乃至有所冷落的现象很难避免，但许多孩子不仅能给予理解，而且能用独立的精神和自觉的行为对家长给予支持。我们常说，一个功成名就的男人（女人）背后都站着一个默默奉献的女人（男人），其实，一个成功的家长身后，也站着一个懂事的孩子。现实生活中不乏这样的现象：在惊涛骇浪中打拼成功的家长，会用烧香还愿的方式感谢上苍，也会用公益慈善之举感谢社会；在激烈竞争中走上重要岗位的家长，会用忠诚、干净、担当感谢组织，也会用尽责、服务、奉献感谢公众，但常常忘记对孩子的感谢。此时此刻，我们对 2020 年早春以来的全民抗疫场景似乎又多了一个认识的视角，也多了一份由衷的感慨，这就是孩子们超乎寻常的表现。面对如此严酷的疫情，他们不哭不闹，让父母们安心地悲壮逆行，他们以纯真的童心祈祷父母们早日平安归来，他们以质朴的语言给父母们鼓劲加油，每一封书信、每一条短信、每一次视频都让身处险境的父母们倍感温暖，瞬时间，孩子们似乎长大了，更懂事了，构成了众志成城中不可缺少乃至十分重要的力量。面对此情此景，家长们以及全社会又怎么忍心亏欠对孩子们的那份谢意呢！

今天的家长们对孩子都有着越来越强烈的情感需求，集中到一点就是希望孩子能懂得感恩，甚至把孩子是否懂得感恩确立为衡量教育成败的核心指标之一，这无可厚非，但家长们切不可忘记，被感谢同样是孩子强烈的情感需求，家长们要想孩子有感恩之心，首先要对孩子有感谢之意。虽然我们主张家长对孩子的价值认同以及情感表达需要返璞归真，化繁为简，但对孩子的这个“谢”字则是绝对不可以省略的。其实，孩子们的要求并不高，有的时候，家长们的一声感谢也许就已经足够。

八、把诚信立给孩子

诚信教育靠践行
一颗硬核举九鼎
诚信如人需站立
一字横躺非正形
诚信厚植孩子心
一诺何止重千金
诚信家长自有品
一句忽悠百弊生

为了激发孩子成长的进取心，调动孩子学习的积极性，我们许多家长都会对孩子作出这样那样的承诺，例如：取得了什么样的良好成绩，具有了什么样的突出表现，就会给予什么样的奖励，满足什么样的要求，等等。家长对孩子的承诺无疑具有积极的意义和重要的激励功能，即使是所谓的“物质刺激”也是必要的，只是需要注意合理或适当。

正因为承诺具有重要的激励功能，所以家长们要高度重视，严肃对待。家长们千万不要以为，对孩子作出承诺是一件很简单很容易的事，似乎承诺也就是那么随口一说，而是要充分地认识到，孩子对家长的承诺是非常看重和在意的。在通常情况下，大多数孩子确实会把家长的承诺作为自我成长和自觉学习的动力，这也符合孩子身心发育的特点，所以，家长们在对孩子作出承诺的时候，一定要认真，之所以要认真，是因为孩子会较真，也就是他们并不在乎家长承诺了什么，而是在乎家长能不能兑现或践行承诺。一个能认真践行承诺的家长，才能给孩子树立良好的诚信形象，也才能让孩子具有被认同和被尊重的真切体验，尤其是身处困境的家长，为践行承诺所做出的艰苦努力，更能让孩子被真心所感动，不仅难以忘怀，而且会转化为巨大的能量；反之，孩子则会产生被轻视被欺骗的心理，如果家长一次又一次地不兑现承诺，让孩子一次又一次地失望，必然导致孩子对家长信任感的消失。记得一位哲人曾这样说过：我们痛苦的并不是因为常常被欺骗，而是因为再也没有可以信任的人。孩子们虽然未必都有这么深刻的认知，但存在这样的感觉则是可以肯定的，那就是：我的失望并不是因为父母没有兑现承诺，而是因为父母是说话不算数的人。所以，家长们要明白这样一个看似简单却很深刻的道理：说话不算数的家长在孩子的心中是没有分量的，也是很难获得孩子信任的，而孩子的信任才是我们做家长最为重要的成功要素。

在现实生活中，有一个新的流行语叫“忽悠”。对于忽悠，我们虽然很难下一个精准的逻辑定义，但“言而无信”显然包括在其大意之中。当今的社会到处都存在忽悠和被忽悠的现象乃至成了一种不健康的文化，要想彻底改变这一现象，需要全社会的共同努力，对于教育尤其是孩子的教育而言，不仅应当主动地规避，而且必须坚决地杜绝。我们积极倡导家长做孩子的知心朋友，也反复强调家长不要总是对孩子板着脸，成功的家庭教育应当是生动活泼和轻松愉快的，家长们更是要努力做到幽默诙谐和妙趣横生，但并不意味着家长与孩子是在“说相声”“演小品”。教育之品在于雅，如果出现忽悠之状，那就难免会有低俗之态，其结果就是家长忽悠孩子，孩子糊弄家长，这样的家庭教育要想取得理想的成效显然只是笑话。

家长对孩子承诺的认真践行，是生活化的诚信教育方式。放眼整个社会，孩子的诚信素质正受到越来越高度的重视并被确立为素质教育的重要内容和目标，当我们说要重建社会诚信体系的时候，孩子的诚信教育无疑是基础工程和战略举措。虽然不能把社会进步与发展的所有需要，都从娃娃抓起，但社会诚信体系的建设尤其是公民诚信素养的培育，确实应当从孩子开始，即让孩子们从小知道什么是诚信，做人为什么要讲诚信，更要让孩子们从小就懂得对诚信的敬畏，所有这些首先来自对家长诚信形象的认同。家长对孩子最有效的诚信教育，就是以良好的诚信形象站立在孩子面前，家长若能做一个有诚信的人，比任何说教都管用，换句话说，一个失信于孩子的家长，其诚信教育也是苍白无力的。当然，如果家长既失信于孩子，又失信于社会，乃至成为无处躲藏的老赖，人人喊打的老鼠，那就更谈不上有诚信的教育可言，当有些家长因失信被曝晒在光天化日之下的时候，又何曾体会过孩子的心中是怎样的感受和滋味!

都说诚信是立身之本，但诚信如同人一样，需要站立，横躺着的诚信也如同躺平着的人一样是没有力量的。诚信能不能站立，关键并不在于言，而是在于行，这就有必要对诚信作进一步的解读。在日常生活中，我们习惯于把诚信作为一个整体性的概念或者说把“诚”与“信”作为同义词加以使用，这虽然没有错，但细细品味却发现两者仍有区别，概括起来就是：非诚难以有信，有诚未必可信，因为“诚”可以通过言辞或态度来表达，但“信”则必须依靠行为或践行来检验，假如不注重于践行，其结果只能是“诚而无信”。相信我们绝大多数家长都有这样的感觉和体验，即不少服务性行业和岗位，其态度越来越诚恳，承诺也越来越感人，与从前相比，门更好进了，脸更好看了，话更好听了，但事却更难办了，以至于我们常常既为“诚”所感动，同时又被“诚”所欺骗。所以，践行才是诚信的硬核，没有践行这一硬核，一诺何谈值千金，一言怎能重九鼎。回归到孩子的诚信教育上来，家长们宁可非诚不干扰，也不能有诚不践行。

九、把逞强让给孩子

教育转身问家长
孩子何以能自强
解放思想一语破
鼓励孩子敢逞强
更有示弱大智慧
喜看孩子比我强
调整姿态主动让
孩子面前莫恃强

为了孩子能得到更好的培养，我们家长对教育有着无穷无尽的考问，正是由于家长们的考问，才有力地推动了教育的改革与创新，从某种意义上说，教育的改革与创新也是旨在给家长们交出满意的答卷。基于家庭教育的功能和责任定位，我认为，家长们并不仅仅是出卷人和阅卷人，同样是答卷人，家长们在考问教育的同时，教育也有一系列的问题需要问问家长们，其中，孩子何以能自强就是一个应当且必须由家长们认真回答的重大考题。

孩子的自强确实是一个重大的问题，因为只有孩子的自强，才能有民族的振兴和家庭的兴旺，正由于此，孩子的自强才构成了教育的价值追求。从国家战略的层面看，教育的宗旨和目标在很大程度上可以归结于如何让孩子们强起来，就我们家长而言，能有一个懂得自强的孩子也是最大的愿望，但遗憾的是，我们常常只满足于这一美好愿景的表达，而往往不注重于实现这一愿景的途径和方式的选择。在现实生活中，许多家长很容易把孩子的自强简单地等同于孩子的自我图强，或仅仅看作是孩子自己的事，这样的认知虽然强调了孩子的主体作用，不乏积极的意义，但并不完整，也欠科学，因为孩子的自强意识需要唤醒、自强的勇气需要激励、自强的能力需要培养，所以，教育从来不是简单地用一句“男儿当自强”（女儿也一样）就万事大吉，而是致力于如何才能让孩子学会自强的环境创设以及模式和机制的探索。

让孩子学会自强，虽然有多种途径和方式可供选择，但我认为最现实也最有效的途径和方式莫过于鼓励孩子敢逞强。说到逞强，如同“玩”一样，很容易导致贬义的解读，因而在日常生活中，许多家长难免会采取质疑和否定的态度，总是一再告诫孩子不要逞能，更不要逞强，其实，这种贬义的解读是一种偏见。所谓逞，具有施展显示之义，旨在让人看到或让人知道，即是说，逞强就是把强处或强势充分地施展或显示在他人和公众的面前，因而本身并没有可贬之处，只是由于传统文化过分强调内敛，反对外露，用今天的话说就是要“低调”而不要“高调”，才给了逞强以贬义的附加，从而被列入了教育的负面清单。这不能不说也是孩子们个性得不到充分张扬、能量得不到充分释放，尤其是才华得不到充分展示的重要原因之一。

逞强，同样是孩子自我成长的内在需求和动力，让孩子学会逞强，也是素质教育的重要内涵和显著特征，正由于此，素质教育的推进才高度重视为孩子的逞强搭建广阔的舞台，提供充分的机会，旨在让孩子们在逞强中获得自强的体验。既然逞强是自强的体验，我们家长就必须进一步解放思想，不仅要为逞强正名，而且要对孩子的逞强给予积极的认同，更要对孩子的敢于逞强给予大胆的鼓励。

认同孩子的逞强，鼓励孩子敢于逞强，是培养孩子自强精神和能力的重要途径以及有效方式，为此，家长们既要转变观念，更要转换姿态。所谓转换姿态，就是把逞强的舞台和机会主动地让给孩子，尤其是不要在孩子面前恃强。科学和经验都告诉我们，家长的强势是力量的象征，能让孩子具有安全感和自豪感，但如果把强势变成了恃强，则不利于孩子自强精神的培育，因为家长的恃强不仅容易让孩子产生依赖的心理，而且会导致孩子自信心的不足。一个不争的事实就是，老子英雄，儿子未必就是好汉，强将手下也常常有弱兵，所以，要想长江后浪高前浪，一代更比一代强，家长们应当学会“让”。

在孩子逞强的问题上，家长们的“让”既是一种策略，更是一种智慧。最有效的选择就是示弱，即在孩子面前把强势作适当的隐藏，或者说把某方面的强势故意地转换成弱势，以期让孩子的弱势能转换为强势并由此确立孩子自强的信心。在许多情况下，只有家长们甘于示弱，孩子们才敢于逞强。我们且以孩子的学习为例进行简要的分析从而比较一下恃强与示弱所具有的不同效果。

我们家长都十分注重孩子自主学习意识和能力的培养，但面对孩子的学习困难尤其是不良的状况，有些爸爸或妈妈总是会这样说：“这么简单的内容你都不会，真不知道你是怎么学的！虽然我已离开学校这么多年，但仍然记得很清楚，看我如何来教你！”这就是恃强，其结果往往是家长们自鸣得意乃至自我陶醉，而孩子则是感到自愧不如乃至妄自菲薄。如果爸爸或妈妈能换一种姿态对孩子这样说：“你学习遇到困难，并不奇怪，因为你们学习的起点和要求都比我们那个时候高得多，有些内容更是我们没有学过的，你能有这样的成绩已经很不错，比我们强多了，只要继续努力，相信你一定会比我们更强！”这就是示弱，其结果必然是家长们谦逊可敬、坦诚可亲，孩子则备受鼓舞，信心倍增。如果家长们能继续放下架子，主动向孩子学习一些新知识、新技能，即从好为人师转变为虚心求教，那么，孩子不仅会有小老师的感觉进而把学习当作“备课”，更能获得自强的体验进而振奋自强的精神。正是基于这样的比较，我认为，家长们要想孩子们学会自强，就必须先学会示弱。

最后必须说明的是，家长们甘于示弱以及让孩子敢于逞强，只是激励的措施或策略，其运用同样需要得当。家长们固然要有喜看孩子比我强的心态，但并不意味着就要甘当弱势群体，就像不能为了让孩子“早当家”

就一定要甘心做“穷人”一样。同时，家长们在如何看待孩子“强势”的问题上，也需要理性，不要过度使用“亲妈滤镜”或高倍放大镜，否则很容易因浮夸而误导孩子。

十、把“三宝”献给孩子

孩子初学怕枯燥
兴趣培养用三宝
儿歌一唱神飞扬
启蒙开智无价宝
感人故事最动听
激效胜过支付宝
图文并茂小人书
赏心悦目传家宝

围绕着家长们如何更有效地激励孩子们健康成长这一中心话题，我们以人文情怀为重点从九个方面展开了初步的讨论，虽然有了一定的广度或宽度，但仍然不够全面系统，即是说还有许多相关的问题需要引起我们的关注，其中，把“三宝”献给孩子也许就是一个看似老生常谈却是不可忘记的重要内容。

所谓“三宝”，就是儿歌、故事、小人书。之所以说是“宝”，因为在我看来，儿歌、故事、小人书，无论就其内容而言，还是就其形式来说，都最符合孩子学习的心理特征，也最能为孩子所喜爱，尤其是最有利于孩子学习兴趣的培养。

我们先说说儿歌。儿歌并不仅仅是指适合孩子们自己唱的歌，也泛指适合于孩子们吟诵的诗词和童谣。之所以说适合于孩子们唱和诵，是因为儿歌有着内在的美感和魅力，这种美感和魅力主要来自或集中体现为一个“韵”字，因为有韵，也才有味，孩子们自然喜形于色且乐在其中。孩子们对儿歌有着天生的偏好，由此构成了孩子们最初学习方式的自愿选择，在这方面，先哲和先贤们有着很高的智慧。我国传统的启蒙教育首先是从背诵（不如说是吟唱）“三百千千”即《三字经》《百家姓》《千家诗》《千字文》等开始的，这些启蒙读物虽然有着丰富的内涵和深刻的哲理，但由于对仗工整、韵味十足，不仅能让孩子们读起来朗朗上口，而且能让孩子们口诵心惟，孩子们正是在“摇头晃脑”中，积淀了文化的底蕴，孕育了人文的情怀。由此儿歌成了孩子们打开认知大门的金钥匙，正所谓儿歌一唱知网开，神飞色舞趣自来。所以，儿歌看似简单、通俗，但对于孩子的启蒙、开智尤其是学习兴趣的培养，却具有独特的或不可替代的功能。

我们再讲讲故事。对于所有孩子来说，不仅爱唱儿歌，更爱听故事，因为故事形象生动，最能让孩子的情绪受到感染，心灵得到震撼，所以，给孩子讲一个生动的故事往往比给孩子读一篇经典的文章更为重要和有效，由此讲故事成为孩子早期教育的主要方式之一。从文化的视角看，生动的故事，尤其是好故事，往往充满了正能量，既内含着做人的道理，也有着对真善美的颂扬和对假恶丑的鞭笞，其中，真实的故事不仅能让孩子深受感动，学有榜样，而且能从中获得无穷的力量，即使是神话故事，也能让孩子思维飞扬，展开想象的翅膀，事实上，孩子健康的价值观和丰富的想象力最初也是在听好故事中形成的。给孩子讲故事，是对孩子最好的文化熏陶和人生启迪，同时，几乎所有的孩子都有着听家长讲故事的强烈需求，甚至会把家长讲故事看作是最高的奖赏，因此，家长们要想更有效地激励孩子，不妨多给孩子讲故事。

接下来，我们继续看看小人书。顾名思义，小人书就是适合给孩子看的书，其中，最具代表性的也许就是连环画。小人书之所以适合孩子看，不仅因为节奏明快、语言精练，更由于图文并茂、神形兼备，即以图说文、以文解图、以形会神、以神化形，从而让孩子易读易懂，可看可赏，内容精彩的小人书，总是能让孩子爱不释手。小人书看似小，其实是知识的大海洋，文化的大天空，足以让孩子自主地畅游和尽情地遨游。同时，小人书具有很高的人文价值和很强的导读功能，集中体现为非常有利于孩子审美情趣的培养，尤其是孩子良好的阅读习惯也往往从看小人书开始养成。所以，小人书从来就不小，家长们千万不要小看。就我们这些曾经的孩子而言，几乎都是看着小人书长大的，乃至于时至今日，我对小人书还是那么记忆犹新、恋恋不舍、一往情深，正由于此，我把小人书尊崇为教育的传家宝。

虽然我对儿歌、故事、小人书所具有的价值和功能在认知上不够完整，分析和概括以及表述也都不够准确，但并不影响我对这“吉祥三宝”的认同，更不能因此而否定家长们把这“三宝”献给孩子的必要性和重要性。当然，伴随着社会的发展和时代的进步，尤其是教育形态和人才培养模式的创新，孩子的学习资源更加丰富、学习的手段更加多样、学习的方式更加灵活，过度夸大这“三宝”的功能显然不合时宜，但并不是说这“三宝”就可以随手丢弃。如果简单地废弃了这“三宝”，教育也就缺少了应有的童趣，孩子的学习也就很难产生浓厚的兴趣和乐趣，其结果就是进一步加剧孩子教育和学习的成人化倾向。事实上，今天的许多孩子在学习问题上之所以感到枯燥乏味甚至索然无味，其重要的原因之一也正在于此。

家长们要想培养孩子的学习兴趣，我认为献上“吉祥三宝”无疑是非常有用的一招。善于倾听和热情欣赏孩子唱儿歌，积极鼓励且主动引导孩子看小人书，尤其是把故事讲给孩子，是我们家长应当努力去做且能够做到的。只要看看日常生活中，几乎每天都有那么多生动的网络段子和让人捧腹的笑料，就足以证明许多家长都具有讲故事的智慧和能力，问题只是在于如何把这种智慧和能力用到孩子身上。

第四章

规矩成范不失范

家长正言方行的十条底线

人才培养靠规范
教育论道为立范
成败利钝皆由范
家长岂能不守范
主动履职先学范
肩扛责任胸挺范
行不逾方言有范
既防未然又示范

人才的培养是复杂的系统工程，需要多种因素的综合，择其要者至少有如下六个方面：第一是人文的情怀与博大的爱心；第二是未来的眼光与先进的理念；第三是道德的文化与健康的价值；第四是浪漫的创意与理性的选择；第五是正确的方法与有效的举措；第六是和谐的生态与良好的秩序，所有这些，都具有规范的内涵，同时也提出了规范的要求。当我们说教育是一门科学的时候，更多的是基于对教育规范性的认同，我们之所以对教育充满信任且具有敬畏之心，也正是因为教育是人才培养最为完整的规范体系。

规范是教育的本质特征。在日常生活中，人们习惯于把教育进行正规与非正规的区分，为此设立了诸多的标准。其实，教育是不是正规，关键是看有没有以及守不守规范，凡是具有规范的教育都是正规的教育。教育虽然可以有类型与形态的不同，模式与特色的差异，但都必须恪守规范。

让孩子接受规范的教育，是我们家长最为现实的诉求，也是最具理性的选择。古往今来，书香满屋的家庭并不少见，学富五车的家长更是很多，但为什么要把孩子送到学校去接受教育、交给老师去进行培养，其重要的原因之一就是学校与老师对孩子的教育与培养最注重规范。规范性构成了社会公众尤其是家长们对学校和老师评价的核心标准，以至于只要学校与老师出现哪怕是非常轻微的失范现象，家长们都会很计较甚至采取零容忍的态度。其合理性以及积极的意义显然应当得到充分的肯定，因为学校和老师的教育是否规范，确实直接影响着人才培养的质量和孩子的成长状态。遗憾的是，我们许多家长在严格要求学校与老师必须恪守规范的同时，往往淡化甚至忘记了家庭的教育同样需要规范。如果我们以问题为导向对今天的家庭教育进行评估，我认为最为明显的短板和不足莫过于规范的缺失，其突出的表现是语言的失当和行为的失控，并由此导致了诸多好心办坏事，无心犯大错的现象。理论和实践都告诉我们，规范是家庭教育成败得失的决定性要素，或者说孩子的教育和培养，成靠守范，败在失范。家长们对规范岂能掉以轻心乃至于无所用心！

人才的培养早已步入了规范化的时代。作为人才培养体系重要组成部分的家庭教育，同样面临着重建规范的紧迫任务，为此，国家已经出台了《家庭教育促进法》，旨在把家庭教育纳入法制化的轨道使之更加有序和健康地开展，不仅正当其时，而且意义重大，堪称是家庭教育的宏规铁范。但家庭教育能否健康而有序地开展，尤其是质量与品位能否得到提升，仅仅靠法的促进显然是不够的，还要靠家长们具有规范的自觉，主要体现在如下两个方面。

第一是自觉的规范意识。家庭教育能否走向规范，家长们的规范意识至关重要。所谓自觉的规范意识，就是要充分认识到规范的极端重要性，由此消除认识上的误区，即不要以为孩子是自己的，就可以随心所欲；不要以为孩子还小，就可以无所顾忌；也不要因为一切都是为了孩子好，就可以自以为是；更不要因为我们有着一定的经验积累，就可以盲目自信。

第二是自觉的规范行为。家庭教育是否规范，家长们的行为更为关键。所谓自觉的规范行为，就是在履职尽责的时候，要把规范挺在前面，由此懂得自我约束，既张扬个性但又不任性，做到不入禁区、不越边界；同时，注重达权但不忘守经，追求创新但不忘守正，做到不犯“天条”，不触底线。

家长们自觉地确立规范意识，重在心中有规范，家长们自觉地遵守规范，重在止步于规范，这两者的统一就是对规范的敬畏。理论和实践都告诉我们，敬畏规范不仅具有重要的防患功能，而且具有显著的示范效应，一个行不逾方、言不失当的家长，才能得到孩子的高度认同和信任，也才能成为孩子学习的范本和榜样，这同样是家长人格影响力的充分体现。所以，家长们要想让孩子具有良好的修养从而成为直内方外的端人正士，靠的不是摆谱，而是有范。在孩子的面前，家长要有家长的“范儿”。

以上的讨论旨在强调家庭教育规范的重要性，以期家长们对孩子的教育与培养能敬畏规范、恪守规范。也许有些家长会这样认为，家庭教育虽然已经立法，但在实践的层面上仍然没有具体的乃至强制性的规范要求，因而也就谈不上对规范的不敬畏和行为的不自觉。诚然，家庭教育作为特殊的教育形态，其规范的内容还需要进一步丰富，同时基于家庭环境的复杂性以及家长素质的差异性，家庭教育规范体系的完善不仅是一个长期的过程，而且是一个比较艰难的工程，但这并不是说，家庭教育就无规可依、无范可守。现代教育科学作为完整的规范体系，对家庭教育具有普遍的适用性，在传统的教育伦理和文化中，也蕴藏着关于家庭教育规范的丰富智慧，问题在于我们能不能自觉地加以学习。同时，许多家长积累了如何规范地教育与培养孩子的宝贵经验，问题也是在于我们能不能有效地加以借鉴。为此，我从防止失范的角度对家长们提出十点建议，概括为十个“不”：一、不用恶语伤人；二、不让忠言逆耳；三、不为面子所累；四、不作简单比较；五、不要求全责备；六、不可滥用惩戒；七、不做无用之功；八、不信偏方奇招；九、不能侵犯隐私；十、不必小题大做。

一、不用恶语伤人

教育魅力温文雅
用语禁忌脏乱差
家长修德先净口
清洗秽语防污染
词不达意情可暖
恶语相加彻骨寒
言为心声心若美
语境平实也生花

教育不仅充满诗意，而且饱含温情，既有着浓郁的人文气息，更有着高雅的道德情操，如果要用一个成语来赞美教育的魅力和仪态，我认为最精当的选择莫过于“温文尔雅”，正是由于教育的温文尔雅，人们才对教育如此的顶礼膜拜。同时，一个称职乃至优秀的教育者不仅有着丰富的知识涵养，而且有着良好的人文修养和文明素养，如果也用一个成语来称颂教育者的气质和形象，最确切的也许就是“文质彬彬”，正是因为教育者的文质彬彬，师道尊严才成为社会的风尚。所以，无论是教育还是教育者，要真正赢得人们的尊崇，靠的不是盛气，而是文雅。

今天的教育有着崭新的形象标识，教育者也有着全新的素质展示，但不管有多少新意，决不能有失文雅，尤其不能因片面强调所谓的世俗化而走向粗俗和庸俗。教育也好，教育者也罢，在任何时候都要保持文雅的气质和品质。学校教育和老师是如此，家庭教育和家长也应如此。

教育以及教育者的文雅虽然有着既宽广又深刻的内涵，也有着多维的认识视角和多元的评价标准，但在现实形态上，我认为最重要的就是看用语是否文明。这里所说的用语，主要指日常教育中使用的语言，区别于构成知识体系和科学原理的语言。这里所说的文明，固然内含着文化品位和礼仪的规范，但更多的是指语言的纯洁或干净。概括起来就是，教育者在日常的教育中应当且必须使用纯净的语言。

教育使用什么样的语言，看似无关宏旨，实则关系重大，因为教育的语言是否纯净，直接影响着育人环境和孩子的心灵能否得到净化，如果教育的语言混浊不堪或者脏、乱、差，必将导致孩子成长环境和精神的污染。我们所有家长无不希望教育成为一方净土，其目的之一就是为了防止孩子的成长土壤和纯洁的心灵受到污染，为此千方百计地把各种不健康的文化阻挡在家门之外，也尽其所能地教会孩子如何进行正确的价值选择，但有些家长常常会忽视这样一个问题，即污言秽语同样是污染源。因此，净化教育的语言，堪称是重大的治污工程，只有教育语言的净化，才能有教育生态的优化，家长们岂能等闲视之！

净化教育的语言，是所有教育工作者乃至全社会的共性要求，但对于家长们来说，这一要求应当更为严格。因为相对于学校和老师而言，家庭教育中存在语言不干净的现象较为普遍，在某些家长身上尤为严重，通常的表现就是语不择人，口无遮拦，更为突出的表现则是，在批评、指责和训斥孩子的时候，很容易为泄一时之愤，图一时之快而粗话连天，脏话满地，尤其是面对孩子的“屡教不改”，更容易怒不可遏，恶语相加，甚至百般羞辱，其结果不仅会引起孩子心理的逆反和情绪的对立，而且会导致孩子精神的崩溃和行为的失控。在现实生活中，正是由于个别家长的“唇如枪、舌似剑”，孩子的心理和自尊受到巨大的创伤，进而走向极端，这无疑是最典型的“祸从口出”，所以，家长们要想管好孩子，千万不要忘记先管好自己的嘴，关键是要注重“净口”。

净口说起来似乎并不困难，但做起来却很不容易，苦心修行的芸芸众生在净口的问题上能修成正果的恐怕也是少之又少，家长们要真正做到净口，需要付出艰苦的努力。从实际出发，守住底线最为重要，所谓底线就是自我设置语言的禁区，或者说要自觉地规避孩子教育的禁忌用语。所谓禁忌用语，就是面对孩子，家长们永远不能使用的语言，一旦使用就是违禁违规，犯忌犯错，家长们必须严格地自我约束。那么，哪些语言是家长们禁止使用的呢？我认为至少有如下四个类别。

第一是冷激性语言。例如：“看人家的孩子多么聪明，学习多么自觉，成绩多么优异，可你什么都不是，生了你这么个不争气的孩子，真是丢人现眼！”等等。

第二是羞辱性语言。例如：“教了这么多遍，你就是不会，说了那么多次，你就是记不住，真是一头蠢猪，一个笨蛋，你的脑子被驴踢了吗？”等等。

第三是绝望性语言。例如：“像你这样的人要能成才，今后会有出息，打死我也不敢相信，对你没有什么可以指望的，只能怪自己命苦。”等等。

第四是威胁性语言。例如：“我真的不想再见到你，就当我没有生你这个孩子，能滚多远就滚多远，有本事就别再回来！”等等。

以上四类语言，不仅没有正能量，而且是冷暴力，属于“高危性”语言，对孩子的伤害极大，家长们务必慎之戒之，使用过的家长要改过不吝，没有使用过的家长也请引以为戒。都说言为心声，只要我们当家长的对孩子充满善意，懂得尊重，纵然词不达意，也能让孩子感到温暖，即使语境平实，也胜似口吻生花。其实，良好的家庭教育并不苛求家长们口吐玑珠，语妙天下，只需要口择良言，语重心长便可。

二、不让忠言逆耳

家长有话好好说
入脑入心先入耳
实话实说气需顺
忠言未必要逆耳
重要话题说三遍
唠叨犹如风过耳
话说教育是抒情
怒吼之声最刺耳

家长们对孩子的日常教育，“说”，无疑是最基本又是最重要的方法之一，例如：做人的道理需要耐心地讲解，是非的辨别需要理性的点评，规范的遵循需要及时的告诫，情感的认同需要真诚的倾诉，等等。“讲”“评”“诫”“诉”虽然各有侧重，但却有着共同的特点，这就是“有言在先”，运用的都是“说”的功能。其实，“说”不仅具有“教”的内涵，也是“教”的固有特征和样态，离开了“说”也就谈不上“教”，所以，无论是传统的教育文化还是现代的教育科学，虽强调身教重于言教，但也从来不否认言传的重要性，更不轻率地贬低“说教”。据此我认为，家长们不仅要高度重视“说”的功能，而且要努力地做到“能说会道”。

家长们的“说”固然十分重要，但更为重要的则是孩子们的“听”，如果孩子不愿听或根本就听不进去，家长们不管多么能说会道，也只能是白费口舌。现实生活中不乏这样的现象：许多家长总是那么苦口婆心，循循善诱，孩子则是听而不闻，无动于衷，这无疑也是家长们最为苦恼或费解的问题之一。面对此种现象，大多数家长都不约而同地发出这样的感叹：如今的孩子不听话！如果我们稍作理性的分析和自我反思就不难发现，孩子们之所以不愿听，固然有多种原因，如伴随着独立思考和判断能力的增强，会对家长们的言之是否有理进行质疑乃至挑剔，但我认为家长们有话不会好好说则是最为主要的原因。

所谓有话不会好好说，主要指家长对孩子说话不注意方式方法的选择，包括语气语调。一些家长总是认为，只要说得在理，就可以想怎么说就怎么说，美其名曰“实话实说”，更有一些家长死搬“忠言逆耳利于行”这一教条，以为只要是忠言，就可以不顾及是否逆耳，由此经常地或习惯于运用教训的口吻乃至生硬地、粗暴地对孩子说话，这就难怪孩子不愿听。其实，实话实说也需要心平气和，再则，忠言未必都要逆耳，尤其是对于孩子，家长们的忠言要尽可能地不逆耳，正如良药苦口虽然利于病，但仁心医者从来就很重视让孩子吃糖丸，喝糖浆一样。

我们所有家长都希望孩子不仅能好好听话，而且能既入脑又入心，但家长们的话能不能入孩子的脑和心，首先取决于能不能入孩子的耳，这就要求家长们有话必须好好说。所谓好好说，一方面是指说得在理即言之成理，另一方面是指说得艺术即说也有术。都说相声包括评书、小品是语言的艺术，相比之下，教育则是更为高雅的语言艺术，追求的是思想性与艺术性、科学性与生动性的统一，由此构成了教育者的职业素养，即使是学富五车的老师，如果不会生动乃至艺术地表达，也很难受到学生的欢迎。家长们也一样，在注重语言规范的同时，应当善于学习乃至掌握说话的艺术。作为普通家长，虽然语言或说话的艺术境界并不苛求要有多么高，但至少要努力追求把话说得比较得体，具有一定的亲和力和感染力，从而让孩子们愿意听、喜欢听。就家庭教育而言，家长们如果能好好说话，孩子们如果爱听家长说话，那么，取得良好的效果就不仅是理所必然的，而且是指日可待的。

面对孩子，家长们要做到有话好好说，如同净口一样，看似容易，实则很难。放眼整个社会，真正有话能好好说的人并不是很多，许多误解或矛盾也往往是由于有话不会好好说而引起的，因此，家长们必须把好好说话当作重要的素养而自觉地加强修炼。我建议先从如下两个方面着力。

第一是不要说个不停。在现实生活中，不少家长都有着这样的心理，即唯恐孩子对自己所说的话听不懂、记不住，同时担心因为自己少说了一句孩子就会犯迷糊或犯傻、犯错，所以总是颠来倒去地说，从早到晚地说。这种反反复复、时时刻刻的絮絮叨叨、嘀嘀咕咕，很容易让孩子产生听觉的疲劳，尤其是在孩子有所领悟且有所改变和进步的情况下，家长们仍然说个不停，孩子会形成不被信任的错觉，由此产生抵触的情绪。所以，家长们不要以为开口犹如开卷一样就一定有益，而是要知道，有的时候恰恰是多说无益，这就需要掌控说话的频率和节奏。近几年有一句流行语，叫“重要的事情说三遍”，对这句流行语我认为可以作两个方面的解读，其一是因为事情重要必须反复强调，从而引起高度的重视，其二是事情虽然重要，但也不要强调过度，所谓“三遍”显然含有适度之意即适可而止，如果一件事情说了三遍还不能引起足够的重视，要么是事情并不真的很重要，要么就是没有说到点子上，这对我们的“家长之说”无疑也具有启迪的作用和借鉴的意义。一个会好好说话的家长，既注重对孩子的耳提面命，也懂得让孩子耳根清净，如果家长总是唠叨个没完没了，犹如“两个黄鹂鸣翠柳”，对于孩子来说绝不是悦耳娱心的音乐，而只是不胜其烦的噪音，既然难以躲避，唯一的选择就只能当作耳旁风。

第二是不要大声喊叫。在日常的家庭教育中，用大声喊叫的方式对孩子说话也是较为普遍的现象。家长们为什么会大喊大叫，常常是由于情绪的激动、内心的愤怒，这种因愤怒而大声地喊叫就称之为“吼”。基于家庭教育的特殊性尤其是孩子成长的过程性，家长们有时会怒吼虽属难免，但对于孩子来说则是最刺耳的声音，不仅没有可听性和耐听性，而且会增加紧张感和恐惧感，由此在心中确立了“虎爸虎妈”的形象，这比唠叨更有害。经历过改革开放早期阶段的人，有两种声音很难淡忘：一是生活中的锅碗瓢盆撞击声。由于物质资源的紧缺，许多人拥挤在筒子楼、简易房，弄得锅碗瓢盆的撞击声此起彼伏，曾被“美誉”为那个时代的交响曲。二是家家户户教育孩子的怒吼声。由于应试教育的压力，很多家庭都失去了应有的平静，尤其是在考试季，更是呈现出“爸在吼，妈在叫，整个家庭在咆哮”的景象，也堪称是一个时代的大合唱。伴随着社会的快速发展，第一种声音基本上已经远去，逐渐成为一种难忘的记忆或一种特殊的“乡愁”，但第二种声音似乎还没有绝迹，不仅若隐若现，有时还会震耳欲聋，这与新时代的教育主旋律实在不合拍，不和谐。所以，家长们要善于情绪的自我管理，心态的自我调整，不要因为孩子们长大了，我们的脖子也变得更粗了。

三、不为面子所累

家长重教增光彩
爱惜面子当点赞
育人工程名归实
只为面子也有害
最累莫过虚荣心
死要面子活受罪
轻装上阵做减法
先把面子放下来

家长们在孩子的教育与培养问题上之所以如此的激情满怀、豪情万丈且呕心沥血、劳心费神，其价值和目标追求无非就是为了能让孩子具有良好的素质和发展的状态，进而能拥有美好的前景和未来的生活，这是最可贵的天下父母心，值得点赞。如果平心再论就不难发现，这颗父母心并不都是献给孩子的，也是留给自己的，即是说，家长们把所有美好的愿望表达给孩子的同时，也是为了自我成就感、荣誉感、自豪感的获得和满足，通俗地说就是为了自己的面子好看，所以，当家长们鼓励孩子要“争气”的时候，内含着对孩子给自己“争脸”的要求，当家长们希望孩子能展示风采的时候，实际上也是指望孩子能给自己增光添彩。从某种意义上说，孩子的成功既是家长的心愿，也是家长的脸面，要面子、爱面子构成了家长们重视教育的内在动因之一。

家长在孩子的教育上要面子、爱面子乃至“晒”面子，不仅是正常的，也是积极的。在一个崇尚教育、人才强国的时代，家长们以孩子的教育成功为自豪，以孩子培养的业绩为荣光，应当得到理解，即使是因为孩子的优秀而具有人前显摆之意和炫耀之心也不应一概否定，相对于到处可见的显贵、摆阔、炫富、耀威而言，这更能体现社会进步和文明的价值。相反，如果家长们在孩子的教育与培养问题上不爱面子甚至根本就不要面子，绝不是好事，因为不爱面子、不要面子，也就没有了自我成就感、荣誉感和获得感的追求，更不会有内在的动力源、正能量和精气神。所以，不要把不爱面子等同于坦然释然，更不要把不要面子美化为潇洒或洒脱。

我们对家长们的爱面子、要面子给予理解，但不赞成有些家长把面子看得过重。所谓把面子看得过重，就是在面子看得重于一切，尤其是重于孩子，其突出的表现就是在教育上所作出的一切努力都仅仅为了让自己的面子好看，把孩子的一切努力都只是用来装点自己的门面，由此把孩子教育与培养这一人本工程异化为面子工程，其结果必然是为面子所累。今天的许多家长之所以普遍感到很累尤其是心太累，并不完全因为教育与培养的任务很重，而是由于把面子看得过重，例如，孩子虽有良好的成绩和表现但不能名列前茅，虽能顺利升学但进不了重点和名校，也觉得很没有面子乃至在人前抬不起头来。特别是每年的高考，也可以说是家长们的面子大赛，孩子考取“211”“985”大有对得起列祖列宗的自豪，孩子步入高职院校，则似乎“无颜见江东父老”，如此地看重面子，岂能不累！其实，家长们把面子看得过重，最累的还是孩子，尤其是对于那些智力平常或资质相对不高的孩子来说，就不只是为家长的面子所累，更是因家长的面子受罪，因为他们虽刻苦学习却难以争优，虽奋力奔跑却难以领先，要让家长们很有面子乃至拥有充足的在人前显摆和炫耀的资本确实很难。我们常说“死要面子活受罪”，如果说家长们因死要面子而活受罪是“罪有应得”的话，那么，让本该无忧无虑的孩子跟着活受罪，显然是“欲加之罪”。所以，一个具有理性且开明的家长，不会忍心为了自己“死要面子”而加罪于孩子。

家长们把面子看得过重甚至“死要面子”，是对教育初心和宗旨的悖逆，也是教育理性和人文精神的迷失，需要自我矫正和自觉回归。教育的核心价值是如何让孩子能健康成长，而不是仅仅为了让家长们的面子如何好看，孩子学习的真实意义是为了自身素质的优化，而不是为了刻意地给家长们脸上贴金。家长们的面子再大，也大不过孩子的心态，家长们的面子再重，也重不过孩子的自尊，正所谓悠悠万事，唯孩子为大，心神荡荡，唯孩子为重，所以，家长们不要只顾自己的面子好不好看而不去体会孩子的心里好不好受。其实，依据素质教育的理念和目标，孩子只要有良好的道德修养，品行端正；有远大的志向抱负，积极进取，即使学习成绩不那么优异，就读学校不那么有名，对于家长们来说都不失面子，更不丢人，或者说，孩子已经给了家长面子，而且给足了面子，只是由于我们许多家长的虚荣心太强，因而总是感到不满足。

教育正在掀起新一轮的改革，整个社会都在为基础教育的“双减”而欢呼，似乎一个盼望已久的家长们和孩子们都能轻松的时代终于到来，但我认为不要高兴得太早，因为教育的诸多深层次问题并不是仅仅靠“双减”就能解决的。对于家长们而言，如果仍然把面子看得那么的重，虚荣心仍然是那么的强，无论怎样“做减法”，要想真正的轻松和愉快也是几乎不可能的，即是说，家长们要想让孩子在成长的道路上轻松前行，就必须收起虚荣心，放下面子，不要让自己的面子成为孩子的精神负担和心理包袱，更不要让孩子只是为了自己的面子而活着，家长们把虚荣心收起来，把面子放下来，才是对孩子最为有效的“减负”。

四、不作简单比较

孩子生来有差异
家长莫要简单比
相对优势如十指
以短比长难服气
素质认同看整体
只比分数不合理
各美其美是自信
比张比李非激励

为了孩子的不断进步，家长们都会采取一系列的激励措施，其中，常用的也是家长们最喜欢运用的方式莫过于把自己的孩子与其他孩子尤其是相对优秀的孩子进行比较。坦率地说，把孩子进行比较是我们许多家长的一种偏好。

把孩子与孩子进行比较，可以看作是“对标找差”的教育方法。基于孩子们群体学习和共同成长的特点，同时孩子们所处的年龄阶段和身心发育的过程以及学习内容和素质要求基本相同，所对之“标”大体真实，所找之“差”也大致可信，从而使这一方法具有了一定的合理性和可行性，只要运用得当，掌握适度，也确实有利于孩子们的互相学习、相互促进，做到学有榜样、追有标杆。正是从这个意义上说，把孩子进行比较内含着并释放着正能量，不应当狭隘地理解为孩子之间的“对手戏”或竞争术。

但问题是，家长们在运用这一方法时，普遍地或不同程度地存在着简单化的倾向，其主要表现大致有如下三个方面：第一，在比较的对象上，往往偏重于“分子”而不是“分母”，总是把孩子与个别相对突出或优秀的孩子乃至“学霸”进行对比，而不是把孩子放在一个群体中去比较；第二，在比较的内容上，往往偏重于以自己孩子之短去比其他孩子之长，看不到所有孩子都各有优势，也有相对不足，尤其是不看孩子素质和发展的总体状况，仅仅就学习成绩或分数进行孤立的比较；第三，在比较的目的上，往往偏重于找差距或短板，既不分析差距的形成原因，也不承认孩子的客观差异，不仅把个体差异都当作是差距，而且把客观差异也都归结于孩子的不努力。面对这种简单化的比较，几乎所有的孩子都会用不同的方式表示不服气，即使是口服也很难心服，例如，当家长对孩子提出要向某某同学学习和看齐的要求时，孩子也会说出许多不应向他学习和看齐的理由，甚至会找出自己比他更优秀的闪光点，同时也会用“比上不足、比下有余”来封堵家长之口。孩子的这种不服气，不能武断地认定为不虚心的表现，而是要看到内在的积极意义：一方面表明了家长们的简单比较方法是不合理的或有失公平，另一方面则是表达了自己的进步状态需要得到家长充分认同的诉求。

把孩子作简单的比较，不仅具有很大的局限性，而且会带来求益反损的效果，为此，我们从孩子不服气的“气”说开去。对于孩子的自我成长来说，最需要也是最重要的莫过于有那么一鼓子“气”，即追求目标有志气，克服困难有勇气，完善人格有骨气，展示风采有底气，只有气充志定，孩子才能不断攀登人生的高峰。这也决定了家长们对孩子的激励，最需要和最重要的是如何鼓气。所谓鼓气，就是要善于发现孩子的长处和优势，从而能让孩子正确地认识自我进而充满自信，如果总是用简单比较的方法放大孩子的短处以及夸大孩子的劣势，只能让孩子泄气，尤其是把个体的差异当作差距，则必然越比越生气，所谓“人比人，气死人”说的就是这个道理。实践和经验都告诉我们，简单比较从来不会让孩子意气风发、扬眉吐气，相反会让孩子垂头丧气、吞声忍气，同时，热衷于对孩子进行简单比较的家长也从来不会气定神闲，而只会唉声叹气，所以，在我看来，简单比较实在是一种自找气受的办法。气大伤身更伤神，家长们尽量少用最好不用。

在家庭教育中，简单比较是孩子最不愿意接受的方式之一，也最容易让孩子产生抵触情绪乃至逆反心理。如果要问，家长对孩子自尊心打击力度最大、伤害程度最高的表达是什么，我以为莫过于“你看人家小明！”面对家长们如此的表达，孩子们也有话要说：“既然你这么喜爱且羡慕人家的孩子，为什么不生一个和人家一样的孩子而偏偏生的是我呢！”这还是比较温和的，如果再激烈一点的话，那就是“你看人家王叔！”由此说明了一个现象，即家长在把孩子们作简单比较的时候，孩子也会把家长们作简单比较，这样的“互动”，根本不可能使家庭教育具有气象万千的景观，也绝对不可能使家长与孩子之间具有气谊相投的状态。所以，家长们要尽量避免用人家的孩子去刺激自己的孩子，总拿人家的孩子说事，是家庭教育的大忌。

不把孩子作简单的比较，不拿人家的孩子说事，是对孩子自尊心的保护，也是对孩子自信心的培育，但这并不是说家长们就要一味地强调“孩子都是自家的好”，更不要过度地放大所谓的“亲妈滤镜”，而是要客观看待且公正评价孩子的优势和不足，就像承认十个手指虽各有长短但又各有其用、各有所能一样，这就是各美其美，其正向的激励功能是简单的比张比李所不能比拟的。例如，当孩子因其他同学的优秀而自惭形秽、灰心丧气的时候，家长们能平心静气地对孩子说：“这些优秀的同学确实值得学习，也应当向他们看齐，但你也不错，不仅进步很快，而且在某些方面还比较突出，不要气馁，只要继续努力，也一定会很优秀甚至会更优秀，爸爸妈妈对你充满信心！”面对家长这样的表达，我确信，几乎没有一个孩子会表示不服气，而是会由衷地感到很提气。所以，教育从来不一概地否定孩子之间的比较，而只是要求家长们懂得如何进行比较，因为用什么样的方式进行比较将直接决定有什么样的效果。在日常生活中，一些家长正因为比较方式过于简单，其结果就是比出了孩子的成长烦恼，比掉了孩子的成功自信，这样的简单比较确实要不得。

五、不要求全责备

孩子素质观其变
健全过程点到面
美中不足非过错
求全责备徒生怨
人生智慧长避短
木桶原理偏概全
瑕不掩瑜多俊杰
十全十美无圣贤

在家庭教育中，有一个需要我们家长高度重视、认真反思且努力改变的失范现象，这就是经常对孩子抱怨和问责。只要稍加观察和分析就不难发现，家长们的这种抱怨和问责，并不都是由孩子的犯错所致，大多是因孩子的素质和进步状态不能让家长们感到满意或达不到家长们的期望值而起，我把这一现象称之为“无理由抱怨”和“无过错问责”。我们不妨先看看其主要的表现方式：第一，有的孩子学习基础和能力相对较弱，经过自身的努力不断地有所进步，但由于后来不能居上，弯道不能超车，家长会抱怨和指责孩子进步不快；第二，有的孩子学习基础比较扎实，学习能力也相对较强，但成绩不能遥遥领先、名列前茅，家长会抱怨和指责孩子不够认真；第三，有的孩子总体学习状态呈现出优化的趋势，但由于兴趣和精力等方面的原因，各门课程不能保持齐头并进，家长会抱怨和指责孩子没有尽力；第四，有的孩子能很好地完成基本的学习任务且能自觉地拓宽知识的领域，但由于没有显示出某方面的特长或突出的个体优势，家长会抱怨和指责孩子要求不高；第五，有的孩子积极向上，品行端正并有良好的内在修养，但由于没有获得竞赛性和荣誉性的表彰，家长也会抱怨和指责孩子不努力争优。凡此种种，不一而足。仅这五种表现就已经充分说明，家长对孩子的“无理由抱怨”无处不在，对孩子的“无过错问责”无所不至，由此构成了家庭教育的另一种常态。

我之所以用“无理由抱怨”和“无过错问责”进行表述，是基于这样的认知或判断，即孩子只要自强不息、尽心尽力，无论是学习成绩还是素质状态不能让家长们感到满意都不是过错，也构不成家长们抱怨的理由和问责的依据。对于这样的认知和判断，我相信许多家长都是认同的，至少是心知肚明的，但为什么这种“无理由抱怨”和“无过错问责”的现象难以消除呢？其主要原因是家长们普遍存在的求全心理。有一个我们都非常熟悉的成语叫“求全责备”，说的是对人对事苛求其完美无缺。由于在现实的形态上，任何人和事都不可能完美无缺，正所谓金无足赤、人无完人，因此，我国传统的文化和哲学总是告诫人们不要求全责备，对于孩子的教育与培养来说，这一告诫不仅是适用的，而且更为重要，家长们千万不要因追求完美而经常抱怨和责问孩子，其关键则是要调整或改变求全的心理。

家长们对求全心理的自我调整和自觉改变，涉及一系列的教育认知问题，其中，正确理解素质教育的“全”和辩证看待木桶原理的“短”就十分必要，为此，我们进行简要的分析和讨论。

第一，关于素质教育所说的“全”。作为新型的教育形态和人才培养模式，素质教育与应试教育有着本质上的不同，如果要分别用一个字来概括各自的特征，那就是“全”和“偏”，即素质教育追求的是“全”，致力于健全孩子的素质，促进孩子的全面发展，而应试教育体现的则是“偏”，偏重于孩子的智育，偏向于孩子的应考，因此，素质教育在一定程度上可以称之为“求全”的教育，也可以看作是对应试教育的纠偏。但素质教育所追求的“全”是总体目标或取向，而不是具体的尺度或标准，即是说，孩子的素质培育是一个从不健全且不全面趋向于健全和全面的过程，这一过程内含着对孩子素质不健全、发展不全面的包容，由此才使素质教育彰显出鲜明的人本精神和人文情怀，也使孩子具有了宽松的成长环境。遗憾的是，在现实生活中，我们不少家长对素质教育所追求的“全”并不能给予全面的理解，其突出的表现就是对孩子素质的不够健全，发展的不够全面缺少应有的包容，总是苛求孩子各门课程必须门门优，各样技能必须样样好，左脑右脑的功能要充分平衡，动口与动手的能力要高度协调，智商与情商的水平要同步提高，科学与人文的素养要齐头并进，从而成为完美之人。这样的苛求无疑是对素质教育“求全”的曲解和误读，对于孩子来说则是尚未避应试教育的“偏”之害，又被素质教育的“全”所累。

第二，关于木桶原理所指的“短”。一段时间以来，木桶原理备受人们的关注并被广泛运用于教育领域。所谓木桶原理，大意是指木桶的容积大小是由最短的那块木板所决定的，由此提醒人们要善于发现自身的短板并努力补齐短板。这无疑具有积极的意义，但我认为，这一原理并不完全适用于人文领域，尤其是在孩子的培养问题上不能简单地套用。我们都知道，木桶的各块木板是静态地排列和机械地拼凑着的，其长短是不能兼容的，即长不能补短，短也不能转化，而人文素质的各要素则是有机的整合且处于不断的变化和转化之中，其长短是可以兼容的，即长不仅可以补短，短也可以回避，这就是通常所说的取长补短，扬长避短。扬长避短，不仅是人生的常态，更是人生的智慧，以至于古往今来的选人用人几乎都秉持取其所长，用其所长的原则，众多的英才俊杰也几乎是靠扬其所长、展其所长而获得社会认同的。这样说，并不是要否定补短板的必要性和重要性，更不是为了“护短”，而是为了防止过度夸大所谓的“短板效应”，或把一块短板作为一票否决的依据，事实上，无论是哪种类型和层次的人才，都不可能没有短板或十全十美，正所谓“此事古难全”。既然如此，我们又何必去苛求正处于成长过程中的孩子呢！

六、不可滥用惩戒

教育认同惩戒权
可用无须再争辩
惩戒本是双刃剑
使用当以慎为先
戒虽无言惩有心
效用不靠尺与鞭
合理惩戒重在度
滥用伤人如浩劫

在孩子的培养过程中，赏识是被实践证明最为有效的方式，正由于此，我们才高度认同且反复强调孩子的教育应当是赏识教育，但教育从来都不否认惩戒的必要性和重要性。虽然不能说没有惩戒的教育就一定是软弱的，但没有惩戒的教育确实是不完整的，对此，家长们需要有理性的认知，尤其是在孩子受到老师惩戒的时候，更应当给予充分的理解，因为老师对孩子的惩戒不仅是责任感的体现，也是爱心的表达，正所谓“爱之深、责之切”，其目的就是为了孩子能更健康地成长。敢于对孩子进行惩戒的老师是值得信赖和尊敬的，所以，家长们不要因为孩子受到惩戒就心怀不满、横加指责，而是要心怀谢意、热情点赞。

惩戒是教育的题中应有之义，也是教育的基本权利，因此，对于教育来说，使用惩戒权，既不需要争辩，更不需要取得许可证，需要的只是制度保障以及规范约束。说到教育的惩戒权，我们常常认为是老师的特权，其实不然。孩子教育的惩戒权其实更多地掌握在家长的手中，因为老师是学生没有血缘关系的责任人，而家长则是与孩子有血缘以及亲情伦理关系的特定责任人，如果说孩子必须接受某种惩戒，那么，其行为主体首先应当是家长而不是老师。在我国传统的教育理念和文化中，有“养不教，父之过。教不严，师之惰”的说法。所谓“教不严”，既指要求的不严格、教风的不严谨，同时也指管束乃至惩戒的乏力。在现实中，许多家长把孩子的管束和惩戒责任推给了老师，通俗地说就是把孩子送进学堂让老师去管，以至于老师既被列在天、地、君、亲的牌位上，也被强按在严格执法的座位上，这看似是对老师的尊重和信任，其实是责任的错位，因而是不公道的。由此我认为，这一传统的说法需要调整，即教而不严是师之惰，但养而不管、管而不严则是父之过，或者说，首先是父之过。所以，家长们不要一味地指望老师成为严管和惩戒孩子的“狠”角色，自己则是精心维护慈父或慈母的好形象。

家长作为孩子的特定关系人，不仅天然地拥有着教育的惩戒权，同时也具有相对充分的自由裁量权，但这并不意味着家长们就可以随心所欲，因为对孩子的惩戒是无奈之举或者说是迫不得已，犹如用药治病，是药三分毒，尤其是虎狼之药，毒性更大。当我们说，惩戒是要让孩子知道犯错必须承受相应代价的时候，也应当清楚，惩戒本身也是有成本的，只是这种成本往往是隐性的，很容易被我们所忽略，这就决定了家长们对惩戒权的使用必须慎之又慎。

所谓慎之又慎，就是要把对孩子的惩戒看作是非常严肃的事情或非常重大的决定，即是说，家长们在启动对孩子的惩戒程序的时候，需要思之再三，反复权衡，至少有如下五点必须认真考量：第一，在什么样的情况下或孩子犯了什么样的错才要惩戒；第二，如确实需要惩戒，什么样的方式最为合适；第三，在惩戒的时候，应选择什么样的时机和场合；第四，预先评估惩戒可能具有什么样的积极效果和消极后果；第五，惩戒以后采取什么样的措施进行情绪的调节等。如果对这些方面不作认真的思考，那么，惩戒权的使用就是轻率的乃至是粗暴的。所以，惩戒之惩，用的并不是力，而是心，或者说，戒虽然可以无“言”，有言则为“诫”，即告诫，但惩不能没有“心”，无心只是“征”，即征服。这也同时说明，家长对孩子如何进行必要又适当、适度且有效的惩戒，并不是一件容易的事，至少比如何对孩子进行赏识和奖励要困难得多，也复杂得多，家长们切不可想得那么简单。

我之所以强调家长们要慎用惩戒权，其目的固然是为了提高惩戒的有效性，但更为重要的则是为了防止惩戒权的滥用。事实上，由于孩子处于弱势的地位，家长们滥用惩戒权的情况很容易发生且时有发生，这也正是人们在教育惩戒的问题上持质疑态度甚至干脆一否了之的重要原因。所谓惩戒权的滥用，有诸多的表现，例如，对孩子的惩戒过于频繁，把有错必纠简单地等同于有错必惩；再例如，对孩子的惩戒过于从严，或小错大惩，或轻过重罚。但滥用程度最高的表现莫过于对孩子的体罚。孩子被体罚看似是受皮肉之苦，实质是自尊之伤，必将严重影响孩子的身心健康。体罚是一种伤害行为，越过了惩戒的边界，突破了惩戒的底线，在我看来并不具有教育的意义，甚至不属于教育的范畴，必须严格禁止和坚决杜绝。当然，家长们也会有情绪失控的时候，即使很有理性和修养的家长，也难免会有对孩子进行体罚的行为，但必须及时自我纠正，并向孩子给予真诚的道歉。其实，只要冷静地想一想，体罚从来都达不到教育的目的和惩戒的效果，相反，只会在家长与孩子之间人为地设置难以逾越的情感鸿沟和障碍，进一步说，如果孩子连体罚都不怕，或具有了对体罚的耐受力，那么，家长们所有的美好愿望都将随风而去，在教育上作出的所有努力也必将付之东流，家长们不可不察，更不能犯傻。

回看当下，孩子的惩戒问题再度引起了教育界乃至整个社会的热议，有些人正致力于从不同的角度去阐明并证明对孩子进行惩戒的必要性、重要性以及紧迫性，尤其是在孩子的惩戒问题上表达出学校与家庭、老师与家长要相互配合，形成合力的强烈愿望。话出众人口，用意各不同，其积极的意义虽然不能一概地予以否定，但基于慎用的原则，我提出如下三点看法供家长们参考。

第一，不要任意地夸大惩戒的作用，更不要因为惩戒可用就否定赏识的重要性。无论从哪个角度看，赏识教育所具有的正向激励功能是任何惩戒措施难以比拟的，这也许正是先贤们强调明赏慎罚的重要原因，所以，家长们不要把惩戒作为教育的常规手段和主要方式。同时，要防止这样的心态，即孩子们享有了这么长时间的快乐教育，该是品尝惩戒滋味的时候了，教育的惩戒权被封存了这么久，也该是解禁和重新启用的时候了。如果心态不健康，在孩子惩戒的问题上很容易矫枉过正乃至于再次走入误区。

第二，不要巧妙地用惩戒去掩盖教育的失职乃至无能。坦率地说，孩子教育与培养面临的最为重要和紧迫的问题并不是如何对孩子进行惩戒，而是如何解决思想工作空泛化，情感交流空心化，心理疏导空洞化的问题。如果对这些问题不进行自我反思并使之得到有效的解决，而片面地强调乃至过度依赖惩戒的手段和方式，无疑是舍本逐末，不教而诛。家长和老师们要充分地认识到，惩戒固然可用，但绝不是无计可施时的救命稻草。

第三，不要简单地回归所谓的传统。教育发展到今天，我们在孩子惩戒的问题上理应具有新的智慧，也完全能够找到新的方式，用不着重新打造戒尺和教鞭，更用不着重新请出“家法”，如果老师手持戒尺、教室里高悬教鞭，家长手拿棍棒、厅堂里供奉家法，这样的教育方式与其说是不合时宜，不如说是倒行逆施。至于披着惩戒的外衣或以惩戒的名义对孩子施行暴力的行为，那就是违规违法，更不可容忍和宽恕。

七、不做无用之功

素质教育不是空
求进争优靠内功
厚积薄发贵有度
超量超强无用功
累足成步重在实
跟风追风多虚功
走向未来一卡通
只需练好基本功

素质教育的价值取向和功能定位之一，就是要为孩子的学习和成长创设宽松的环境，进而具有轻松的心态，但这并不意味着孩子就可以松松垮垮，而是要更加坚定发展的目标和成功的信心，犹如竹子那样“咬定青山不放松”。同时，素质教育注重激励孩子要志存高远，仰望星空，但从来就反对空言虚语，而是要求脚踏实地不空谈。不放松、不空谈，归结到一点就是强调孩子们的求进争优必须自觉地用功，努力地修炼内功。对于家长们而言，则是要积极地做功，尤其是要有效地指导孩子练功，只有孩子和家长都能狠下功夫，才能久久为功，行满功成。放眼世界，我国的基础教育之所以在许多方面具有显著的优势乃至独领风骚，其重要的原因之一就是孩子们肯用功，家长们肯做功，从而形成了独具魅力的“中国功夫”。这同样是宝贵的“国粹”，我们不仅应给予高度的认同，而且要以此增强自信。

孩子们自觉地用功，家长们积极地做功，虽然十分重要，甚至可以说难能可贵，但更为重要和可贵的则是要弄清楚孩子应当如何用功以及家长如何做功的问题，如果弄不清楚这一问题，就很容易做无用之功。事实上，无论是孩子还是家长不仅已经做了许多无用功，而且还在继续做着无用功，对于这样的事实，相信许多有识之士以及众多的家长都有着共同的真切感受，只是由于种种顾忌不愿公开承认乃至讳莫如深罢了。

无用功并不仅仅是无用的，而且是有害的，因为无用功是能量的耗散或称之为“熵”的增加，表现在孩子身上就是时间和精力乃至青春和生命的隐性浪费。也许正是因为无用功造成的浪费是隐性的，所以我们一些家长总是那么不以为然，不仅自己忙于做无用功，而且逼迫孩子做无用功，这无疑是孩子教育与培养中最缺乏理性的行为之一，必须引起高度的重视并努力地加以纠正。

诚然，在孩子的教育与培养过程中，要对哪些是无用功作出明确的界定是很困难的，犹如“双减”面临着减什么、减多少的难题一样，但这并不意味着我们就一筹莫展、无能为力，我们且从如下两种常见的情形分析入手。

第一是超量超强的练习。课后练习即通常所说的做作业是孩子巩固知识、训练思维尤其是掌握学习方法的重要途径，因而构成了教与学不可缺少的重要环节。从本质上说，练习就是练功，做题就是做功，无论是基于对认知规律的遵循，还是基于对学习内涵的解读，孩子的课后练习或做题都不可轻视更不能忽略，那种把减轻孩子作业负担简单地等同于取消作业的认识和做法，与其说是对素质教育的任意解读，不如说是对教育科学的茫然无知，其结果就是让孩子们“自废武功”。同时必须承认，如果给孩子课后布置过多的作业或让孩子超量地做题，例如从题库到题海，从线下到线上，确实会使孩子的身心疲惫不堪，尤其是要求孩子把雷同的练习题无节制地进行机械重复的训练，看似刻苦用功，实际上是劳而无功。

第二是盲目地跟风追风。这里所说的“风”是指形式主义之风。不知从何时起，形式主义之风悄然地吹进了学校与家庭教育的领域，刮到了孩子们的身上，突出的表现之一就是成人化倾向，例如把社会成员“应知应会”的有些内容强行地塞进孩子的课程、课堂和大脑。最近又出现了一种新的现象，很值得关注，这就是：奥数竞赛之风未止，诗词大赛又蔚然成风。孩子们的文学修养确实应当从小培育，其中，学会古诗词的赏析无疑十分必要和重要，对此，国家层面以中小学语文课本为载体进行了精心的设计，适度超本也应得到鼓励，但过度强调古诗词背得越多就越好甚至鼓动孩子们与成人一起去“打擂”和“攻擂”，看似很热闹也很有创意，其实并没有那么大的益处，就像不分年龄不作选择而大谈“开卷有益”一样。还有一种更为典型的现象则是以素质拓展为名，诱导孩子们参加花样百出的兴趣班、体验班，尤其是忽悠孩子们参与教育搭台、商家唱戏和直播带货的各种表演性活动，不仅没有实际意义，而且很可能会把孩子们带偏。所以，在孩子教育与培养的问题上，如果热衷于跟着风跑或一味地顺风而从无异于虚功实做，其结果往往是无功而返。

仅就以上两种情形分析，就可以让我们获得关于什么是无用功的初步认知。诚然，教育与人才培养的动态性和鲜活性特征，决定了其模式总是处于不断的探索和变化之中，其行为也具有很大的自由空间，不可能像机械制图那样的标准化或如中药配方那样的剂量化，因而在现实形态上或多或少地做一些无用功以及虚功不仅实属难免，而且在一定程度上也不乏积极的意义，所以，家长们要辩证地对待，关键是要理性地作出选择。同时还要看到，由于种种原因，家长们和孩子们要绝对地不做无用功以及虚功几乎是不可能的，但尽量少做则是可能的，也是完全可以的。

不做或少做无用功以及虚功，是为了让孩子们把有限的时间和精力用于基本功的训练。所谓基本功，也可以形象地称之为“童子功”，重在基础。我们再次以语文教学为例，相信绝大多数家长都明白语文教学对孩子文学素养乃至人文修养培育的重要性，以至于有“得语文者得天下”之说，但就基本功而言我认为不外乎体现在如下三个方面：第一是懂得语言的规范，不仅要把字音读准、把字形写正，而且要对字义作出正确的理解并恰当地使用；第二是具有欣赏的能力，既要能够阅读，更要能读出味道，尤其是能从优秀的文学作品中汲取营养并提高审美的情趣；第三是掌握写作的方法，即先把句子写通顺，意思说明白，逻辑理清楚，然后运用修辞等技巧使文章具有美感。如果孩子们能在这三个方面得到有效的训练，也就具有了语与文的基本功，而不必过早地引导孩子的写作要有那么多的奇思妙想，刻意地追求“奇”与“妙”，必然是华而不实。以此为例，举一反三，以此为鉴，防微虑远，家长们还是要静下心来，着力于孩子基本功的训练。只要练好基本功，孩子的学习就一定能聚沙成塔、厚积薄发，其成长也一定能累足成步，行稳致远。

八、不信偏方奇招

孩子优学靠正道
不信偏方有奇效
兴趣专注理解力
不信开窍有密钥
睡眠运动精气神
不信强脑有怪招
尊重科学顺序进
不信广告能领跑

孩子的素质解读虽然具有多维性，其成长性评价也具有多元性，但良好的乃至优化的学习状态无疑是最为重要的内涵和最为显著的指标之一，所以，素质教育从来不抽象地谈论立德树人，而是在强调以德为先的同时，追求品学兼优。这决定了家长们既要注重孩子人格的塑造和完善，也要努力助推和促进孩子学习状态的不断优化。

孩子们能否具有良好的学习状态并能够不断地得到优化，取决于多种因素，其中，学习的目标是否明确、态度是否端正、行为是否自觉显然是极其重要的。在现实生活中，我们许多家长总是把孩子学习的所有问题都归结为态度和自觉性问题，通常用“要好”与“不要好”进行概括和分类。这样的概括和分类尽管具有一定的合理性，但并不全面或不够准确，只要仔细观察就会发现，一些孩子的学习之所以能呈现良好的状态并持续地优化，并不仅仅是因为“要好”，反之，有些孩子学习状态的优化之所以比较困难也不是仅仅因为“不要好”，事实上，绝大多数孩子都是“要好”的，真正“不要好”的孩子只是极少数或者说是极个别的现象。这就提出了一个问题，既然绝大多数孩子都是“要好”的，或者从总体上讲都有着好好学的愿望以及学而优的追求，同时也都有着刻苦的精神和自觉的行为，那为什么学习的状态仍然有着明显的差异呢？究其原因固然十分复杂，但我认为，有没有掌握和运用正确的且有效的学习方法是不可忽视的主要原因之一，许多孩子的所谓学习问题在很大程度上不是态度问题而是方法问题。

孩子的学习方法确实十分重要，甚至可以说，学习态度端正之后，有效的学习方法就是决定性要素。古往今来的教育都非常注重对孩子学习方法的指导和训练，传统的教育智慧之所以强调“授之以渔”，就是把方法的传授看得比知识的传授更为重要，现代的教育理念则更加致力于让孩子学会学习，旨在培养孩子运用正确的方法进行自主学习的能力。从某种意义上说，教育价值的体现并不仅仅在于引导孩子要学、激励孩子爱学并使之学有所得，同时还在于让孩子会学、能学从而学之有方、习之得法。学校教育理当如此，家庭教育也应如此。

就大多数家长而言，对孩子学习方法的重要性都有着高度的认同，遗憾的只是缺少学习方法的认知，不能给孩子提供正确的学习方法指导，为此都致力于有效学习方法的寻找，表现为虚心地请教和问道，虔诚地取经和求法。家长们努力为孩子寻找有效的学习方法，是一种积极的态度和作为，不仅要给予充分的肯定，而且应当获得高赞。我一直认为，家长们不再热衷于对孩子的考分和排名进行简单的比较，而是注重于对孩子的学习方法进行交流和讨论并相互借鉴和共同分享，无疑是家庭教育步入正轨以及走向成功的重要标志。

同样遗憾的是，我们许多家长虽然不辞劳苦地为孩子的学习问道求法，但结果常常是劳而无功，究其原因，主要是在孩子的学习方法问题上存在诸多的认识误区，集中表现为迷信和盲从。所谓迷信，大致有如下四个方面：一是孩子学习效率的提高有偏方奇招；二是孩子学习状态的优化有灵丹妙药；三是孩子的开智强脑有神器密钥；四是孩子的进取成功有旁门左道。所谓盲从，也大致有如下三个方面：一是被虚假的信息尤其是都市传说所困扰；二是被人为的炒作尤其是网络八卦所误导；三是被营销的策略尤其是商业广告领着跑。正是由于迷信和盲从，致使虚心的问道变成了问道于盲，虔诚的求法变成了缘木求鱼。这说明，家长们要为孩子的学习问道求法，同样需要理性和规范，正所谓问道也需要有道，求法也需要得法。

家长们在孩子学习方法的问题上，要做到不迷信、不盲从，关键是要尊重学习的规律，即向规律问道，崇尚学习的科学，即向科学求法。虽然我们强调孩子的学习应基于个性自主选择从而各行其道，但遵循规律无疑是学会学习的阳关大道。我们也承认学无定法，但崇尚科学显然是有效学习的内功心法和根本大法，概而言之，遵循规律、崇尚科学堪称是孩子学习状态不断优化的不二法门。所以，家长们在孩子学习方法的问题上，不要东张西望、道听途说，更不要心神不宁、坐卧不安，而是要淡定于规律，从容于科学。为此，我就如下两个常见的同时也是家长们较为关切的问题谈一点看法。

第一，我们都希望孩子能有较强的理解力和记忆力，为此采取了一系列强化的措施，其中，最常用的也被认为是最有效的措施就是反复的训练。其实，孩子记忆力的强弱虽然取决于多种因素，但我认为主要还是取决于学习的兴趣和专注度，孩子的学习兴趣越浓厚、注意力越集中，对知识和信息的反应就越灵敏，内化的速度就越快，记忆的功能也就越强，所以，培养孩子的学习兴趣，引导孩子集中注意力，才是提高记忆力最为有效的办法。如果孩子总是心不在焉，无论训练多么刻苦，也无论补多少课，开多少小灶，都只能是“食而不知其味”。

第二，我们都希望孩子能有一个很强的大脑，为此到处寻找能让“芝麻开门”的密钥以及补脑的“灵丹妙药”。其实，孩子的强脑并不神秘，在我看来，只要孩子能有充足的睡眠、适度的运动，使孩子的大脑得到充分的休息和及时的增氧，尤其是让孩子走进大自然，得天地之气的滋养，孩子的大脑就能得到健康的维护，不仅能避免因过度疲劳而产生的隐性损伤，而且能使意识和思维始终保持清醒和清晰的状态，由此在学习上具有旺盛的精气神。理论和实践反复证明，一个精气神很旺的孩子，根本用不着担心脑洞不会大开，这才是最靠谱且最有效的强脑之法。

九、不能侵犯隐私

孩子成长有隐私
家长喜看少愁思
隐私不作隐瞒论
无可奉告也诚实
尊重隐私各自安
一旦侵犯触雷池
莫道处置隐私难
信任就是金钥匙

为了提高家庭教育的针对性和有效性，我曾建议家长们要狠下功夫去读懂孩子这本书，从而形成对孩子的基本认知。伴随着孩子的成长，家长们对孩子的认知需要不断地丰富和深化，其中，及时了解和掌握孩子思想、心理、情绪以及行为的变化就显得越发的重要，这就是通常所说的“知情”。如果家长对孩子的情况一无所知，必然导致“管理”的失控，因而也是一种失责的行为。

家长们享有充分的知情权，这毋庸置疑，问题则是在于如何用好知情权，正如所有的权力运用都必须遵守相应的规则一样，家长们知情权的运用也应当有所约束。家长们的知情权虽然是充分的，但并不意味着可以无限扩张，如果家长们的知情权没有边界乃至任意膨胀，同样会导致教育行为的失范。事实上，不少家长在行使知情权的时候，很容易出现这样那样的失范现象，其中，以知情为理由窥探孩子的秘密，进而侵犯孩子的隐私就是最突出最典型的例子。

在家庭教育中，如何正确看待和处理孩子的隐私也许是难度系数最高的问题，或者可以称之为第一难题。破解这一难题显然需要高超的教育智慧和艺术，由于本人的认知局限，对给出这一难题的破解之法深感力不从心，只能在怎么看和怎么办这两个基本的层面上与家长们进行讨论。

关于怎么看，我提出三个维度。

第一，要承认孩子隐私的合理性。有秘密和隐私是人性之使然，也是人人共有的属性和特征，即是说，现实生活中的每一个人都有着属于自己的秘密，因而无不把隐私不受侵犯看作是基本的人权保障。既然隐私是人性使然和人的基本权利，就不应当把孩子排斥在外，家长们不要把隐私仅仅看作是“大人们”特有的现象或专利，而认为“小屁孩”就不应当有隐私乃至武断地不允许孩子有隐私，相反，要以平常的心态给予理解和认同。同时还要知道，基于人本的精神，孩子有没有隐私并不需要征得家长的同意或许可，家长们应当开明。

第二，要消除在孩子隐私问题上的恐惧心理。孩子什么时候开始有秘密和隐私，因人而异，或者说取决于各自身心发育的状态，但不论迟与早，孩子学会保守秘密和保护隐私，都是其成长性的标志，至少表明孩子的主体意识正在觉醒，独立的人格正在形成，甚至可以看作是孩子的心理正在趋向健全和成熟，通俗地说就是孩子正在长大。对此，家长们不仅要感到高兴，而且要给予欣赏，即看在眼里，喜在心里，既不要忧虑愁思，更不要惊慌失色。如果孩子步入青春期还不懂得有所“遮掩”，其心智发育的状况倒是应当引起高度的关注。

第三，要把隐私和隐瞒作出相应的区分。在现象形态上，隐私和隐瞒虽然有着共同的特点，即都是不让家长知道，但两者并不就是一回事。孩子的隐私既可以让家长知道，也可以不让家长知道，让家长知道是“情分”，不让家长知道则是“本分”。所谓隐瞒，就是有些事情应当让家长知道而故意不让家长知道，虽然不能简单地等同于欺骗，但应当认定为不诚实的行为，这样的行为才是家长们不能允许的，且需要及时予以纠正的。只有把隐私和隐瞒作出区分，家长们才能正确看待孩子的“无可奉告”，也才能尊重孩子“可不告人”的选择。

关于怎么办，我提出三点建议。

第一，注意观察。孩子的秘密和隐私可以不让家长知道，但并不意味着家长就真的可以什么都不知道，只是为了维护孩子的自尊心，家长们更多的时候要装糊涂，其实，只要细心观察，孩子许多的秘密和隐私也难逃家长们的“法眼”。所谓观察，就是通过孩子情绪和行为的细微变化，对其思想和心理等状态进行由表及里的分析并作出相应的判断，这样基本上能做到心中有数，问题往往在于我们不少家长用心不够。

第二，善于暗示。通过细心的观察，我们对孩子的秘密和隐私会有大体的了解，但不要急于点破，更不要对孩子进行公开的质询、逼问和指责，否则就是对孩子隐私的侵犯，必然遭到孩子的强烈反抗。但为了孩子的健康成长，我们家长又不得不进行适当的干预，我认为最明智的选择就是暗示，例如，选择有针对性的话题或案例与孩子进行交流，一起讨论，从而让孩子受到启发，有所醒悟并学会自我管控，这也许是孩子最容易接受的有效方法。从某种程度上说，面对孩子的隐私，家长的“单刀直入”未必就是坦诚和率真，而“旁敲侧击”却不失为一种艺术和修养。

第三，增强互信。所谓互信，一是指家长们对孩子要有充分的信任，既要相信孩子的隐私并不就是阴暗的或见不得光的，更要相信伴随着孩子的身心发育，对秘密和隐私的自我认知以及处置能力会不断地提高。二是指家长们要取得孩子们的充分信任，孩子之所以在家长面前要保守秘密、保护隐私，与家长的可信度显然直接相关。如果家长值得信任，或者说是真正的知心朋友，孩子就不会把秘密和隐私深深地埋藏，而是会向家长主动解密，自动公开，正由于此，我把信任称之为破解孩子隐私难题的金钥匙。

十、不必小题大做

孩子培养大融和
优化生态容小错
维护大局浪需静
莫因小事起风波
度大才有天地宽
量小难装开心果
大做文章小手笔
小小不言大智谋

关于孩子教育与培养中家长们应信守的规范，我从九个方面进行了初步的归纳，最后，我再选择一个与孩子们关系最为紧密的问题与家长们作延展性的讨论。

孩子的有效培养和健康成长，需要正能量的聚合乃至融合，集中体现为教育生态的和谐。毫不夸张地说，教育生态任何一点的不和谐哪怕是很微弱的不和谐之声都犹如一石激起千层浪，都会引起孩子情绪的波动，只有教育生态风平浪静，才会有孩子书桌和内心的宁静。所以，家长们要像爱护自己的眼睛那样，维护教育生态的和谐，更要像美化家庭环境那样，致力于教育生态的优化，即是说，家长们在教育生态和谐与优化的问题上，不仅要有高度的认同感，而且要有强烈的责任感。

维护教育生态的和谐，促进教育生态的优化，家长们可以有多种多样的体现方式，例如，对教育战略与政策调整的正确理解，对教育改革与创新的积极参与，对学校的热情关心和积极支持，对老师的主动配合和有效协同，等等，但相比之下，我认为建立容错机制则更为重要，因为只有容错才能防止矛盾的激化和关系的紧张，也才会有教育的宽松和从容。这里所说的“容错”，主要指对小错或小事的适度宽容。关于什么是小错，我的基本看法是，只要不违背党和国家的教育方针以及教育的规律，不偏离人才培养的宗旨和教育的核心价值以及人本精神，不侵犯孩子公平的受教育权以及不伤害孩子的人格尊严和身心健康，而只是言行的不够严谨与规范，方式的不很适当与科学，在日常问题的处理上考虑不周乃至存在偏颇，就都属于小错。

教育是浪漫的，但同时也是现实的，因而出现这样那样的小错实属难免，甚至可以说也是一种常态。由于老师是教育最为重要的行为主体，教育的小错在老师身上也就体现得最为充分和直接，所以，我们关于“容错”的讨论也就主要地针对老师而言。古往今来，人们在对老师给予无比尊崇的同时，也对老师有着近乎严苛的要求，因为老师既要教书育人，更要为人师表，既要德艺双馨，更要完美无缺，以至于不允许老师犯错。其实，老师也容易犯错，事实上也经常犯错。人们常说，“教人为善，师古圣贤”，同时又认为“人非圣贤，孰能无过”。其实，老师并不都是圣贤，岂能无错！再说圣贤也难免有过，只是由于圣贤足以让我们高山仰止，同时为尊者讳而不以瑕掩瑜更不妄加议论。因此，我们家长看待老师既要有崇敬之意，也要怀有平常之心。所谓平常心，其重要的体现就是对老师小错的宽容。

宽容老师的小错，并不是简单地认同老师小错的合理性，更不能因为老师的小错无伤大雅、无碍大局就可以采取无所谓的态度。对于老师们来说，必须有“不因恶小而为之”的自律，更应当有知错就改、有错必纠的自觉；对于家长们而言，对老师的一些小错有时看得比较重乃至较真也在情理之中，只是不要把小错任意放大，无限上纲，通俗地说就是不要小题大做或大做文章。不要小题大做，就是不要把老师偶尔的一个教学事故就看作是对孩子的不负责任乃至误人子弟，不要把老师偶尔的一句口误就看作是对孩子自尊的故意伤害乃至人格的任意污辱，不要把老师偶尔一次的粗心大意就看作是对孩子爱心的缺失乃至师德的沦丧，等等。遗憾的是，在现实生活中，这种小题大做、大做文章的现象不仅是一种普遍的存在，而且还比较严重，其突出的表现就是，面对老师的这些小错，有些家长不是通过坦诚的沟通与交流，友情的提醒和建议去帮助老师改进和完善，而是大呼小叫，大张挞伐，或在网络上起哄，或在校门口围堵，或状告于当局，或对簿于公堂，大有不让犯错的老师斯文扫地、颜面无存而决不罢休之势。此种种情景，虽然不能一概地指责家长们怀有“取闹”之意，但也至少可以说是缺少容错之量。

家长们对老师小错的宽容，或者说把小题当作小题去解决，把小事当作小事去处理，是对老师最大的爱护和关怀，也是对教育生态和谐以及优化的最大贡献，尤其是对于孩子的教育和成长来说，是更为明智的选择。试想，如果老师们总是担心因读错一个字就要被吐槽乃至被轰下台，说错一句话就要被问责乃至被迫“下课”，尤其是一时不慎出现行为方式的不当就被认定为既越过了底线又触碰了红线并因此就要受到严厉的处罚，那么，又有几个老师能满怀激情且轻松自如地去致力于孩子的培养呢？进一步说，如果老师们总是那么战战兢兢、诚惶诚恐，甚至把崇高的职业看作是高危的职业，那么对于教育来说绝不是幸事，对于孩子们来说，更不是福音，家长们岂能小黠大痴，因小失大！正由于此，我才建议家长们要学会容小错，其实，容小错不仅是大胸怀、大格局，更是大智慧。最后需要强调的是，家长们容小错的大智慧虽然主要针对老师但并不仅仅局限于老师，同时也应当体现在家庭与学校、家长与家长以及家长与孩子的诸多关系之中。写到这里，不由得联想到电影《秋菊打官司》，其深长的意味确实值得我们仔细品味。

第五章

福田广种责任田

家长义不容辞的十大主业

培育孩子如种田
良种还需有良田
知识丰富积肥田
文化贫乏是瘦田
崇尚学习造福田
忽视教育成荒田
十字画界方为田
家长汗滴责任田

孩子的成长不仅有着自身的秩序，也有着内在的逻辑，所谓秩序和逻辑就是规律，这决定了孩子的培养既要尊重规律，更要遵循规律。但规律的抽象性导致了人们在认知上尤其是把握上的困难，这就有了各种生动形象的比喻，无论是传统的教育文化还是现代的教育科学，都既追求要言妙道，也注重妙喻取譬。如果要问我最愿意把孩子的培养比作什么，那就是“种田”。

我之所以最愿意把孩子的培养比作种田，并不仅仅因为我从小在农村长大，在进入大学之前是地地道道的农民，对如何种田有着直观的感受以及深切的体验，而是因为这一比喻最能体现教育的生命性和生态性，也最能彰显孩子的成长性特征。对于农民来说，播下的不仅仅是种子，更是希望，付出的不仅仅是汗水，更是情感，收获的不仅仅是果实，更是喜悦，所以我一直认为，在孩子的培养问题上，没有哪一种比喻能像种田那么贴切，以至于我们也常常用“辛勤耕耘”来赞颂老师们的敬业精神，把“茁壮成长”用作对孩子们的美好祝愿，一句“雨露滋润禾苗壮”更是生动形象地概括和展示了人才培养的模式特征。正是基于这样的认知，我历来明确反对把孩子的培养看作是工业产品的加工，即把孩子看作是机器体系的附属物或零部件，把人才的培养过程看作是工厂流水线批量化、标准化的生产。教育以及人才培养的工业化思维和工厂化模式，看似科学和精准，其实很容易导致人文精神的缺失和生命活力的窒息，今天的教育以及人才培养模式之所以仍然存在着机械、僵化的现象，活力和生机不足，在很大程度上都与这种工业化思维定式和工厂化模式依赖有关。

对于家长们来说，“种田”这一比喻可以让我们获得多方面的启发，这在本书其他问题的讨论中已不止一次地涉及，基于本章的讨论议题，我们再作如下两个方面的概括。

第一，家庭应当是良田。我们常说家庭是孩子从小生活的地方，也是孩子最初的成长环境，所谓“地方”和“环境”，实质上就是孩子这一“种子”和“幼苗”赖以生长的土壤。常识告诉我们，孩子这粒种子、这棵幼苗的根扎得深不深，叶展得茂不茂，花开得美不美，果结得实不实，并不完全取决于种子自身是否优良，同时也取决于土壤是否优质，即是说，不论种子如何优良，如果播撒在贫瘠荒凉的土壤中，也很难茁壮成长，更结不出累累硕果。我确信所有的家长无不对袁隆平院士怀有崇高的敬意，但这位杂交水稻之父在追求“禾下乘凉梦”的时候，从来没有片面夸大种子的神奇，而是一再强调土壤及生态的重要，这也进一步说明，即使是良种，也需要良田，所以，为了孩子的茁壮成长，我们家长不要仅仅注重种子的优选，同时也要致力于土壤的改良。所谓土壤的改良，就是自觉地提高家庭知识积累的丰度，文化积淀的厚度，崇尚学习的热度，重视教育的程度。倘若一个家庭缺乏知识与文化的涵养，忽视学习的价值和教育的功能，那么不管房子多么豪华、物质多么富有、地位多么显赫，家庭这块孩子成长的土壤也必然是贫瘠的。如果教育的理念和价值取向不健康或充满负能量，那么，家庭这一土壤就会被污染甚至有毒，在这样的土壤中成长的孩子，犹如今天的许多农产品，很难让人放心。

第二，家长们应当种好责任田。教育的社会属性以及人才培养的系统性和协同性特征，决定了孩子们成长的土壤是辽阔的，可谓“田连阡陌”，但基于教育职能的相对分工，这连成片的良田又有着相应的边界，正所谓“十字画界方为田”。这种相对的职能分工和田字的十字画界，就自然地形成了责任田的概念和归属，这就要求家长们应当明确什么是自己的责任田以及如何种好责任田，否则，很容易忙于种别人的地而荒了自己的田。今天的家长们都很忙，也都很累，但往往没有忙到点子上，也没有累出应有的效果，其重要原因之一就是没有责任田的概念，尤其是没有守住自己的责任田。

诚然，在孩子的教育与培养过程中，家长们的任务是繁杂的，职能也是重叠的，责任更是无限的，只要有利于孩子的健康成长，都应当尽其在我，尽心竭力地广种福田，但为了充分地发挥家庭教育的优势，我认为必须首先种好自己的责任田，即聚焦主体责任。为此，我初步列出如下责任清单：一、培育社会情感；二、鼓励携手同行；三、唤醒责任意识；四、注重习惯养成；五、守护文化健康；六、传授基本常识；七、教会端正饭碗；八、开设劳动课程；九、强化生活体验；十、指导理性花钱。

一、培育社会情感

孩子未来展风采
社会搭建大舞台
角色大小看担当
成就高低问情感
主动融合事事顺
消极游离处处坎
家长应有好心态
不为愤青作点赞

我们所有家长都希望孩子能顺畅地走向未来，并能在未来展现风采，但如果要问，未来是什么，或者说，未来在哪儿，家长们未必都能作出明确而具体的回答。其实，未来并不遥远，也不抽象，从现实性上看，孩子的未来就在社会，社会才是孩子未来展现人生风采的舞台。当我们说教育是为孩子的未来奠基的时候，更多的是指为孩子走向社会所进行的准备，所以，孩子的教育，无论是基础教育还是高等教育，并不能狭义地称之为“升学准备型”和“就业准备型”的教育，而是从一开始就是“社会准备型”的教育。

孩子能不能顺畅地走向社会并尽情地展现风采，显然取决于整体素质能否与社会的发展相适应，或能否满足社会的需求，其中，是否具有健康的社会心态尤其是真实的社会情感无疑更为重要。唯有健康的社会心态、真实的社会情感，孩子才能主动融入社会并积极地拥抱社会，犹如鱼入江海、鸟归森林，不仅能勇于担当社会责任，而且能成为社会发展的中坚力量。如果孩子从小就对社会持怀疑的态度或种种偏见，甚至心中有着痛苦的记忆和仇恨的种子，他们与社会很可能若即若离或貌合神离，这种“自我隔离”，很容易成为他们人生发展难以逾越的障碍。在现实生活中，之所以有些人事事通顺，也有些人似乎总是处处有坎，其重要原因并不在于“世事洞明”和“人情练达”的差异，而是在于社会心态和社会情感的不同。所以，家长们要想让孩子顺畅地走向社会并拥有通达的人生，就必须高度重视孩子社会心态的健康，尤其是要努力培育孩子的社会情感。

孩子社会情感的培育，是学校与家庭的共同责任，但家庭无疑是主体，因为家庭是社会的细胞，既是社会变化的晴雨表，也是社会发展的显示器，家庭的形态浓缩着社会的样态，家庭的状态折射出社会的生态。孩子们从小生活在家庭之中，因而他们对社会的感受和认知最为直接，其情感也最为真实，例如，他们从家庭的安宁中能感受到社会的稳定，从家庭的温馨中能感受到社会的和谐，从家庭生活的改善中能感受到社会的发展与进步，尤其是惠及千家万户的诸多保障政策和措施能使他们感受到社会制度的优越。所有这些都表明，家庭在孩子社会情感的培育上具有不可替代的优势，这种优势一方面体现为环境的独特性，即用生活写照；另一方面体现为内容的朴实性，即用事实说话。问题只是在于我们家长是否认识到这种优势以及如何自觉且充分地发挥这种优势。

家长要发挥好培育孩子社会情感的优势，首先要走出认识上的一个误区，就是我们许多家长总以为，孩子最主要的任务是学习，对社会应具有什么样的认知、心态和情感，都是以后的事，同时认为，孩子还小，尚处于对社会“漠不关心”的时期，因而对孩子社会情感的培育过早似乎不切实际。其实不然。孩子出生在家庭，也就生长在社会，不仅带有社会的基因，而且在成长的过程中，其社会意识也会不断地被唤醒，表现之一就是他们从小就会用自己的眼睛对社会进行观察，并用自己的方式对社会进行解读，在他们幼小的心灵里早就有着属于他们自己的社会样态，以至于他们在日记、作文以及日常的交流中，常常有着对社会认知尤其是情感的朴素表达，只是我们许多家长不注意罢了。家长们还要看到，在高度开放和万物互联的环境状态下，孩子们同样被湮没在海量的社会信息之中，要让今天的孩子面对如此“热闹”的社会却显得超然，“两耳不闻窗外事，一心只读圣贤书”，实在既无必要，也更无可能。因此，家长们在孩子社会情感培育的问题上，必须化被动为主动，变后补为先机。

孩子们社会情感的培育，是一门极其重要的素质教育课程，家长们要讲好这门课程，不仅需要充分的准备，而且需要严格的规范，其重点是要正确处理好真实与引导的关系。所谓真实，就是要让孩子了解一个真实的社会，即让孩子知道，现实的社会是一个复杂的有机体，鲜花丛中也有害虫，和谐声里也有噪音，阳光底下也有阴影，大路之上也有陷阱，善良背后也有罪恶，真相面前也有假象，追求公正未必事事公正，愿景美好未必个个如愿。凡此种种，构成了社会的真实画卷，只有把这一真实的画卷展现给孩子，他们对社会的认知才是完整的，由此形成的社会情感也才是真实的。所谓引导，就是让孩子学会正确地面对，即让孩子们懂得，社会的进步是主流，社会的美好是本色，许多问题都是发展中的问题，只有发展才能解决问题，而发展也一定能解决问题，旨在让孩子学会“怎么看”，进而让孩子积极思考“怎么办”，所以，引导必须充满正能量。毋庸讳言，在我们的家长群体中，难免有人对社会的现状表现出这样那样的不满意甚至有着愤懑的情绪，但为了孩子能有健康的社会心态，切忌在他们面前过度地渲染和任性地宣泄，否则，很容易把孩子培养成“愤童”“愤青”，这不仅对孩子而且对社会都是不负责任的。

现实生活一再告诉我们，一个没有社会情感或与社会格格不入的人，犹如游离于社会之外的自由电子，不仅很难被社会所接纳，也不可能走到社会舞台的中心。如果总是愤世嫉俗，甚至悲观厌世，那就更不可能拥有顺畅的人生和美好的未来。

二、鼓励携手同行

孩子成长和谐图
各持彩练集体舞
交往开辟友谊路
携手同行应与呼
一花独放总是孤
大雁群飞胜鸿鹄
家长迎风敞开户
热情鼓励学相处

我们所有家长都希望孩子能有独立的人格以及独立的意识和能力，从而在成长的道路上能独立地前行。但人格的独立并不就是孤芳自赏，独立地前行也不是独来独往，因此，我们对孩子的独立不能作片面的理解和过度的解读，否则，独立很可能变成孤独。一个缺乏独立精神的孩子，在人生的舞台上是站不住的，更谈不上能成为强者；而一个处于孤独状态的孩子，在人生的道路上也是很难迈开脚步的，更不可能到达“诗和远方”。显然，防止孩子的孤独与鼓励孩子的独立同样重要，家长们不仅要辩证地看待“独”与“孤”的关系，而且要把“独而不孤”确立为孩子素质培育的重点。

孤独是孩子成长过程中的一个十分严峻的问题，因而如何防止孩子的孤独构成了孩子培养中的一个非常紧迫的任务。要有效地防止孩子的孤独，有许多措施和方式可以选择，其中，父母的陪伴尤其是双向交流无疑是不可缺少的，但积极鼓励孩子学会与人相处同样是不可忽视的。所谓与人相处，不是建立狭义的朋友圈，更不是学会庸俗的攻关术，而是追求和谐的价值观和群体的认同感。为此，我们家长有必要确立并强化如下三个方面的认知。

第一，我们所有家长都希望孩子能有健康的成长状态，其重要的标志就是能与他人携手同行，懂得相互支持、互相帮助，犹如在登山的过程中，“前者呼，后者应”，从而在这一呼一应中，增强克服困难、攀登高峰的信心。我们常常激励孩子要有鸿鹄之志，其实，在现实生活中，几乎没有人能真实地见到鸿鹄是如何展翅翱翔于蓝天的，经常看到的是群飞的大雁，如果仅仅就个体进行比较，大雁也许不能与想象中的鸿鹄相提并论，但由于大雁是群飞，且能飞出“人形”，因而是那么的蔚为壮观，由此引发了多少人的诗情画意。所以，孩子只有学会与人相处，才不会成为离群的孤雁。

第二，我们所有家长都希望孩子能有良好的发展状态，其重要标志就是具有团队精神，懂得相互合作，取长补短，优势整合。无论是在广阔的社会舞台上，还是在高位的人生平台上，最为精彩的是集体舞而不是独角戏，人生之美不仅在于各美其美，更在于美美与共。伴随着社会形态的转型，“协同”已经成为发展模式以及创新文化最为鲜明的时代特征之一，所谓协同，绝不是松散或虚拟的链接，而是紧密且真实的合作。所以，孩子只有学会与人相处，才不会苦于单打独斗。

第三，我们所有家长都希望孩子能有优化的生存状态，其重要标志就是崇尚和谐的文化，懂得走出孤岛，自我开放。生存不是一个抽象的概念，而是有着鲜明的社会属性以及形态，虽然每一个人的生存方式都可以有个性化的选择，但都不可能游离于社会之外。生物学上有一个定理，叫作“适者生存”，如果把这一定理运用于社会领域，可以叫“合者生存”，所谓“合”，就是与社会环境尤其是和谐生态的主动融合。基于社会和谐的人本性，这种融合在本质上就是“人和”，这是任何一个人都必须遵循的生存之道。所以，孩子只有学会与人相处，才不会成为社会的弃儿。

这些道理看似很简单，对我们许多家长来说也似乎并不新鲜，但要真正作为一种素质教育的理念并运用于孩子的培养过程，就未必那么自觉。在素质教育深入推进的今天，一些家长仍然固守着“独木桥”的思维，仍然存在着“一花独放”“一枝独秀”的心理，同时对孩子的交友有着过度的担心，因而不是积极和大胆地鼓励孩子学会与人相处，而是一再要求孩子学会独处，由此不仅强化了孩子自我封闭的意识，而且助推了孩子离群索居的倾向。一些孩子之所以性格孤僻或孤傲，虽然有诸多的原因，但在很大程度上也与这种“尚独”的教育有关。

基于以上的讨论，我认为，鼓励孩子学会与人相处，应当成为家庭教育的重要任务。在实践层面上，家长们需要认同如下“六字真言”，即尊重、欣赏、分享。

所谓尊重，是指尊重他人，维护他人的自尊心。尊重他人，内含着平等的意识和人文的精神，家长们既要鼓励孩子懂得自尊，消除自卑心理，同时也要教育孩子不能唯我独尊甚至居高视下，表现在与同学的相处上，就是不要看不起贫困家庭的孩子，不要讥讽学习成绩相对较差的孩子，更不要歧视存在某些生理缺陷的孩子。一个懂得尊重他人的孩子，才会拥有共同成长的亲密伙伴。

所谓欣赏，就是勇于承认他人的优点，善于赞美他人的长处。欣赏他人，是一种宽阔的胸襟和谦逊的品格，家长们既要鼓励孩子积极进取，创优争先，同时也要教育孩子不能趾高气扬，恃才傲物，不要对学习成绩优异的孩子总是那么嫉妒，不要总是以己之短去否定他人之长，更不要对他人故意贬损。一个懂得欣赏他人的孩子，才会从心底里绽放出灿烂的笑容。

所谓分享，就是关心他人，乐于助人。乐于分享是善良的品质和大气的格局，也是炽热的情感和阳光的心理，家长们既要鼓励孩子做好自己的事，尽到自己的责，同时也要教育孩子不能对需要帮助的人总是那么冷漠，表现在与同学的相处上，就是不把有效的学习方法秘而不宣，不要把优质的学习资源独自珍藏，更不能因害怕“对手”而处处设防。一个懂得分享的孩子，才会开辟人生的友谊路并积聚发展的正能量。

三、唤醒责任意识

孩子贵有责任心
沉睡意识早唤醒
自求多福小见大
为母分忧浅也深
家国情怀家到国
人本精神己及人
家长先教扫一隅
再谈天下为己任

我们家长无不期待孩子今后能有所作为，成为比我们更有作为的一代。孩子今后能否有所作为，显然取决于多种因素，其中，立德立志是先决条件，有才有能是支撑要素，但最为关键的则是要有高度的责任感。如果缺乏责任感，其德是虚，其志也空；其才是歪，其能也负，结果必然是无所作为，显然，伴随着素质教育认知的拓展和深化，我们必须高度重视孩子责任感的培育。

孩子的责任感问题，早已引起了许多家长以及社会公众的深深忧虑，这绝不是杞人忧天，而是切中了孩子素质培育的要害。凡是为孩子的责任感有所忧虑的家长，都堪称头脑清醒的家长，或者说是对孩子具有强烈责任感的家长，但有没有清醒的认识是一回事，能不能有效地解决又是另一回事。

应当承认，伴随着素质教育的推进，孩子们的责任主体意识正在日益觉醒，责任担当的精神也在不断凸显，面对这样的积极变化和良好的总体趋势，我们理应感到欣慰和放心，一概地说今天的孩子们没有责任感并不符合事实，也有失公道。同时也不用回避，孩子们的责任意识相对淡薄仍然是一个普遍存在的现象，其原因固然是复杂的，但我们家长们在孩子责任意识培育问题上的失职和失责我认为是主要原因。

长期以来，我们不少家长片面认同乃至强化孩子的优越感，有意无意地淡化了对孩子责任感的培育，突出的表现之一就是把孩子应尽的义务和应担的责任揽于一身并乐于成为孩子责任的替身，从而把对孩子负责异化为替孩子负责。这就使我们家长的责任具有了自我扩张或非自限性的特征，即便是横向无边，纵向无底，我们做家长的还唯恐对孩子没有尽到责任，心中常常自我谴责。家长们责任的无限扩张无疑已经成为一种特殊的社会现象和生态，看似合乎情理，实则并不科学和理性，其结果就是强化了孩子的依赖感，并由此导致了孩子责任感的缺失。从一定程度上说，孩子并非不愿担当责任，而是我们家长不让他们担当责任，也正是在这个意义上可以说，孩子责任感的缺失并不完全是孩子的错，也有我们家长之过，我们没有充分的理由去责怪孩子，而是需要自我问责。

解铃还须系铃人。要有效防止并切实解决孩子责任感缺失的问题，首先需要我们家长勇于担责。我认为，孩子责任意识的觉醒，必须源于生活，始于父母，起于家庭，这就要求家长们对孩子责任感的培育必须以孩子对自己负责为起点，以对父母尽责为基点，以对家庭担责为支点，有了这样的起点、基点和支点，孩子随着心智的成熟和才干的增长，责任意识才能由小到大，由近及远，推己及人，从家到国，进而实现责任感的升华。可以肯定地说，一个对自己都不能负责、对父母都不能尽责、对家庭都不能担责的孩子，很难想象今后能成为公众和社会所信赖的“责任人”。正是基于这样的认知，我建议，家长们对孩子责任意识的唤醒和责任感的培育应当从以下三个方面做起。

第一，引导孩子学会“自求多福”。例如让孩子从小懂得自己的事情必须靠自己去做，人生的道路必须靠自己去走，优良的素质必须靠自己去修炼，美好的生活必须靠自己去创造，由此确立未来只能靠我的责任感。

第二，要启发孩子主动为父母分忧。例如让孩子从小就能体会、体谅父母创业之艰难、持家之不易，对生活不要提过高的要求且努力分担一些家庭事务，尤其要加强自身的行为规范，不让父母担心，由此确立为父母分忧必须在我的责任感。

第三，要激励孩子对家庭有所贡献。例如让孩子从小意识到，自己是家庭的重要一员，是家庭幸福的延续，应当以良好的素质和出色的表现为家庭增光添彩。同时，要让孩子认同家庭总分的概念，更要让孩子认识到自己的成长状态在家庭总分中具有最大的权重甚至是家庭团体总分高低的决定性要素，由此确立家庭幸福应当有我的责任感。

经验告诉我们，在孩子责任意识和责任感的培育问题上，这三个方面确实非常重要，但我说的是先从这三个方面做起，即不是仅此而已，而是由此出发，正所谓“先教孩子扫一隅，再谈天下为己任”。同时需要进一步认识到，孩子的自我责任意识具有鲜明的社会属性，或者说孩子对自己、父母、家庭的负责是对社会负责的具体体现，可谓小中见大，虽浅也深。只有先从这三个方面做起，孩子责任感的培育才是具体而实在的，否则将是抽象和空泛的。

四、注重习惯养成

孩子有范气自华
文明素养看习惯
品格塑造沙聚塔
习惯养成基本盘
补偏救弊未为晚
不良习惯最可怕
家长爱把优秀谈
漠视习惯皆虚夸

我们家长都期待有一个优秀的孩子，更希望自己的孩子能得到优秀的评价，因而总是用各种不同的方式鼓励孩子学会创优，敢于争优，这都是健康的心理和积极的态度，问题则是在于我们应当如何看待孩子的优秀以及怎样才能培养出一个优秀的孩子。优秀具有十分丰富的内涵和样态，需要进行综合的评价，其中，德、智、体、美、劳无疑是重要的指标，但我认为，在现实形态上，优秀首先表现为良好的习惯，优秀不仅是通过良好的习惯展示的，更是由良好的习惯所决定的。社会上有这样一种观点正得到越来越广泛的认同，那就是要让优秀成为一种习惯，如果作进一步的解读，我的看法是，优秀就是良好的习惯，或者说，没有良好的习惯也就谈不上优秀。

良好的习惯不仅是优秀的内涵和样态，更是文明的素养和标志，甚至可以确定为一个文明人的“格”或“范”。古人说“腹有诗书气自华”，其实，仅仅“腹有诗书”未必就能“气自华”，只有同时具有良好的习惯，即文明有范才能真正做到“气自华”。对于孩子来说，腹有诗书固然十分重要，但文明有范无疑更为重要，因为孩子只要具有良好的习惯进而文明有范，就一定能成为端人正士或绅士。事实上，文明社会不仅需要众多的博士，而且需要更多的绅士，同时，培育一个绅士也许比培养一个博士要困难得多。

基于以上的认知，我认为家长们应当进一步确立如下两个共识：第一，孩子文明素养的培育必须把良好习惯的养成作为重点，使之成为素质教育的“基本盘”，只有守住了这一“基本盘”，素质教育才能接地气、有人味，这也正是许多有识之士把素质教育称之为“养成教育”的重要原因。第二，孩子良好习惯的养成必须成为家庭和家长的首要任务，因为孩子的许多良好习惯首先是在家庭生活中尤其是从家长身上习得的，孩子的一些不良习惯最初也往往是由家长惯出来的，因此，让孩子养成良好的习惯，是家庭教育的职能定位，也是其区别于学校教育的重要形态特征，进一步说，家庭教育应当成为真正意义上的养成教育。

家庭和家长对孩子良好习惯的养成虽然具有多方面的职能，但就其基本要求而言至少可以概括为如下五个方面：第一是让孩子把遵守规则作为一种习惯，例如过马路不闯红灯、公共场所不大声喧哗；第二是让孩子把爱护环境作为一种习惯，例如不随地乱扔垃圾，在旅游景点不乱写乱画；第三是让孩子把崇尚礼仪作为一种习惯，例如待人不失热情谦和，说话不用粗言秽语；第四是让孩子把节俭简朴作为一种习惯，例如消费不求奢侈，餐桌上杜绝浪费；第五是让孩子把讲究卫生作为一种习惯，例如不吃有害健康的食品，不用传播病毒的物品等。所有这些看似简单，却是孩子必备的文明素养、优秀品质的显著标志，家长们千万不要小看，更不要因小而不为。

说句实在话，孩子如果没有良好的习惯，要优秀很难，反之，孩子如果从小就能养成良好的习惯，不优秀也难。我们不妨再举一个家长们也许更感兴趣的例子：在日常生活中，所有家长都非常羡慕那些学习状态好或学习成绩优异的孩子，其实，大多数学习成绩优异的孩子并不都是由于智商特别高，也不仅仅是特别刻苦，而是主要因为他们学习有方尤其是养成了良好的学习习惯。孩子良好的学习习惯虽然有诸多方面的表征，但我认为主要体现在如下三点，即专注、独立、有序。

所谓专注，就是能保持学习注意力的集中，尤其是在课堂上能瞪大眼睛、全神贯注地听讲，不仅对老师讲课的内容和要求能听得清、记得住，而且思维能跟着老师运转，情绪能随着老师起伏，这就是学习的好习惯。至于能积极举手、善于提问，有想法能主动与老师交流，那就是更好的学习习惯。

所谓独立，就是能独自完成学习任务，作业不依赖甚至不需要家长的步步紧逼、时时督查，尤其是在没有父母陪伴以及严密监控的情况下，能做到一丝不苟，保质保量，这就是学习的好习惯。至于完成了作业还能与家长谈谈学习的体会，和父母分享学习的收获，那就是更好的学习习惯。

所谓有序，就是能自主地制订学习计划，根据学习的内容，对时间作出相对合理的安排，如完成作业、课外阅读、自由活动各占多少比例，同时确定先后顺序，从而能按时学习，按时休息，这种计划性和条理性就是学习的好习惯。至于能提高时间的利用率尤其是能做到“今日事，今日毕”，那就是更好的学习习惯。

正是因为有了这样良好的学习习惯，许多学习成绩优异的孩子，在同样的压力之下不乏自如之状，在同样的紧张之中不乏轻松之感，相反，一些孩子的学习之所以成为“问题”，虽然有多种多样的原因，但主要是没有养成良好的学习习惯。事实充分证明，孩子如果没有良好的学习习惯，不管学得多么苦、多么累，不论补多少课，开多少小灶，也很难具有良好的学习状态，所以，在孩子的学习问题上，家长们不要总是忙碌于作业的精心辅导，而是要注重良好习惯的培养。孩子的学习是如此，其他方面也是如此，孩子成长中的诸多问题总体上也都可以归结于习惯的不良，由此我想再次强调，要想让孩子具有良好的学习和成长状态，必须从良好习惯的养成开始，要改变孩子的不良状态，也必须从改变不良的习惯开始。

五、守护文化健康

孩子文化重底蕴
家庭熏陶厚又深
清风劲节赖家风
正视绳行靠气正
继承遗产为滋养
去其糟粕取其精
家长守责先防疫
不让病毒再传人

我们所有家长都希望孩子能自觉地学习知识乃至追求知识，从而成为一个知识丰富的人，这显然是合理的，因为知识不仅是力量，而且能改变命运，如果作进一步的思考，就会发现，文化比知识更重要。文化与知识虽然密不可分，甚至在广义上常常作为同一的范畴加以使用，但正如科学与技术一样，两者既有紧密的联系，又存在着诸多的差别，简单地说，知识可以让人开智明理从而摆脱愚昧，文化则可以丰富人的内心从而让人走向自觉，所以，我们既要认同知识能改变命运，更要信奉文化才能决定人生。在现实生活中，一些人之所以精神空虚、迷失自我，并不仅仅是因为知识的不足，还主要因为文化的贫乏，人们也经常会把“有知识没有文化”作为人文素养的评价用语，这无疑体现了对文化重要性的认同。

就孩子的发展素质而言，文化是最为宝贵的资源，也是最为重要的实力，直接决定着孩子的气质是否硬朗，内心是否强大。这就要求我们对孩子的教育与培养不仅要注重知识的积累，更要注重文化的积淀，不仅要强调知识的鲜活，更要强调文化的底蕴，不仅要追求知识的丰富，更要追求文化的厚重，由此切实防止只重知不重文的现象。

要让孩子具有文化的积淀尤其是具有深厚的文化底蕴，家庭显然具有着特殊的功能，因为孩子的文化素养正如良好习惯一样，首先是在家庭生活中得到培育的，或者说孩子最初接受的是家庭文化的熏陶，仅仅是以“孝”为核心的伦理文化，就足以为孩子注入仁爱的文化基因。如果把孩子的文化素养比作一棵树，家庭无疑是其根脉之所在，当我们说“有什么样的家庭就会走出什么样的孩子”的时候，其意指虽然是多方面的，但也直指孩子接受了什么样的家庭文化熏陶。

家庭对孩子的文化熏陶虽然具有丰富的内涵以及多种方式，但最为重要的体现莫过于家风。所谓家风，简单地说就是家庭成员共同的价值取向以及自觉遵循的道德规范，就其本质而言，可以概括为做人与做事的准则，例如，待人有善心，做事凭良心；依靠诚实劳动创造幸福生活，谋求发展不失人格尊严；等等。这样的良好家风既具有隐性的激励功能，也具有显性的约束作用，从而能让孩子确立健康且高尚的人格风范。古往今来，在做人道德或人格风范的评价问题上，人们总是把是否有辱门风或败坏家风作为第一标准。也正是基于家风对孩子健康成长所具有的特殊功能和作用，党和政府才把良好家风纳入了社会主义核心价值体系并确立为精神文明建设的基础工程乃至战略重点。

基于家风对孩子文化熏陶所具有的特殊重要性，我们有必要对家风建设再作一些讨论。虽然说有家就有家风，有门就有门风，但家风绝不是“自然风”，更不是“借东风”，而是“人来风”，家风是靠家长们的自觉和努力营造的清新之风。家风作为家庭文化的集成，不仅需要建设，而且重在建设，在现实形态上，我认为必须把握如下两个要点：一是正，即正向性，二是朴，即质朴性。

所谓正，就是家风必须具有正能量，即对孩子如何为人以及如何处事具有正向的引导和教化作用。如果家风不正，孩子的成长很容易因“风寒”而出现病态，只有家风正，孩子才能拥有一个健康的机体。在日常生活中，一些孩子之所以出现精神不健康或亚健康的问题，常常与家风不正有关。因此，家风建设不仅要解决从无到有的问题，更为重要的则是如何祛邪扶正。

所谓朴，就是家风建设不仅要源于家庭生活，而且要融入家庭生活，从而充满家庭生活的气息，让孩子在日常生活中能够品味并消化。尽管家风也需要讲究品位，至少应当雅而不俗，但并不是说就一定要浓妆艳抹，或刻意追求高大上。玄而又玄的家风，也许很美观和动听，其实往往只具有形式的意义。家风不是用来装点门面的，而是用来强身健体的，犹如房子是用来住的，不是用来炒的一样。所以，家风建设不是“形象工程”，唯有质朴，才能风成化习。

为了让孩子得到健康的文化熏陶，从小受到文化的滋养，家长们在加强家风建设的过程中，还需要高度重视传统文化的传承。家庭的社会属性，决定了每一个家庭都是传统文化的集散地，更是传统文化传承的重要载体。

我国的传统文化是一个宝库，可谓博大精深，不仅闪耀着智慧的光芒，蕴含着巨大的能量，而且拥有着独特的魅力，所以，我们对传统文化应当有足够的敬畏并坚持文化的自信。但这种敬畏与自信不应该是盲目的，而是需要理性地选择，这就是通常所说的“取其精华、去其糟粕”。所谓糟粕，并不仅仅指某种程度上的历史局限性，还指某些方面客观存在的“病毒”。坦率地说，在我们不少家长的体内，不同程度地都带有文化上的“病毒”，只是我们很少自我检测，甚至故意“瞒报”，这就很容易使孩子们这些“密接者”受到传染，事实上，一些孩子之所以在文化上尤其在“三观”上存在不够健康甚至病态的特征，文化病毒的“人传人”显然是重要的原因之一。为了孩子的健康成长，我们家长虽然没有必要也没有可能做到“自我隔离”，但确实需要自我净化，不让这些“病毒”再传给孩子们，同时要采取更为精当和有效的措施，提高孩子的免疫力，尽可能地不让“病毒”与孩子的成长共存。所有家庭都应当是文化的防疫站，所有家长都应当是文化健康的守护人。

六、传授基本常识

孩子懂事靠明理
基本常识莫小觑
学富五车虽霸气
缺乏常识也幼稚
无心过错何其多
探本穷源少常识
家长启蒙重须知
谁言常识不如诗

我们家长都希望孩子能早点懂事，所谓懂事，其内涵虽然比较宽泛，但很重要的一点就是懂得什么事该做，什么事不该做，尤其是要懂得怎样去做以及做成什么样子。有一个懂事的孩子，家长无疑很省心、很开心，面对一个不懂事的孩子，家长确实很操心、很担心。要让孩子懂事，首先要让孩子明事理，表现为具有做事的基本认知。这虽然是一个过程，需要知识的不断积累，但在初始或起步的阶段，孩子做事的基本认知主要来自常识。

所谓常识，简单地说，就是人们在长期的社会实践中获得的并在日常生活中经常运用的知识和经验，具有大众化、生活化、实用化的特征，也许正是因为常识的特质在于“常”，所以许多人不仅把常识看得很平常，而且常常不屑一顾。其实，常识并不那么平常，因为常识是知识体系的重要组成部分，甚至可以说是科学知识在现实形态上的凝练，直接决定着人们行为方式的合理性和有效性。在现实生活中，许多人的无心过错，大多数情况下都属于常识性错误，即使是一些重大的失误，只要细细分析，就会发现并没有那么“高级”，常常是因为违背常识或有悖常理所致，通俗地讲就是“低级错误”。就教育而言，自孔子以来，人们在两千多年的实践和生活中，早已形成了许多人所共知、耳熟能详的常识，例如，闻道有先后，术业有专攻；拔苗难助长，欲速则不达；循序才能渐进，因材方可施教；等等。但这些常识似乎总是被我们有意无意地淡忘乃至遗忘。从某种意义上说，今天教育中的诸多问题也都可以归结为常识性问题，以至于我们对教育的问题进行反思的时候，并不需要那么“深刻”，也许只要重温一下基本常识，就能找到症结之所在。

常识非常重要，尤其是对于孩子的成长而言更为重要。我们几乎每天都能听到各式各样的安全性问题以及不幸的意外伤害事件，例如，因登高而坠亡，因游泳而溺水，因运动而致残，因误食而中毒，因不讲卫生而染病，因不设防而被骗，因闯红灯而丧命，等等，所有这些，都引起了全社会的高度关切，究其原因固然十分复杂，但从总体上讲，则可以归结于孩子安全和健康等基本常识的缺乏，正所谓“无知无畏”，孩子其他方面的诸多问题也都与常识的缺乏有关。

孩子们之所以缺乏基本的常识，很大程度上是因为我们对孩子的知识教育存在着重大的缺陷。长期以来，无论是学校教育还是家庭教育，只要一讲到知识或孩子的求知，总是片面强调内容的新颖性，层次的高端性，学理的深刻性，由此忽视了基本常识的重要性，似乎常识只是低端的知识，简单且通俗，难登大雅之堂，不仅习惯地称为“小常识”，而且总是那么小看。同时，在应试教育的模式下，基本常识既不是升学考试的内容，也不是素质评价的指标，因而许多家长存在着这样的心理，即孩子有没有基本的常识，既无碍大局，也无伤大雅，只要孩子考试成绩优异，努力成为“学霸”，衣食住行无论多么无序，安危利害无论多么无知，都可以宽容，其结果必然导致孩子素质的缺陷，所谓“高分低能”也正是其现实的表现之一。

以上分析表明，常识包括生活常识，是孩子“应知应会”的范畴，是孩子人生发展的“须知”，因此，孩子的常识教育应当纳入素质培育的体系，尤其必须确立为孩子启蒙教育的重要内容。今天的家长们都十分重视孩子的启蒙教育，这是非常可喜的，但不必片面地强调要学多少“数”，也不用过热地追求背多少诗，而是要在适度学“数”和背诗的同时，尽可能让孩子多掌握一些基本的常识，因为就孩子的生存素质和生活能力而言，常识也许比“数”和诗更重要。

基于孩子常识教育的重要性，我认为，各级各类学校在推进素质教育的过程中，需要进一步重视基本常识的普及，不仅要进校园、入体系，而且要进课堂、入课程。但常识的普及仅仅靠学校是不够的，家庭必须发挥主体性功能，因为孩子的许多基本常识只有在家庭生活中才能获得并具有真切的体验，离开了家庭的日常生活，所谓的常识也就失去了“常”的意义，或者说，不再具有内容上的现实性，功能上的实用性。其实，就孩子系统的知识教育而言，我们家长虽然可以也应当发挥辅助性功能，但这种辅助功能是有限的，即使是接受过高等教育甚至是某一领域的专家、学者，也很难在孩子的课程性、学科性知识教育中显示优势，相反，对孩子进行基本常识尤其是生活常识的教育不仅人人可为，而且大可作为，所以，家长们要扬常识教育之长，避课程和学科教育之短。

最后需要强调的是，对孩子进行常识教育不仅是家长的主要职能，更是重要的责任。我们在前面的讨论中提到，孩子在成长的过程中，存在着诸多健康性、安全性问题，由此强化了家长们的监护和保护责任，以至于相关的法律都作出了明确的规定，但我认为，对孩子最为积极主动且最为行之有效的监护和保护莫过于加强孩子的常识教育，让孩子学会自我保护。只有孩子真正懂得如何自我保护，其成长才能安然无恙，家长也才能高枕无忧。

七、教会端正饭碗

孩子生存道千万
举要删芜一只碗
世间饭局何其乱
唯有干净才坦然
嗟来之食肚子疼
秀色可餐情难堪
家长以身作垂范
端人守正心自安

我们家长都希望孩子今后不仅能懂得生存之道，而且能自谋生存之道。在一个个性解放的时代，生存之道有着无限广阔的自主选择空间，正是由于生存的各行其道，人生才是那么的丰富多彩，社会也才是那么的千姿百态。虽然说每一个个体的生存之道没有统一的模式，但生存的社会属性，使其同样具有价值的判断和规范的遵循，集中体现为一个“正”字，即生存有道，其道在正，所以，当我们说孩子们必须从小学会生存的时候，首先强调的是如何学会走生存的正道，即学会守正生存。

关于守正，我们已从不同的角度进行过讨论，但基于守正的极端重要性，我们仍然需要再作解读和拓展。所谓守正，既是一种外在的形象，更是一种内在的品质，是形之正与品之正的有机统一，“形正”需要塑造，“品正”需要培育，因此，孩子的生存教育也可以理解为守正的教育。“正”是孩子的安身立命之本，对孩子的守正教育也就是为孩子的生存与发展“正本”，犹如栽树，如果根不正，不管躯干多么粗壮，枝叶多么繁茂，也必定是歪斜的，所以，在孩子的生存素质培育中，知识与能力固然重要，但千万不能因此而忘记正其根本，否则就是舍本逐末。

孩子的守正教育具有非常丰富的内涵，道德伦理、人文修养、价值观念、行为规范等等，都属于守正教育的范畴。但在现实形态上，我认为需要突出这样一个重点，即如何引导孩子懂得和学会选择正当的职业。所谓正当的职业，说起来很复杂，如果化繁为简，举要删芜，则可以归纳出两个基本的标准：一是有益性，即不论选择何种职业，都必须对社会和公众有益；二是诚实性，即不论以何种方式致富，都必须依靠诚实的劳动，这两个方面的统一，就是让孩子能吃一碗干净的饭。放眼大千世界，有着林林总总的“饭局”，环视芸芸众生，也有着形形色色的“吃法”，问题则是在于，“饭”是否干净，“吃”是否心安，孩子们今后若能选择正当的职业，或者说靠诚实劳动吃饭，即使食不兼肉，也能食之有味乃至“食喜则补”，同时，孩子的饭碗也会因端得正而端得牢，家长们根本不用担心，更不用为此寝食不安。相反，如果靠歪门邪道、巧取豪夺，尤其是靠出卖脸蛋和色相吃饭，纵然食前方丈，也是嗟来之食，吃了不仅会“肚子疼”，其情更是难堪。所以，家长们对孩子的守正教育，不必那么高谈阔论，只要教育孩子把饭碗端正，就足以寝食可安。

孩子是在家庭中学会吃饭的，也是从家庭中学会端碗的，因此，孩子是否懂得吃干净的饭，能否把饭碗端正，首先取决于家庭的教育。饭碗虽小却装着人生的大格局，或者说，小饭碗藏着大乾坤，家长们千万不能小看孩子“端碗”的教育。那么，家长们靠什么对孩子进行“端碗”的教育呢？我认为主要靠两条，一是正气，二是正身，具体地说，就是必须坚持“三不”原则。

第一是贫困不失志气。在现实生活中，不同家庭的生存和生活状态客观上存在着诸多的差异，总有一些家庭处于相对贫困的境地，需要并接受政府和社会的关心和帮扶，这是完全正常的，只是不能因此而丧失志气，虽然未必都要达到“穷且益坚，不坠青云之志”的境界，但也确实要做到“人穷志不穷”，只有不丧失斗志，穷则思变，才能从根本上改变贫困的状况。

正由于此，整个社会都强化了这样的共识，即扶贫不仅要扶智，更要扶志。其实，志也不是靠别人能扶得起来的，而是要靠自己立起来的，如果能把他人的扶志变成自我的立志，孩子在贫困中才能学会坚强和自强，才能具有靠自己去改变乃至优化生存与生活状态的勇气和能量。

第二是富贵不失德性。在现实生活中，每个人都在不同程度上有着对财富、名誉、官位的欲望，这无可厚非，关键是需要取之有道。所谓“有道”，就是堂堂正正，既表现为途径的正当性，也体现为所得的道德性，如果缺少德性，或取财不义，或欺世盗名，或跑官买官，纵然财可敌国，名满天下，官势显赫，皆属德不配位，孩子必受其殃。一个简单的道理就是，用昧心钱堆不出孩子的良心，靠厚黑学更培养不出正气的孩子。

第三是求人不失自尊。在现实生活中，任何人都不是孤立的存在，寻求合作、同舟共济，寻求支持、抱团取暖，不仅是社会属性的具体体现，也是社会和谐的重要特征，因此，“求人”是一种正常的社会现象。同时，在优质资源不够丰富，共享机制不够公平的环境下，为了生存尤其是为了孩子到处求人实属无奈，需要理解，一味地强调求人不如求己未免过于绝对，只是求人不要强求，更不要失态，必须守住人格尊严的底线，只有守住这一底线，才不会给孩子造成心理阴影，也才能有效防止孩子人格扭曲；如果总是点头哈腰，低声下气，必然会给孩子带来屈辱感。一个求人有术的家长，也许会得到孩子一时的欣赏，但一个善于维护自尊的家长则会受到孩子永远的尊敬。

八、开设劳动课程

孩子素质平地起
夯基垒台劳动始
勤快四肢学做事
健体强志又益智
品出五谷汗香味
养德美容情更怡
家长教程手写题
细落烧煮扫与洗

我们家长都希望孩子的成长与发展不仅要有厚实的基础，更要有高位的平台，但基础之实重在“夯”，平台之高重在“垒”，所以，孩子的素质培育也就是“夯基垒台”的工程。为孩子“夯基垒台”，虽然需要整体性的内容设计和协同性的策略选择，但就其实践的起点而言，则是劳动的体验，即孩子素质的“夯基垒台”应当从劳动开始。

伴随着素质教育理念的更新以及实践的丰富，劳动对于孩子成长与发展所具有的重要价值和意义日益得到社会的广泛认同和高度重视，不仅被纳入了人才培养的体系，而且与德、智、体、美一样，被确立为素质教育的核心内容和评价指标。虽然在表述上，“劳”是与德、智、体、美并列，但就其本质而言，“劳”是所有素质的基础或载体，具体地说，劳动不仅能让孩子养德、益智、健体，而且能让孩子学会审美、陶冶情操，正是在这个意义上说，劳动不仅创造了人，更是对人进行了再创造。所以，不能将劳动仅仅理解为素质教育的拓展或附加，更不能误解为可有可无的选项，而是要当作孩子的德之根、智之源、体之基、美之本，由此使劳动真正成为孩子人生的必修课。

跟踪素质教育的进程，我们欣喜地看到，各级各类学校都在努力采取多种有效的方式为孩子们开设劳动课，但同时必须承认，学校开设的劳动课以及劳动教育在客观上具有一定的局限性，例如，劳动的内容、方式和场地的选择，尤其是劳动时间的安排都受到条件和环境的约束，因而要做到制度化和常态化确实有诸多的困难。相比之下，家庭则具有独特的优势，集中体现在孩子的劳动寓于日常生活之中，例如，刷刷筷子洗洗碗，清清垃圾扫扫地，或是独自整理自己的房间，或是在父母的指导下，学会煮一碗面条，烧一盘菜肴，等等，所有这些，不仅是孩子学会劳动的开始，也是劳动的最初体验。正是这样的独特优势，使家庭成了孩子劳动的第一课堂，也使家长很自然地成了孩子劳动教育的第一主体。为此我建议，基于协同和诚信的原则，学校在加强劳动教育的同时，可以也应当把家庭作为重要的依托，即把有些劳动课程开设在家庭，由家长们对孩子的劳动内容和方式进行自主的安排和选择，并对其表现进行实时的记录，以此作为学校综合评定孩子劳动课程成绩的主要依据。这样做，绝不是把责任和负担转嫁给家庭，而是旨在发挥家庭的优势，相对于把作业辅导和批改的任务交给家长而言，强化家庭劳动教育的职能，显然更为明智和合理。

家庭开设劳动课程，并不仅仅是为了训练孩子的生存技能，更为重要的意义在于培育孩子的人文素养，突出地表现在以下三个方面。

第一是对劳动价值的认同。劳动是人的神圣权利，其价值虽然可以从不同的角度去概括，但集中到一点，就是劳动的创造性，即劳动创造人，劳动创造财富，劳动创造生活，这可以称之为劳动价值的三大定位。当我们说幸福都是奋斗出来的时候，正是对劳动创造价值的颂扬。所以，只有对孩子进行劳动教育，让孩子具有劳动的体验，才能让孩子自觉地认同并牢固地确立这样的劳动价值观。伴随着社会的发展，劳动的方式虽然已经发生并正在发生许多重大的变化，但劳动的创造价值绝不会因此而改变。作为家长，应当让孩子懂得，社会制度不论多么优越，绝不会让人不劳而获，科学技术不论多么先进，天上绝不会掉下馅饼，虚拟经济不论多么繁荣，绝不可能无中生有，人们的创意不论多么奇妙，物质财富以及美好的生活仍然要靠实实在在的劳动去创造。由此我认为，为孩子开设劳动课程，对孩子进行劳动教育，尤其是让孩子们确立马克思主义的劳动价值观，具有深远的意义。

第二是对劳动成果的珍惜。今天的孩子们都尽情地享用着劳动的果实，但往往不懂得珍惜，其重要原因之一就是不知道这些果实从何而来，更不知道来之不易。之所以不知，主要又是因为缺乏劳动的经历和体验。一个从来没有下过厨房的孩子，很难体会到妈妈一日做三餐的辛苦，不仅总是有那么多的不满意，而且对餐桌上的浪费满不在乎。诚然，我们许多家长都会用“谁知盘中餐，粒粒皆辛苦”去教育孩子，但没有见过“锄禾日当午”的景象，就算知道“粒粒皆辛苦”，那也是抽象的，如果没有“汗滴禾下土”的经历，更不可能对“粒粒皆辛苦”有真切的体悟。所以，我们要让孩子真正懂得珍惜劳动成果，最有效的办法就是让孩子学会劳动。只要细心地观察就会发现，孩子学做一道菜，总是充满成就感并希望得到父母的欣赏，尤其是把“光盘”看作是最高的奖赏；孩子自己打扫干净或精心布置的环境，也总是希望父母能与自己一起去维护；孩子靠自己打工挣来的零花钱，更不会随意地去“打赏”。所有这些都给了我们深刻的启示：只有让孩子知道劳动的辛苦，才能让孩子真正懂得对劳动成果的珍惜，只有让孩子具有劳动的真切体验，也才能具有崇尚节俭的美德。

第三是对劳动者的尊重。我相信，绝大多数家长都会教育孩子对劳动人民尤其是普通的劳动者要有真挚的情感乃至感恩之心，但这种情感并不是凭空产生的。只有热爱劳动的人，才能做到与劳动人民心灵上的零距离。孩子只有经常参加劳动并把自己也当作劳动者的时候，才能从内心深处对劳动者充满敬意，由此对天亮之前就低头清扫的环卫工人，心中能道一声早安并不忍心乱扔垃圾，在公交车或地铁上，面对满脸灰尘，神情疲惫的农民工，能给一个微笑并主动让座，所以，要让孩子对劳动者具有真情实感，其关键是要让孩子成为一个热爱劳动的人。伴随着价值文化的返璞归真，整个社会越来越尊重普通劳动者的地位，也越来越注重对基层一线劳动者的宣传，这对孩子如何学会尊重劳动者无疑具有积极的引导作用，家长们要乘势而上，顺势而为，进而把情感的认同转化为价值的引领，旨在让孩子明白：要做红色的接班人，首先要做普通的劳动者，或者说，红色的接班人，就是普通的劳动者。同时我认为，培育孩子对劳动人民的情感，让孩子保持劳动人民的本色，才是真正给孩子注入红色基因。

九、强化生活体验

孩子生活重在品
体验方知意味深
酸甜苦辣健康色
风霜雨雪敢逆行
穷养富养难定论
平平淡淡才是真
家长诗情向下沉
不学仙鹤上浮云

我们家长不仅希望孩子今后能有声有色地工作，有情有义地交往，而且能有滋有味地生活。从人本的角度看，孩子们努力工作、学会交往乃至一切奋斗都是为了能够有滋有味地生活。所谓生活的有滋有味，看似一种主观或心理的感受，其实是客观的存在或者说具有真实的内容。例如，以个性与自由为特征的多彩生活姿态，以绿色与低碳为理念的文明生活方式，以精神与文化为硬核的高雅生活品质等，所以，多彩多姿、文明健康、高雅脱俗，构成了生活的真滋真味，孩子们今后的生活倘若能有这样的“滋”和“味”，就足以让我们家长感到由衷的欣慰。

孩子们今后能不能有滋有味地生活，创造能力无疑是关键，但有没有生活的“味觉”同样重要。所谓生活的“味觉”，我认为就是对生活内涵，尤其是生活意义的正确理解，从而形成积极健康的生活态度，这样的“味觉”显然不是生理现象，也不属于生物学的范畴，而是文化的现象和社会学的范畴，即是说，孩子的生活“味觉”不可能自然地形成，而是来自对生活滋味的品尝，即生活体验。问题是，孩子应当在何处进行体验，又应当获得什么样的体验，这首先需要家庭尤其是家长们去回答。

之所以首先是家庭和家长，因为孩子从小生活在家庭。家庭是孩子现实的生活环境，也是孩子天然的生活体验场所，其滋味最为真实，孩子的体验也最为真切，例如，生活在贫困家庭的孩子，品尝的是生活之艰辛，生活在普通家庭的孩子，体验的是生活之平实。尽管家庭生活的质量和样态千差万别，不同家庭的孩子获得的生活体验也各不相同，但有一点则是共同的，就是能从家庭生活中品尝到“真滋味”，所以，孩子对生活的体验以及生活滋味的品尝不能脱离家庭的日常生活。

家庭要让孩子品尝生活的真味，就是要让孩子品尝酸甜苦辣之味。我们不主张家长们把家庭生活的这一团乱麻过早地扔给孩子，更不赞赏让孩子过早地去解那永远解不开也解不完的生活疙瘩，但生活的五味杂陈则完全应当让孩子有所品尝，尤其是在齐声高唱“我们的生活比蜜甜”的时候，更应当让孩子品尝一点生活的苦味。说到“苦”，我再次表达这样的观点：时代不同了，孩子不可能再回到我们曾经度过的艰苦岁月，因而没有必要刻意地给孩子“找苦吃”，更不允许让今天的孩子们“吃二遍苦”，这就需要我们对甜与苦作出新的解读，形成新的认知，概括地说，就是既不要让孩子在蜜罐里养大，也不要让孩子在苦水中泡大，而是要让孩子在平淡中长大，正所谓“平平淡淡才是真”。由此我联想到关于孩子“富养”和“穷养”的讨论，这一讨论显然有着非常积极的意义，只是应当看到，在一个日益走向高水平的小康社会，“富”与“穷”的概念越来越具有相对性，因而什么是“富养”和“穷养”也很难作出具体的界定。我的基本看法是：孩子需要“淡养”，或者说，“富养”也好，“穷养”也罢，都应当归于“淡养”，只要不让孩子被娇生惯养就行。

让孩子品尝生活的真味，无疑是最好的生活教育。伴随着教育价值的人本回归，生活教育越来越受到社会的关注和公众的重视，由此成为孩子素质教育的重要内容乃至课程，但生活教育的真谛绝不是教会孩子如何享受生活，而是让孩子在生活的体验中理解生活，在生活滋味的品尝中感悟生活，在应对生活的挑战中学会生活进而能独立地创造生活。离开了真实的生活体验和生活真味的品尝，就谈不上真正的生活教育。

回看日常的生活教育，我们许多家长虽然也注重孩子生活理念和价值的引领，也要求孩子能具有积极的生活态度并懂得珍惜生活，但重心往往偏向于孩子未来生活的美好畅想，热衷于为孩子编织未来生活的美丽花环，尤其是鼓励孩子追求生活方式的潇洒，生活质量的精致，似乎很少有这样的思考乃至忧虑：面对生活的时艰，孩子又将如何生活？这与其说是远虑深思，不如说是现实考问，以至于我们不得不再次把 2019 年 12 以来的疫情作为讨论的严肃话题。突如其来的疫情，不仅打乱了人们的生活节奏，改变了人们的生活常态，而且让人们经受了一次严酷的生活考验，接受了一次冷峻的生活教育，对于孩子们来说，则是上了一堂学费虽然昂贵但影响却是非常深刻的生活课。在惊魂稍定之后，我们家长有没有想过，孩子的生活道路漫长，突如其来的这情那情难以预料，如何才能让孩子从小就具有面对现实的勇气和应对困难的能力，从而始终能够成为生活的强者？我们切不可把“车到山前必有路，船到桥头自然直”当作信条，也不可有风雨过后就永远是彩虹的盲目自信，而是要居安思危，未雨绸缪。其实，真正的生活教育并不是仅仅为了告诉孩子如何让生活锦上添花，秀上增色，也旨在教会孩子如何雪中找炭，寒中取暖，真正做到春夏秋冬都能生活，风霜雪雨都敢逆行。为此，我向家长们建议，对孩子生活教育的重心需要“向下沉”，而不是“往上浮”，即是说，要自觉强化竹子咬青山，扎根破岩中的现实精神，而不刻意追求仙鹤排云上，诗情到碧霄的浪漫意境。

十、指导理性花钱

孩子财商新概念
教育岂能不谈钱
十角成元蜂采蜜
视若粪土多偏见
一分支出汗与血
随意打赏缺心眼
家长只做取款机
崽卖爷田莫要怨

我们所有靠劳动吃饭的家长，无不希望孩子能够理性地消费，不乱花钱，懂得如何珍惜父母的血汗钱。这就提出了一个重大的问题，即孩子的素质教育，不仅要“谈情说爱”，也需要谈钱论财。长期的理论思考和经验总结使我形成了这样的一个基本观点：不与孩子谈钱或故意回避谈钱的素质教育，无疑缺少生活的气息，也很难真正接地气，因而是不完整的，或者说是不现实的。

家长们要与孩子谈钱，先要解决自己如何不花“冤枉钱”的问题。伴随着社会的发展和教育环境的变化，孩子生活与学习的必要支出，即教育经济学所说的培养成本有所提高是完全正常的，至于是否合理，受到多种因素的制约，但有些不合理的支出则是由于我们家长的情绪冲动所产生的，或者说是理性不足所导致的，其中，为孩子过度的课外辅导尤其是为过滥的拓展培训而支付昂贵的费用就是典型的例子。因此，家长们不要总是感叹今天的孩子“养不起”，也不要总是把孩子看作是“两脚吞金兽”和“永动碎钞机”，家长花冤枉钱的责任不在孩子。

在明确了花冤枉钱的责任以后，我们再来讨论家长与孩子谈钱的重要性。之所以重要是因为孩子不会花钱乃至乱花钱的现象不仅普遍存在，而且在少数孩子身上特别严重，例如，为满足虚荣心而挥金如土，尤其是挡不住“网红”和明星的诱惑而慷慨打赏等失控行为，实在让家长们焦虑乃至恐慌。如果对这种乱花钱的行为不能给予足够的重视并采取有效的措施加以矫正和约束，将直接导致孩子生存素质乃至文明素养的缺陷，换个角度说,孩子的乱花钱犹如蚁穴和管涌,最容易毁掉素质教育的长堤。面对一些孩子乱花钱的现象，我们许多家长不乏抱怨和指责之声，其实，正如花冤枉钱的责任不在孩子一样，孩子乱花钱的责任也不在孩子，我们家长需要自我反思乃至自我问责，其主要理由就是，在日常生活中，我们许多家长只知道如何去满足孩子花钱的需求，而往往忽视了对孩子如何花钱的正确引导。显然，该是家长们高度重视且理直气壮地与孩子谈谈钱的时候了。

与孩子谈钱，其重心并不在于谈论钱的多少，而是在于让孩子知道，钱是劳动的成果、汗水的结晶，对父母的每一分血汗钱都应当倍加珍惜，同时更要让孩子懂得，钱并不仅仅是抽象的社会财富，而是代表着真实的社会关系。父母所给的每一分钱都包含着真挚的情感，所以，孩子花父母的钱虽然说是天经地义，但对父母的辛勤劳动应当充满敬畏之意，对父母的无私付出更应当怀有感恩之心。从艰苦岁月中走来，尤其是在贫困家庭中长大的我们这一代家长，几乎都有着这样的深刻记忆，就是父母用粗糙的双手把面额不同的钱币折叠得整整齐齐递给我们，或摸遍口袋把所有的零钱都掏给我们的时候，我们接过来的绝不是轻飘飘的那张纸，而是沉甸甸的那份情，这样的情与景不仅伴随着我们的成长，而且培育了我们的孝心，更为重要的是让我们懂得了什么是生活以及如何生活。

现在的环境与过去不同了，家长们对待钱的态度也发生了很大的变化，尤其是一些新生代的家长，很容易摆出“不差钱”的样子，更为突出的是个别家长对钱不屑一顾，以至于常常把“钱是身外之物”当作口头禅，甚至把“视金钱如粪土”作为人生顿悟的标志。这看似清高、潇洒，其实并不真实，大多数情况下都属于口是心非、自欺欺人，如果仅仅是欺骗自己，让自己心理上得到某种安慰倒也罢了，严重的是很容易让孩子上当受骗。一些孩子之所以花钱随心所欲，如同玩数字游戏，就是因为不把钱当钱，怎么花都无所谓，说到底就是对钱缺乏正确的认知，其中就包括了一些家长的误导。

家长们与孩子谈钱，绝不是小气、俗气或功利，更不是为了甘当所谓的守财奴，而是旨在培育孩子的财商进而完善孩子的生存与生活的素质。伴随着素质教育认识与实践的不断深化，孩子们的财商问题越来越受到重视，但孩子在走入社会或踏进职场之前的财商培养绝不在于如何生财有道，挣钱有门，而主要在于如何形成正确的财富观，如何理性地花钱。

让孩子学会理性地花钱是素质教育的重要课程，更是家庭教育的重要任务，为此我从实践层面向家长们提出如下三点建议。

第一是与孩子一起进行花钱的需求论证。所谓论证，就是对孩子的花钱需求进行必要性、合理性的分析，这是家庭内部的经济民主。花钱也是孩子的基本需求，随着年龄的增长，这种需求会越来越强烈，尤其是在攀比心理的驱使下，在追求时尚的潮流中，个别孩子会不断提出不合理的花钱需求，由此使家长们常常处于两难的境地。破解这一难题的有效办法就是通过需求的论证形成共识，并增进相互理解。重视需求论证，才能让孩子懂得，花钱是需要正当理由的。

第二是与孩子一起进行花钱的预算编制。所谓预算，就是为了满足孩子合理需求而确定的支出范围以及总量，这是家庭内部的经济计划。由于每一个家庭的经济状况存在差异，预算的松与紧也具有相对性，但绝不能没有预算。如果家长没有预算的编制和控制，总是把钱袋向孩子敞开，或者把信用支付的密码毫无保留地告诉孩子，那么，需求的合理性论证也就失去了实际的意义。进一步说，如果家长只是孩子的自动取款机，那么，要防止孩子“烧钱”几乎是没有可能的。重视预算编制，才能让孩子懂得，花钱是需要精打细算的。

第三是与孩子一起进行花钱的效果评估。所谓评估，就是对孩子花钱的行为和方式进行点评，这是家庭内部的经济审计。如果孩子的需求是合理的，预算也是适度的，家长就应当赋予孩子自由的使用权，让孩子自主安排，这无疑有利于孩子独立能力的培养，但并不意味着家长们因此就可以放弃过程的监督和必要的指导，其目的就是让孩子把钱花在该花的地方，不仅杜绝浪费而且努力提高效益，由此让孩子真正学会如何花钱。如果孩子的花钱总是随心所欲，杂乱无章，那么，家庭预算无论多么精细也形同虚设。重视效果评估，才能让孩子懂得，花钱是需要遵循规范的。

第六章

有位有为定准位

家长名实相符的十重角色

科学育人讲站位
家长作为先定位
职能履行找准位
角色扮演防错位
循名责实守本位
与时俱进上新位
一体多位皆主位
德才配位居首位

在孩子教育与培养的问题上，家长们无不具有强烈的成功欲望并由此体现出积极进取、主动作为的精神。但能不能有所作为，积极的态度和主动的精神固然十分重要，但有没有正确的认知尤其是准确的定位无疑同样重要甚至更为重要，因为具有正确的认知，才能防止实践的盲目和行为的失范，只有准确的定位，才能防止重心的偏移和能量的耗散。如果认知不正确、定位不准确，主动作为很可能变成任性作为甚至恣意妄为。现实生活中大量的例子以及正反两个方面的经验教训都充分证明，乱作为比无所为更有害，或者说，折腾比躺平更可怕。由此我认为，在孩子教育与培养的问题上，家长们不要机械地引用或套用“有为才能有位”的说法，而是要先定位再作为。

所谓定位，从总体上讲就是家长要站好自己的位置、摆正自己的位置，具体体现在目标、职能、角色三个方面，我把这三个方面称之为家长在孩子教育与培养上的三大定位。这三大定位是一个有机的整体，不仅紧密相连，而且有着内在的逻辑，即目标定位决定了职能的定位，职能定位决定了角色的定位，或者说，孩子培养确立什么样的目标定位，家长就必须履行什么样的职能，家长履行什么样的职能也就扮演着什么样的角色，这样的内在逻辑同样是教育的客观规律，遵循这样的内在逻辑也同样是对教育科学的尊重以及规范的信守。就目标与职能而言，其总体要求就是以孩子的综合素质尤其是人格修养的培育为站位和本位，由此把正方向、聚焦主业、种好责任田。这样的站位和本位，我们已经从不同的角度进行了解读和阐述，本章就角色定位问题与家长们再作交流与讨论。

在孩子的教育与培养问题上，家长的角色定位确实非常重要，因为家长的角色扮演直接制约着职能履行的有效性乃至目标实现的可能性，在现实形态上则决定着与孩子关系的顺畅性。在日常的家庭教育中，我们不少家长都不同程度地感到与孩子的关系总是不那么顺畅，甚至思想的沟通与情感的交流也总是那么的困难，其重要原因之一我认为就是孩子对家长所扮演的角色缺乏应有的认同。例如，我们有的家长在孩子面前习惯于扮演发号施令的领导者、越俎代庖的决策者、吹毛求疵的批评者角色，这三种角色都隐含着家长们的专制偏好，因而可以称之为“权力垄断者”的角色；再例如，我们有的家长热衷于扮演课外作业的布置者、学习成绩的攀比者、玩命奔跑的催促者角色，这三种角色都体现了家长们的应试情结，因而也可以称之为“压力传递者”的角色。以上的角色无疑是老化或陈旧的，很难让生活在新时代的孩子们有所认同，犹如一张旧船票登不上孩子的新客船，强行登船，只能导致孩子们的逆反。由此我们可以得出一个基本的结论，即家长与孩子的关系之所以不那么顺畅，不是因为孩子们在故意设置障碍，而是由于家长们的角色错位，这也进一步提醒我们所有家长，要建立起与孩子顺畅的关系，就必须找准角色的定位，同时要注重角色的矫正。都说名正才言顺，正名以责实，运用于孩子的教育与培养，所谓名之正，也就是角色之正。

孩子对家长的角色认同是家庭教育能否取得成功的关键因素之一。遗憾的是，如此重要的成功因素常常被我们一些家长所忽略，表现为仅仅满足于孩子对“爹是爹来娘是娘”的身份认同以及天下父母心的情感认同，似乎爹娘的身份和父母之心就足以让孩子顺从，其实不然。爹娘的身份决定了对孩子的教育是应尽的本分，父母之心也决定了对孩子的培养必须精心，但从严格的意义上说这并不属于教育与培养的范畴，因为爹娘的身份与父母之心是由血缘或亲情伦理所决定的，不是由教育派生出来的。真正能体现教育内涵与本质、精神与价值的是角色，简单地说就是爹娘以什么样的姿态站在孩子的面前，用什么样的方式表达父母之心，这才是孩子人本化以及成长性的需求，也是同为爹娘且具有同样的父母之心而孩子们的欢迎、亲近以及信任程度却大不相同的原因所在。所以，家长们不要以为凭着爹娘的身份就可以名正言顺地教育孩子，或只要捧出父母之心就能让孩子心悦诚服，如果家长们的角色定位不准或角色扮演不正，要想得到孩子的认同进而建立起顺畅的关系与其说是困难的，不如说是根本没有可能的。

正是基于教育角色的重要性，家长们不仅要有自觉的角色意识，而且要找准角色的定位，不仅要学会角色的扮演，而且要注重角色的更新，但更为重要的则是必须不断地自我完善与角色相适应的素质，提升角色扮演的能力。只有德才配位，才能名实相符，这也正是孩子教育与培养上家长最精准的定位。

既然教育的角色如此重要，那么，家长们应当如何进行角色的定位或扮演哪些角色呢？其依据在于职能。由于家长在孩子教育与培养上的职能是多元的，因而其角色的扮演也不是单一的，而是多重的，同时基于对家长与孩子新型关系以及素质教育的解读，我认为，家长们至少要扮演如下十种角色：一、做孩子的人生向导；二、做孩子的知心朋友；三、做孩子的学习伙伴；四、做孩子的热情观众；五、做孩子的点评专家；六、做孩子的贴身参谋；七、做孩子的精神支柱；八、做孩子的磨刀之石；九、做孩子的登天之梯；十、做孩子的保健医生。

一、做孩子的人生向导

孩子人生路遥遥
家长抬眼心昭昭
山重水复难预料
不画线圈画坐标
柳暗花明靠双脚
把正方位胜领跑
踏平坎坷成大道
导师原来是向导

从孩子出生的那一刻起，家长们就肩负了“教”的责任，具有了“教”的职能，由此使家长们天然地扮演着老师的角色，即孩子开口说的第一句话，学走的第一步路，认识的第一个字，背诵的第一首诗等都是由家长们教会的；同时，家长们在日常生活中，教会了孩子直观地辨别什么是对，什么是错，什么是美，什么是丑，正由于此，家长们才被称作是孩子的“第一位老师”。

在孩子的教育与培养问题上，家长们的责任和职能虽然具有多种“第一”的定位，但作为孩子的第一位老师，其第一责任和职能就是要给孩子上好人生的第一课，即为孩子扣好人生的第一粒扣子，为孩子的人生之塔铺垫第一块砖，为孩子的人生之树厚培第一锹土，为孩子的人生之路点亮第一盏灯，也正是在这个意义上，家长们也常常被称作是孩子的人生导师。当然，家长们要做孩子的人生导师并不那么容易，事实上也没有多少人能真正称得上是孩子的人生导师，因而不必刻意追求，但必须努力给孩子上好这人生的第一课，因为孩子人生的第一课上得好不好，不仅关乎着孩子有没有良好的人生开局，也关系到孩子未来能不能有宏大的人生格局。因此，家长们要把上好孩子人生的第一课作为人才培养的大教程、家庭教育的大教义，同时要把有没有高度重视、能不能上好孩子人生第一课作为衡量“第一位老师”是否称职的核心标准。

在日常的家庭教育中，孩子人生的第一课往往被一些家长所忽视，其突出的表现就是把强化孩子的知识学习，追求孩子的考试分数放在了第一位置，把监督孩子的家庭作业，增加孩子的课外辅导确立为第一要务，这样的“第一”无疑是家长们作为孩子第一位老师在职能上的错位，其结果就是在孩子的培养问题上，抓了“小”，放了“大”，逐了“末”，舍了“本”，虽然顾及了眼前而获得了近利，却忘记了未来而失去了长效，正所谓“捡了芝麻，丢了西瓜”，算总账是划不来的。也许有些家长对这样的说法不以为然，甚至不予认同，但只要看看现实生活中那么多的家长因孩子的误入歧途而如此的苦恼、懊悔、自责，就不会认为这是危言耸听的了。事实上，一些孩子之所以出现不同程度的“三观”问题，并不是因为家长没有给孩子上课，而是由于家长没有高度重视给孩子上人生课或者没有把孩子的人生第一课上好，这不能不说是“第一位老师”的失职。

家长们要给孩子上好人生课，绝不意味着要给孩子的人生发展设定具体的目标以及画出具体的路线图，这是因为孩子的人生之路既漫长，又遥远，正所谓“路漫漫其修远兮”，同时，未来的社会环境将会发生何种变化，孩子的人生发展又会面临哪些机遇和挑战都难以预料。在孩子人生的道路上，“山重水复”的景象时常会出现，能不能“柳暗花明”，要靠孩子用自己的双脚去走和蹚。家长们尽管都有着丰富的人生阅历和深刻的人生体悟，但不可能像北斗导航系统那样具有准确的定位功能，因而也不可能给孩子预先设定要达到的人生目的地以及基于“高速优先”的原则，为孩子的人生发展选择最近的路线，更不可能精准地预告孩子人生的每一个路段需要多少时长，如何避开拥堵或障碍并及时提醒孩子在人生的十字路口如何拐弯，这决定了家长们既不必刻意扮演孩子人生导师的角色，也不要刻意追求孩子“人生发展设计师”的称号。

不刻意扮演孩子人生发展的导师和设计师角色，那么，家长们究竟应当扮演什么角色呢？我的建议就是做孩子人生发展的向导。所谓向导，就是给孩子的人生发展作出方向性的引导和正向的指导，旨在让孩子具有人生发展的方向感。具体地说，第一是引导孩子确立远大的人生志向；第二是指导孩子选择健康的人生价值取向；第三是激励孩子保持积极的人生发展趋向。对于孩子们来说，只要有正确的方向感，在人生发展的道路上不论遇到什么样的挫折，都不会迷失方向，犹如向日葵那样，总是向着太阳微笑和开放。同时，孩子一旦具有了正确的方向感，也就有了内在的正向能量，并能自我正向释放。所以，在孩子人生发展的问题上，家长们的关注点乃至聚焦点是如何牢牢把握正确的方向，给孩子的人生发展画出坐标，而不是画线画圈。只画坐标不画圈，家长才是高明的向导，也是孩子所需要的好向导。

孩子人生发展向导的角色，有着很高的素质要求，其中，人生的智慧固然十分重要，但更为重要的则是要有良好的人生修养，表现为严肃与积极的人生态度以及务实与进取的人生样态。如果家长们总是游戏人生，或者时常发出人生如寄、人生如梦的哀叹和悲鸣，都是对孩子人生发展的误导，由此需要进一步强调，家长们要成为孩子人生发展的好向导，首先应当有人生的好姿态，从某种意义上说，家长的人生姿态就是孩子的人生坐标。

二、做孩子的知心朋友

孩子心随情感走
健康正态看交流
心灵距离如鸿沟
沉默寡言更堪忧
相知画出同心圆
信任胜过蜜调油
若要心门自动开
家长先做好朋友

在家庭教育的诸多成功要素中，我认为家长与孩子的心门双开即彼此都能顺畅地走进对方心灵世界无疑是最为重要的。关于家长如何向孩子敞开心门，让孩子进入自己的内心世界，我们在第三章进行过初步的交流，但相对困难的问题则是我们家长如何才能叩开孩子的心灵大门，走进孩子的心灵世界，为此，我们有必要再作讨论。

在家庭教育中有一种常见的现象，就是我们做家长的无不对孩子怀有一颗诚心，捧着一颗真心，但这种诚心和真心往往换不来孩子的知心，即是说，我们家长对孩子不论多么热心，似乎孩子总是和我们保持着一定的心灵距离。例如，一些孩子心里有什么想法或事情，很少或根本不愿意与家长主动交流，尤其是面对家长的苦口婆心，或保持沉默，或面有愠色，更有极端的情况，个别孩子对家长假心假意，用违心话敷衍应付，这就导致我们许多家长常常只能徘徊在孩子心灵的大门之外。不能走进孩子的心灵世界，对孩子“知人知面不知心”，无疑是我们家长心中最大的苦恼甚至是最大的心病，同时也是最大的悲哀。

家长为什么难以走进孩子的心灵世界呢？在通常的情况下，我们许多家长都认为是孩子的个性或心理出了问题，对此，教育学和心理学都有着充分的论证和系统的分析，但我认为最重要的原因是孩子没有把家长当作知心朋友对待。只要我们细心地观察就会发现，不论孩子的个性特征和心理品质存在多大的差异，在大多数孩子身上都有着一个共同点，那就是心灵的大门愿意向朋友尤其是好朋友、知心朋友敞开。在日常生活中，不乏这样的现象，一些孩子在家长面前似乎无话可说，但在好朋友面前却是无话不说，许多所谓的心里秘密家长不知道，但作为好朋友的同学却非常清楚，以至于我们家长经常要到孩子的好朋友那里去了解情况并寻求帮助。这一现象说明，我们家长与孩子虽然在同一个生活圈，但并不在孩子的“朋友圈”，尤其是在孩子的情感微信群中，家长或者未被孩子“邀请”，或者被孩子“拉黑”。家长们不要以为血缘和亲情就是开启孩子心灵大门的钥匙，从而可以自由入内，也不要过于自信家长的身份就是孩子心灵世界的特别通行证，从而享有强行闯入的特权，其实，在大多数孩子的心灵大门上，挂着两块我们看不见的牌子，一块是“非请莫入”，另一块则是“非友莫入”。因此，家长要想叩开孩子的心灵大门，走进孩子的心灵世界，就必须主动与孩子交朋友并努力做孩子的好朋友、知心朋友。

做孩子的知心朋友，是家长角色的新型定位。家长要扮演好这一角色，首先需要建立起与孩子的平等关系，从而缩小“位差”。所谓“位差”，就是由伦理关系而衍生出的层级关系，即家长在上，孩子在下，家长处于尊位，孩子处于卑位。层级关系从来都是纵向的，具有天然的不平等性，必然导致横向交流的困难，或者说，层级本身就是距离。建立起与孩子的平等关系，虽然有可能成为孩子的朋友，但未必就能真正成为孩子的知心朋友，要想成为孩子的知心朋友，还必须取得孩子的信任，只有被信任才能越过情感的障碍并跨过心灵的鸿沟，也才能让孩子自动地敞开心灵的大门，产生与家长交流和谈心的愿望，以至于有烦恼与委屈能大胆地向家长倾诉，有疑惑与纠结能主动向家长求解，有想法与看法能坦诚地向家长表白，即使面对家长的唠叨，也能以积极的态度进行讨论，哪怕是争辩，孩子的内心世界也是阳光的。其实，对于绝大多数的孩子来说，他们都有着与家长成为好朋友的渴望，只是我们一些家长不能用心去体会，既不知道为什么要成为孩子的好朋友，也不懂得如何去做孩子的知心朋友。一些家长之所以不能成为孩子的好朋友，我认为最重要的原因是放不下所谓的架子，似乎做孩子的朋友就有失身份、尊严，也正是从这个意义上说，不是孩子们故意把我们家长拒之于心灵大门之外，而是我们家长自己游离于孩子的心灵大门之外。

家长放下架子主动与孩子交朋友，努力做孩子的好朋友、知心朋友，是新型家庭关系的显著特征，家长从领导角色到朋友角色的转变则是家庭教育走向成功迈出的关键一步，对于孩子们来说，能把家长当作好朋友、知心朋友，无疑是其健康成长的重要标志。科学的理论与成功的实践都告诉我们，家长与孩子如果能真正成为知心朋友，就一定能实现心灵的零距离，也一定能画出“同心圆”。伴随着社会和家庭形态的变化，我们欣喜地看到，主动与孩子交朋友，努力做孩子知心朋友的家长越来越多，但我们同时也需要防止“朋友”关系的庸俗化倾向。我们反对家长们的“父（母）道尊严”，但并不是说孩子就可以对家长缺乏应有的尊重，我们虽然不苛求孩子在家长面前都要绝对地做到彬彬有礼甚至非礼勿言，但必须要求孩子对家长有礼貌、懂礼节，如果简单地把孩子当作“哥们儿”或“姐们儿”，显然是对新型朋友关系的误读，同样不利于孩子人文素养和人格修养的培育。

三、做孩子的学习伙伴

孩子学习应有范
督学功能莫夸大
促学实效在学中
不学只督是空谈
学习自觉看标杆
比学为上督为下
家长善学胜于教
学督转身做学伴

我们所有家长都希望孩子从小就能爱学习且会学习，有一个爱学习且会学习的孩子确实能让我们家长由衷地感到欣慰。虽然孩子都有着学习的本能，但学习的自觉性尤其是能力却不是与生俱来的，而是要靠后天的培养，其中家长们的“劝”与“导”就是十分重要的途径和方式。所谓劝，就是通过充分的说理，让孩子逐渐明白学习的价值和意义，从而端正学习的态度；所谓导，就是运用科学的方法，让孩子逐渐养成良好的学习习惯，从而引入学习的轨道。所以，在孩子的学习问题上，“劝学”和“导学”是家长最初的职能和角色定位。但遗憾的是，许多家长往往不能准确地把握这一定位，突出的表现就是把“劝”与“导”简单地理解为“督”，由此非常乐意扮演孩子的“督学”角色。

应当承认，为了提高孩子学习的自觉性、规范性以及有效性，家长确实应当履行“督”的职能，对家长扮演的“督学”角色不应当一概否定或持有贬义，因为“督”的本质意义在于“促”，即通常所说的“督促”。我们充分肯定家长督促孩子学习的必要性和重要性，但问题是我们一些家长对督促的内涵很容易作片面的理解，以至于把“督学”误读成“学督”，进而又把“学督”转变为“监督”，由此过度强化了孩子学习的“督查”职能以及孩子学习的“督察”角色。例如，有的家长总是瞪大两眼，紧盯孩子的一举一动，总是竖起双耳，“偷听”孩子的一言一语，在孩子的心中，这样的家长犹如家庭“卧底”和“特工”；有的家长总是习惯于给孩子画“红线”，不让孩子有自主的空间，总是热衷于为孩子设“禁区”，不让孩子有个性的自由，在孩子的心中，这样的家长犹如家庭“纠察”和“城管”；还有的家长总是唠叨个没完没了，不顾孩子的心理感受，不看孩子的实际状况，在孩子的心中，这样的家长犹如家庭“工头”和“质监”。如此的职能定位和角色扮演，对于家长们来说显然很累，对于孩子们来说则实在很烦，不仅起不到“促”与“导”的作用，而且会促使孩子心理与行为的逆向调整和选择。在日常生活中，我们经常看到这样的情形：有的孩子会用心去琢磨如何进行“反侦察”以及如何进行“规避”，甚至和家长斗智斗勇，并在“斗争”和“游击”中寻找自己的快乐。此种情形与其说是家庭教育的生动画面，不如说是家庭教育的尴尬境地。实践证明，一个仅仅满足于扮演“学督”的家长，很难培养出具有高度学习自觉性的孩子，这就要求家长们转变职能，转换角色。

在孩子的学习问题上，什么才是家长应当具有的职能和角色定位呢？我的看法可以概括为一句话：不做学督做学伴。所谓学伴，就是做孩子的学习伙伴。在全民学习、终身学习的时代，学习伙伴是一种新型的社会关系，也理应成为家长与孩子关系的崭新定位，这一定位的核心要义是：家长与孩子都有着学习的任务，都是学习的主体，虽然学习的内容和方式不同，但都处于学习的状态，或者说都是人生路上的求学者，学习路上的同行者；不仅如此，作为学习伙伴，能注重学习的相互启发和激励，体会的相互交流和借鉴以及学习环境的共同创设、信息资源尤其是成果的共同分享。只有确立这样的学习伙伴关系以及角色定位，家长们才能真正融入孩子的学习生活，也才能真正成为孩子学习的引导者和促进者。

做孩子的学习伙伴，对于提高孩子学习的自觉性而言，无疑是最为有效的策略选择，之所以说最为有效，是因为家长的学习态度和行为对孩子具有最直观、最真实的影响力，这种影响力胜过任何的说教。例如，当孩子看到家长在专心阅读的时候，会自觉地保持安静，当孩子看到家长在灯下写作的时候，会自觉地坐到书桌前，当孩子听到家长取得了学习成果的时候，会自觉地向家长畅谈学习的收获。虽然未必每一个孩子都会如此自觉，但家长的学习态度确实能给孩子树立自觉学习的榜样。都说榜样的力量是无穷的，由此我确信，面对家长这一榜样，孩子的自觉学习将不再是最难的事情。相反，如果家长沉迷于玩手机，孩子则可以放心地打游戏，如果家长整天忙于各种聚会，孩子则会自找逍遥自在，一个“娱乐至死”的家长无疑是给了孩子不好好学习的充分理由，进一步说，不重视学习、不善于学习的家长要想让孩子具有学习的自觉性，那才是最难的事情。所以，家长们不要总是用所谓的学霸去刺激孩子，而是要用自身的学习形象去感染孩子，也不要总是对孩子进行警示教育，用威胁的口吻训诫孩子，不好好学习就会如何如何，而是要对孩子进行示范教育，用无声的语言让孩子感悟，唯有好好学习，才能创造美好的人生。其实，孩子们都很聪明，他们不是听家长如何说就会怎样学，而是看家长如何学才会怎样学，当孩子把家长看作是“同学”的时候，离好学、乐学的境界也就不那么遥远了。

四、做孩子的热情观众

孩子表演欲望强
展示才华神飞扬
心为舞台情为景
自编自导自登场
家长甘坐观众席
乐于欣赏不言忙
稚气笨态皆可爱
激发自信鼓热掌

我们常常把孩子们的成长比作春笋的争相破土、花朵的竞相绽放，这一比喻不仅彰显了孩子生命力的迸发，而且凸显了孩子自我意识的觉醒，集中体现为孩子素质与才华的自我展示以及认同感的自我追求，其现实形态就是孩子的自我表演。就孩子的成长而言，自我表演不仅是一种积极的姿态，也是重要的健康标志，一个善于自我表演的孩子，往往具有内在的激情和自信，更具有强烈的进取欲望和精神。同时，自我表演需要内容和方式的选择以及舞台和场景的设计，是真实性与艺术性的统一，凡是善于自我表演的孩子，总是充满创意，也总是那么富有生气和朝气。面对这样的孩子，我们做家长的实在难以掩饰内心的喜悦。

自我表演是孩子自我成长的显著特征，需要我们家长给予高度的关注，我们家长不要仅仅拘泥于孩子的“现实表现”，而是要更多地着眼于孩子的“生动表演”。孩子会不会自我表演，尤其是能不能生动表演，并不完全取决于天性，而是需要家长的精心培养，其重点是唤醒孩子的自我表演意识，训练孩子生动表演的能力，同时，主动为孩子的自我表演创设情境、创造机会，热情鼓励孩子大胆地、充分地自我表演，尤其是要依据孩子的实际状况指导孩子选择表演的内容和方式，从而提高自我表演的效果。所有这些，不仅赋予了我们家长“导演”的职能，也决定了我们家长必须扮演“导演”的角色。

家长的“导演”职能和角色定位，对孩子的成长至关重要。一些孩子之所以能在不同的环境状态下，敢于彰显优势，勇于展现才华，由此演出生动且精彩的“活剧”，大多是因为身后或幕后站着会当“导演”的家长。一个会当“导演”的家长，不仅能为孩子的自我表演进行总体的策划，而且能为孩子如何生动地表演好好地“说戏”，因此，一个称职乃至优秀的家长应当具有“导演”的素质和能力。

伴随着孩子的成长，其表演的成就感与舞台的中心感会越来越强烈，他们不仅积极地争当主角，而且努力地学做编导，甚至自编自导自登场。在此情形下，家长们的职能需要转变，角色需要转换，即从导演转为观众，或者说，家长既要当导演，更要当观众。

我们都知道，演员不仅需要属于自己的舞台，更需要热情的观众，没有了观众，任何一个演员都不会有表演的激情。对于孩子这一演员来说，家庭是最初的舞台，家长则是特殊的观众，基于孩子对家庭尤其是家长的情感归属，他们的表演首先是给家长看的，或者说首先是为了得到家长的欣赏。都说演员在观众的眼里，观众在演员的心里，对于家长这一观众而言，就不只是在孩子这一演员的心里，而且在孩子这一演员的心里有着特殊的位置，这就要求我们家长必须用心去体会并具有自觉的观众意识。

为了让孩子充满表演的激情，家长们要甘于当观众，事实上，让每一个家长都具有当好孩子“导演”的素质和能力也许是困难的，然而当好孩子的观众则是完全可以做到的，问题在于家长们愿不愿意当孩子的观众，更在于会不会当孩子的观众。在现实生活中，不愿意当观众或不甘于坐在观众席的家长固然有之，但愿当观众却不会当观众的家长显然更多，以至于许多孩子的表演激情被冷却，表演天赋被扼杀，这说明，家长们会不会当观众比愿不愿当观众更为重要。

会当观众是一种文明素养，对于家长这一特殊观众而言，主要体现在如下两个方面：第一是忠实，第二是热情。所谓忠实，就是对孩子的表演不仅能给予高度的关注，而且能保持浓厚的兴趣，不因忙于事务而有所忽略，也不因朝夕相处而审美疲劳，即面对孩子的精心表演，不要找出各种各样的理由和借口，轻易缺席和随意退场，更不要让孩子产生家长“满不在乎”的感觉，所以，家长们不论多忙，都不能逃离观众席。所谓热情，就是对孩子的任何表演都要认真地观看，投以赞许的目光，不论孩子的表演内容和方式如何简单乃至幼稚和笨拙，都不能嘲笑和讽刺，而是要给予热情的鼓励，从而让孩子在每一次的表演中都能获得成功的体验，在家长的每一个掌声中都能获得成长的自信，所以，会当观众的家长，从来不会吝惜对孩子的掌声。家长们只有乐于做孩子的忠实观众，善于做孩子的热情观众，孩子才会具有更好的自我表演的欲望和激情乃至成为一个好演员的自觉追求。家长做孩子忠实和热情的观众，是对孩子最好的激励，由此我向家长们建议，不要心痒难挠地争当这个明星、那个“网红”的粉丝，而是要心甘情愿地做自己孩子的粉丝。

五、做孩子的点评专家

孩子学步蹒跚行
家长帮扶靠正能
多讲理性少任性
少作批评多点评
原因分析叶知秋
方法指导石成金
启发思考真专家
恫疑虚喝假强人

孩子在成长的过程中，难免会有这样那样的认识误区、思想偏颇和行为失范，这就需要家长们给予耐心的帮扶，及时的矫正，通常的方式就是批评。孩子在批评声中成长不仅是一种常态，也是普遍的规律，一味强调不要批评孩子是对教育的误读，尤其是该批评的时候不敢批评，对孩子的成长更没有好处。对于家长来说，放弃批评则是一种不负责任的行为，因此，为了孩子的健康成长，家长们理所应当履行批评的职能并扮演批评者的角色。

批评是教育的题中应有之义，正如没有惩戒的教育是不完整的一样，难题则是在于如何才能让孩子接受批评。之所以说是难题，主要是因为伴随着孩子人格的逐渐独立或主体意识的逐渐觉醒，他们对家长批评的合理性会提出质疑，甚至对家长批评的方式、态度以及场景都会进行计较，即是说，孩子们会从无条件地接受批评转向有条件地接受批评。如果家长们批评的依据和理由不充分，或者批评的方式简单、态度粗暴，或是不分场合，不论动机如何，孩子们也会有所抵触以至于用各种方式进行争辩或抗争，从而导致情绪的对立，这也是家庭教育中常见的现象之一。对此，家长们不要一味地埋怨孩子听不得批评，而是要认真地自我反思：我们虽然拥有对孩子批评的权力，但我们会不会合理地运用或有没有正确地行使这种权力？都说批评是武器，但从教育的视角看，批评更是艺术，对于家长们来说，拿起批评的武器可以说轻而易举，但要真正掌握批评的艺术却并不那么容易，因为批评的艺术对家长们的素质尤其是人文修养有着很高的要求。所以，家长们善于运用批评的艺术比敢于拿起批评的武器要困难得多，事实上，我们许多家长并不缺批评的武器，缺少的只是批评的艺术，即敢于批评但不会批评。孩子不接受批评，我们家长常常感到苦恼，其实，家长不会批评，更是孩子们的烦恼。

家长们合理运用批评的权力，切实掌握批评的艺术，对于孩子的教育与培养尤其是提高“纠偏”和“矫正”的效果确实具有十分重要的作用，但从满足孩子成长性需求的角度看，不管批评多么合理，批评的艺术多么高超，都属于“情非所愿”，或者说是“不得已而为之”。当我们把孩子在批评声中成长看作是常态的时候，并不是旨在夸大批评的功能，更不是为了强化对批评方式的依赖，家长对孩子的成长性帮扶即纠偏、纠错、匡正、矫正，应当有更好的选择，这就是点评。

所谓点评，简单地说，就是对孩子的成长状态进行过程性的盘点和指点，对其思想认识、行为规范进行综合性的评论或评价。批评的重心在于“批”，点评的重心在于“评”，点评虽然也包含着对与错、是与非的判断，因而也有“批”的成分，但不是武断地下结论，而是更加注重现象的合理解释和原因的系统分析。例如，面对孩子的“问题”，分清哪些是客观因素导致的，哪些是主观因素形成的，哪些是属于正常的，哪些是属于不正常的，由此进一步弄清孩子出现的“问题”是由于动机的不端正，还是由于方法的不正确。事实上，对于大多数孩子而言，成长中的问题，基本上都可以归结为客观因素的影响和方法的不正确，所以，点评体现着对孩子的成长性理解和宽容。

合理的现象解释和系统的原因分析，是点评的基本要求，但在更高的层次上，点评则是要科学地指导孩子对“问题”如何看、怎么办，面对复杂的环境因素，指导孩子如何趋利避害，基于良好的动机，如何选择正确的方法，尤其是如何把失误看作是锻炼，把教训转化为财富。事实上，孩子在成长的过程中，既需要家长及时指出问题，更需要家长耐心指导怎样处理问题，所以，点评内含着积极的建议和热情的鼓励。

点评和批评虽然只有一字之差，但效果却有着截然的不同。从总体上讲，家长的批评，是居高临下的，不仅容易冷气森森，有时还难免会有浓重的火药味，因而孩子的接受往往是被动的，虚心接受的少，违心接受的多；家长的点评，是平等相待的，不仅暖意融融，而且有着浓厚的人情味，因而孩子的欢迎常常是主动的，不以为然的少，心悦诚服的多。从被动接受家长的批评到主动欢迎家长的点评，是孩子成长性需求的重大变化，这就决定了家长们必须及时转变职能，转换角色，即从批评转向点评，或者说，尽量少一点批评，努力多一些点评，更不要总是摆着批评者的架势去吓唬孩子，而是要以点评者的姿态去启发孩子。我很乐意与家长们一起增进这样的共识：敢于批评的家长并不就是真正的强人，善于点评的家长才是真正的高人；批评是权力的运用，点评才是智慧的闪光；批评是情绪的外化，点评才是激情的奔放；任性的批评只能让孩子疏远，理性的点评才能让孩子亲近；一味的批评甚于批毛求疵，孩子很难具有成长的自信，精当的点评犹如点石成金，孩子一定会充满内在的力量。因此，我们家长不要仅仅满足于做批评的“行家”，而是要努力做孩子的点评专家。

六、做孩子的贴身参谋

孩子发展多选择
家长尽责当守则
青春从来都有主
助推给力非干涉
越俎代庖做决策
能力培养束高阁
咨询职能虚中实
参谋正是好角色

孩子的成长需要有坐标的设定和目标的引领，但在现实形态上，则面临着路径和模式的多样性选择，因此，学会选择构成了孩子自我发展的基本素质。但孩子在最初的发展阶段往往缺乏自觉的选择意识和独立的选择能力，这使得家长们的主导作用得到了强化，不仅承担了替代孩子选择的职能，而且掌控了本来应属于孩子的选择权。必须承认，家长们切实履行孩子发展的选择职能，并有效地运用选择的权力，无疑是责任的重要定位和体现。所谓选择，就是基于优劣的比较、利弊的权衡而进行的决策，因此，家长们履行选择的职能、运用选择的权力，也就扮演了决策者的角色。

就一般规律而言，孩子最初的成长性和发展性决策都是由家长们做出的。家长们决策的合理性与科学性对孩子的未来发展确实具有着重大的影响，事实也证明，孩子选择什么样的发展途径和方式都直接与家长的最初决策有关。因此，家长们不仅要有强烈的决策意识，而且要努力提高决策的水平，切不可把“顺其自然”作为借口从而甘当“甩手掌柜”，当然也不能把“操之在我”作为信条从而充当“通天教主”，放弃决策和任性决策都是对孩子的不负责任。所以，能不能扮演好决策者的角色，是对家长们素质和能力的考验。

我们对家长决策重要性以及决策者角色扮演合理性的认同，显然内含着条件的设定，即是指孩子成长与发展的特定时期或早期阶段。伴随着孩子独立意识的觉醒，自主选择和决策的欲望或需求会逐渐显现且日趋强烈，正所谓“我的青春我做主”，在此情形下，我们家长应当及时地把选择权和决策权交还给孩子，进而让孩子学会自主选择和决策。家长们要清醒地认识到，在孩子发展问题上的选择权和决策权自己只是临时掌管而不是永久占有。如果说，在孩子成长的早期阶段，家长们代行孩子的决策权是“该出手时就出手”，既理得也心安，那么，在孩子自主发展的过程中，家长们把决策权交还给孩子就是“该放手时且放手”，既顺理更成章。

把发展的选择权和决策权及时地交还给孩子，是家长们的明智之举。所谓明智，可以从如下两个方面进行解读：第一，社会发展形态的创新，为孩子的成长创设了越来越广阔的空间，也为孩子的发展提供了越来越充分的机会，正所谓“海阔凭鱼跃，天高任鸟飞”。面对日新月异的成长与发展环境，孩子有着个性化的价值判断和目标追求，也有着主体性的模式设计和道路选择，这是我们家长不应当也不可能替代的，如果我们家长总是想方设法去替代，无异于越俎代庖，只能堵塞孩子的自由成长之路。第二，素质教育的推进和深化，不仅要求孩子能主动适应社会环境的变化，而且要基于环境的变化具有自主选择和独立决策的能力。只有具备了自主选择和独立决策的能力，孩子才能找到适合于自己的发展途径和模式，也才能真正拥有属于自己的未来并自主地掌握自己的命运。而这样的能力显然重在培养，即让孩子在选择中学会选择，在决策中学会决策。如果家长们总是把持着决策权不放，孩子能力的培养必然会被束之高阁，也必然会导致孩子自我成长与独立发展的困境。因此，一个明智的家长不应当满足于做孩子选择与决策的替代者，而是要致力于做孩子选择与决策能力的培育者。

把成长与发展的选择权、决策权交还给孩子，不是家长职能与责任的淡化，而是一种积极的转化，即从替代转向帮助。所谓帮助，主要体现在如下三个方面：第一是通过信息的收集与筛选，与孩子一起对成长与发展的环境以及未来趋势进行总体的分析和研判；第二是基于孩子的个体特征以及相对优势，鼓励孩子大胆地对自我发展的模式作出个性化的设计并与孩子一起进行可行性的论证；第三是在充分尊重孩子主体性的前提下，积极主动地给孩子提出建议。只有这三个方面的有机整合，才能使孩子的选择与决策能力得到有效的培育，我们家长的帮助也才算是帮到了点子上，助到了关键处。由此我认为，家长们的帮助应当是形散而神不散的状态，即给力而不添乱、过问而不干涉、超脱而不远离、放手而不失控。

从替代转向帮助，使家长由孩子的决策者变成了孩子决策的参与者。这一“转”和一“变”，也是家长职能与角色的理性回归，即是说，在孩子自主发展的选择和决策问题上，家长们重在参与，虽然参与的方式多种多样，参与的程度也因人而异，但最主要的则是出谋献策，发挥的是咨询和智库的作用，通俗地讲，就是当好孩子的参谋。其实，对于绝大多数的孩子来说，在自我发展的道路上，并不欢迎家长这一“主帅”永远挡在面前，而是需要家长这一“参谋”站在身旁。

七、做孩子的精神支柱

孩子奔跑向前方
家长后勤忙保障
服务理念再更新
职能岂止在厨房
人情有味胜天香
润心无色最滋养
精神立起金玉柱
托举太阳不靠汤

所有的孩子都在成长、成才的路上奋力奔跑，在没有硝烟的前方战场奋力拼搏。为了让孩子的奔跑更顺畅，拼搏更专注，家长们都致力于消除孩子的后顾之忧，其主要方式就是提供有力的支持服务。所谓支持服务，首先表现为物质的供给和生活的保障，由此使家长们具有了后勤的岗位职责或职能定位，同时扮演着后勤部长的角色。

说家长履行后勤保障的职能并扮演后勤部长的角色，确实很贴切，道理很简单，家长的物质供给是否有效，生活保障是否充分，不仅制约着孩子的成长环境，而且影响着孩子的成长状态。所以，为孩子提供有效的物质供给和充分的生活保障，是我们家长义不容辞的责任，这就要求我们家长必须具有当好孩子后勤部长的高度自觉。

家长们自觉地为孩子做好后勤保障，当好后勤部长，既是家庭情感的归属，更是社会责任的体现，因为每一个孩子都是国家的人才资源和社会的宝贵财富，这决定了每一个家庭、每一个家长为孩子提供的后勤保障都是人才培养社会化支持服务体系的有机组成部分和重要的现实基础。后勤保障的职能看似琐碎，却关系到教育生态的优化和人才培养的质量，后勤部长的角色看似平常，却影响着国家战略的大局，正可谓利在家庭，功在社会。所以，后勤部长们切不可因后勤之“后”就裹足不前，相反要争先恐后且勤勤恳恳。

把家庭的后勤保障纳入社会化人才培养的支持服务体系，不仅是对家庭社会功能的高度认同，更是对家长贡献价值的充分肯定。正是由于亿万个家庭和家长的有力支持和精心服务，教育的发展尤其是孩子们的成长才有了可靠且坚强的后盾。所以，无论是教育的发展还是人才的培养，其军功章都至少有后勤部长们的一半。我一直认为，教育的光荣榜不应缺少后勤部长们的名字，教育的庆功宴更不能缺少后勤部长们的席位，尽管后勤部长们不争名位且甘居幕后，但教育不能有失公道，更不可居功自傲。

我们高度认同家长们后勤保障的贡献价值，但并不是说家长们的职能仅仅局限于为孩子们提供相对丰富的物质资料，使之衣食无忧，用钱不愁，因为孩子成长性需求的变化，对家长们的保障职能会不断提出新的要求，集中到一点，就是要求家长们能有效满足孩子情感与精神的需求。孩子的情感与精神需求不仅是现实的，而且是丰富的，家长们对孩子情感与精神需求的满足至少应当体现在如下十个方面：在孩子奋力攀登时，能使孩子激情高涨；在孩子迎接挑战时，能使孩子斗志昂扬；在孩子自信不足时，能给孩子及时欣赏；在孩子愁云密布时，能给孩子一缕阳光；在孩子遇到困难时，能让孩子看到希望；在孩子焦虑纠结时，能让孩子打开心房；在孩子感到迷惘时，能为孩子指明方向；在孩子不堪重负时，能为孩子合理释放；在孩子遭受挫折时，能教孩子自我疗伤；在孩子受到委屈时，能教孩子学会坚强。所有这些，才是孩子最高层次的需求，也是孩子健康成长最为重要的支持要素，对于家长们来说则是更为重要的保障职能。这些支持要素的聚合，保障职能的整合，构成了孩子的精神支柱，孩子有了这样的精神支柱，才有了真正可靠的后方、坚强的后盾，才能大胆前行、敢于逆行，这无疑是家长们必须努力追求的职能和角色定位。

精神是人文的关怀、心灵的慰藉，看似无形，却有着巨大的能量，尤其对于孩子的成长来说，其滋养的功能和营养的价值，绝非色香俱全的菜肴、美味可口的鲜汤可比。事实上，今天绝大多数孩子缺少的并不是佳肴和鲜汤，而是精神的滋养，或者说，既存在着物质营养过剩的现象，也同时存在着精神营养不良的状况，所以，家长们的岗位和保障职能绝不能仅仅局限在厨房。下得了厨房的家长虽然很不容易，需要赞赏，但走不出厨房的家长很难充满力量。在现实生活中，有一种现象很值得我们家长思考，当孩子很小或刚进学校的时候，总觉得家长什么都会，俨然是一个可以信赖和依靠的全能老师，伴随着孩子的成长，一些孩子会渐渐地产生这样的感觉，似乎家长会的东西越来越少了，也许只能炒个小菜，煲个热汤了，仿佛家长作为全能老师已经下岗，充其量只保留厨师这一岗位了，这与其说是孩子们把家长赶进了厨房，不如说是家长们只适合在厨房。一些孩子纵然对厨房辛苦的家长怀有感激之情，但心中也难免暗藏失望，之所以失望，是因为家长们在教育上的“失能”。坦率地说，一个没有精神力量的家长不可能撑起孩子的蓝天，更不可能托举起太阳！为此，我向后勤部长们再进一言：孩子们的成长既需要充分有效的物质保障，更需要坚强有力的精神支撑，孩子们并不希望家庭只是“饿了么”的点餐平台，更不希望家长只是热情的“送餐小哥”。

八、做孩子的磨刀之石

孩子爬坡有气势
峰回路转未可知
迎难而上看耐挫
砥砺前行靠意志
玉经雕琢方成器
剑不打磨难锋利
家长应是好工匠
更需勇做磨刀石

孩子的成长以及人生的发展犹如登山爬坡，在这一过程中我们家长不仅是第一个鼓动者，也是第一块垫脚石。家长这块垫脚石并不巨大，也不雄伟，但确实能抬高孩子的脚步；家长这块垫脚石看似普通，但对于孩子的人生发展来说无疑具有重要的支点作用；同时，家长这块垫脚石不是僵硬的，而是有灵性的，不是冰冷的，而是有温度的，只要孩子能有志于不断攀登人生的高峰，无论怎样被踩踏，它都心甘情愿。所以，垫脚石虽然默默无言，却也会唱歌，唱的是青春之歌、生命赞歌，正是在这一歌声中，家长们的人文情怀得到了充分的释放，奉献的精神得到了充分的体现。

对于孩子们来说，人生的登山爬坡能有家长这块垫脚石无疑是幸运的，同时也是非常重要的。对于家长而言，做孩子人生发展的垫脚石，与其说是一种宿命，不如说是使命，由此构成了职能和角色的定位。问题是，孩子有了家长这块垫脚石，未必就会有人生的高度，因为在攀登的过程中，道路之崎岖、沟壑之纵横以及荆棘丛生、峰回路转都难以预料，这就需要孩子勇于面对、敢于跨越，其关键是看孩子是否具有坚强的意志。一些孩子在成长和人生的发展过程中，面对不大的路障就望而生畏、退缩不前，甚至被很小的困难所吓倒和压垮，基本上都是由于气势的不足和意志的脆弱，因此，家长们要想孩子能不断攀登人生的高峰，就不能仅仅满足于当垫脚石，而是必须注重孩子意志力的培养，其根本的途径就是让孩子经受磨炼。

所谓磨，基本义就是用磨具加工玉石等坚硬的材料；所谓炼，本义则是熔炼金石使之纯净或坚韧。坚韧不仅是物的属性，更是人所必须具有的内在品质，由此使磨炼转化为普遍认同的人才培养理念和方式，并进而演化出种种形象生动的比喻。例如，我们常常把孩子比作一块玉，把教育与培养的过程比作雕琢的过程，只有经过雕琢，玉，才能成器；我们也把孩子比作一块铁，把教育与培养的过程比作冶炼的过程，只有经过冶炼，铁，才能成钢；我们更把孩子比作一把剑，把教育与培养的过程比作打磨的过程，只有经过打磨，剑，才能锋利。所有这些比喻，看似平常，也很朴素，却道出了人才培养的真谛，也揭示了成功教育的秘诀，即有效的人才培养和成功的教育从来就是“如切如磋”，更是“如琢如磨”。所以，在孩子的教育与培养问题上，我们虽然坚决反对有形无形的人为折磨，但从来就不否定磨炼的重要作用，正如我们不赞同教育的工厂模式却高赞教育的工匠精神一样。孩子的成长不仅需要磨，而且要让孩子经得起磨、耐得住磨，磨出孩子知难而进的勇气，磨出孩子坚韧不拔的品质，磨出孩子百折不回的精神。都说好事多磨，其实，“好”人也需要多磨，正如“不经磨难不成佛”一样，不经磨炼孩子也很难成才。

放眼今天的素质教育和人才培养，“砥砺前行”正成为全社会尤其是家长们对孩子的成长性期待。所谓“砥”和“砺”都是磨刀石，只是砥的质地较粗，砺的质地较细，把两者叠加在一起，显然是强化了磨刀石对“前行”所具有的重要功能，也进一步强调了孩子应当在磨砺中成长。这就要求我们家长必须深化人才培养的认知，孩子的前行不仅需要垫脚石，更需要磨刀石，由此自觉地实现职能的升级和角色的更新。垫脚石虽然能垫高孩子的脚步，让孩子的成长具有相对高的起点，但磨刀石却能磨出孩子的高品质，从而能让孩子自我攀登人生的新高度。

为了孩子的砥砺前行，我们家长应当把“磨刀石”确立为重要的职能与角色定位，但在日常生活中，我们许多家长常常缺乏这种职能的认同以及角色的自觉，表现为当垫脚石心甘情愿，做磨刀石则是于心不忍，今天的一些孩子之所以缺乏磨炼，其主要原因也正在于此。显然，家长要真正发挥磨刀石的作用，关键并不在于“质地”的粗与细，而是在于勇气的有与无，即敢不敢让孩子经受磨炼，例如，在为孩子排忧解难时，留一点困难让孩子自己去克服，在为孩子减负释压时，留一点压力让孩子自己去承受；再例如，在给孩子热情点赞的同时，留一点不足之处让孩子自己去反思，在给孩子心灵抚慰的同时，留一点委屈之泪让孩子自己去擦干。如果家长们没有这样的勇气，或总是呵护过甚，孩子们断然不可能具有耐挫的品质和坚强的意志。

九、做孩子的登天之梯

孩子年少有诗意
浪漫奔放正当时
仰望星空抒豪情
心追梦想立壮志
家长引领须翘首
不因重负把头低
时代呼唤拉车牛
挺直身躯做天梯

在孩子的成长道路上，我们家长不仅甘当垫脚石，而且甘为拉车牛，几乎所有的家长都会把俯首甘为孩子的拉车牛作为职能与角色定位的自觉选择。拉车牛有着吃苦、耐劳、负重的品质，更有着“不用扬鞭自奋蹄”的精神，这种品质和精神是可贵的，因而一再被人们所赞誉。

拉车牛的品质和精神理应得到尊敬和赞美，但从孩子人生发展的角度看，家长们仅仅甘为拉车牛显然又是不够的，因为拉车牛总是“低着头”，难免眼界不够宽阔，目光不够长远，视线不够清晰，以至于拉车牛不论如何辛苦，都很难把孩子拉上一定的人生高度，拉向人生的远方，这就要求家长们不能只低头拉车，还要抬头看路。所谓看路，就是看孩子的未来之路，其中，最值得关注的是孩子的志向和梦想。

志向和梦想是孩子最为显著的成长性标志，孩子只有确立远大的志向和编织美好的梦想，才能具有人生发展的内在动力和巨大能量，从而自我开启人生的大门，勇敢地奔向人生的远方。在现实生活中，有志向和梦想的孩子总是那么意气风发、激情飞扬、自带光芒，反之，则是无精打采、死气沉沉、暗淡无光，所以，我们家长对孩子的成长性关注和认同，首先要着眼于孩子有没有以及有什么样的志向和梦想，不关注孩子志向和梦想的家长无疑是教育上的“低头族”，很难培养出在人生道路上能昂首阔步的孩子。

关注孩子的志向和梦想，尤其是让孩子学会确立志向，敢于编织梦想，是教育的重要使命和价值取向，在现实形态上就是孩子的励志教育和理想教育。对此，无论是学校还是家庭，都应当高度重视且必须理直气壮，乃至要力排众议，坚定不移，尤其是家长们，更要主动地担当起孩子励志和理想教育的责任，从而作为自觉履行的职能。

家长们能不能切实履行孩子励志和理想教育的职责，在很大程度上取决于有没有正确的认知，为此，我们有必要针对孩子励志和理想教育的认识问题展开讨论，重点是厘清如下两个基本关系：一是仰望星空与脚踏实地的关系，二是理想丰满与现实骨感的关系。我们常常有这样的比喻，即人生的远大志向犹如仰望星空，这虽然充满着浪漫的气息，但绝不是虚幻的，对星空的仰望就是对未来的展望，对美好的向往，由此赋予了人生的诗意，而人生不可没有诗意。所谓脚踏实地，就是要有务实的精神，把对未来的美好展望和向往付诸实际行动，或者说，把浪漫转化为现实。这两者是有机的统一，不能分割，更不能对立，没有脚踏实地的仰望星空，无异于好高骛远，空有其志，但没有仰望星空的脚踏实地也只能是画地为牢，止步不前。我们也经常听到这样的说法：理想是丰满的，现实是骨感的，这是对理想总是高于现实的感叹。确实，梦想不能成真也是人生的常态，正所谓不如意十之八九，但这并不能成为可以没有理想和梦想的理由。其实，人生就是追求理想或放飞梦想的过程，正是在这一过程中，我们获得了人生的体验，感悟了人生的意义，彰显了人生的价值，也领略了人生的精彩。从这一意义上说，追求理想和放飞梦想的过程，既是现实的，也是真实的，不论多么平淡也都是丰满的，相反，没有理想的追求或梦想的放飞，其现实不管多么生动也是骨感的，所以，理想和梦想从来都不抽象，更不是所谓的乌托邦，而是真实的人生境界。由此我认为，家长们要旗帜鲜明地认同并义无反顾地注重对孩子的励志和理想教育，从而让孩子成为仰望星空的人，敢于追梦的人。

孩子的励志和理想教育是一门博大的人生课程，有着丰富的内容，对我们家长来说，要上好这门课程并不那么容易，但至少有如下两个方面是应当做到的：第一是对孩子表达热切的期待。孩子的志向和理想最初来自家长的期待，家长期待孩子成为什么样的人，应当具有什么样的人生是孩子确立志向的起点，也是孩子编织梦想的开始。孩子的立志意识是由家长唤醒的，理想的种子是由家长播下的，所以，家长善于表达对孩子的期待，是励志和理想教育朴素但又是非常有效的方式。第二是给孩子热情的支持。伴随着孩子的成长，他们对家长的期待逐渐会有自己的理解，不仅会赋予崭新的内涵，而且会作出自主的选择，由此尽情地抒发对未来的豪情，精心地编织属于他们自己的人生梦想，这标志着孩子的理想之花开始绽放。对此，家长们千万不要等闲视之，更不能仅仅当作是童话而一笑了之，而是要严肃地对待并给予积极的认同，尤其是要鼓起孩子的勇气，激发孩子的自信，同时努力为孩子创设环境，家长的热情支持无疑是孩子勇于励志、敢于追梦的巨大能量。

孩子励志和理想教育的重要性，决定了家长角色的再次转换，即家长这头拉车牛必须变换姿态，形象地说就是从四脚着地到挺直身躯，从低头负重到抬眼远望，正是这一姿态的变换，家长对孩子的教育与培养才有了相对的高度，从而成为孩子人生登高、登顶的云梯。

十、做孩子的保健医生

孩子未来何所依
健康固本又强基
经受考验看心理
担当重任靠身体
把准发育关键期
精心维护当及时
见微知著治未病
称职家长是上医

孩子作为未成年人，在其成长的过程中难免会出现这样那样的行为失控和失范现象，同时也面临着诸多或隐或显的危情和险情。由于孩子尚不具备自我控制、自我保护以及独立承担民事责任的能力，所以，社会通过多种方式尤其是立法强制性地规定了家长必须承担对孩子的监护责任和保护义务，由此使家长具有了孩子监护人、保护者的职能和角色定位。

就孩子的教育与培养而言，家长的责任是无限的，义务是无底的，职能是多元的，角色也是多重的，对此，我已从九个方面进行了初步的归纳。但相比之下，对孩子的监护和保护显然更为重要，家长如果不能给孩子切实有效的监护和保护，无疑是最大的失误乃至是最严重的渎职，以上列举的所有职能和角色都将失去真实的意义。因此，家长对孩子无论有多么美好的期待，先要把孩子监护好、保护好，家长教育孩子的任务无论多么繁重，先要当好孩子的安全卫士和守护神。

把对孩子的监护和保护放在优先位置，旨在强调监护和保护的极端重要性，但问题在于我们能不能完整而准确地把握监护与保护的内涵，从而防止机械地理解，以至于仅仅只做孩子的“警卫”和“保镖”。随着孩子的成长，监护和保护的内涵将不断地丰富，家长的职能与角色定位也在不断地更新，聚集到一点，就是维护孩子的健康。所谓健康，主要指身体与心理两个方面，或通常所说的身心健康。

孩子的身心健康，是孩子终身发展的基础，也是未来成功的依托。我们常常听到这样的说法：孩子的心有多大，人生的舞台就有多大，孩子的志向有多高，人生的道路就有多远。这一说法的正确性不应受到质疑，但仍然需要进一步的完善。我的基本观点是：孩子的人生舞台有多大，既要看心有多大，也要看心有多强，孩子的人生道路有多远，既要看志有多高，更要看体有多壮。如果孩子心理脆弱，身体虚弱，既经不起风雨，也担不得重任，便很难有人生舞台的精彩和人生道路的远行，所以，我们家长要为孩子的终身发展和未来成功助力乃至保驾护航，最为紧要的任务和最为关键的举措就是强其心、壮其体。

孩子的身心健康是一切教育必须追求的目标和坚守的底线，能否精心维护孩子的身心健康是衡量所有教育理念、模式和行为的道德标准，如果不注重孩子身心健康的维护，不努力改善并优化孩子的身心健康状况，所谓的人本精神就是空泛的，人文情怀也是虚伪的。教育科学一再告诫我们，牺牲孩子的健康就是毁灭孩子的未来和民族的希望，因此，教育的发展不管如何求快，教育的模式无论怎样求新，都不能以牺牲孩子的身心健康为代价。教育应当越来越理智、越来越具有良知，不能越来越愚蠢。

维护孩子的身心健康，是学校、家庭与社会的共同责任，但由于家庭是孩子身心健康的“自然环境”，其体质和心理的状态在家庭中表现得最为真实，身心方面的问题在家长面前暴露得也最为充分，这决定了家庭与家长必须承担起主体性责任。家庭虽然不是孩子身心健康的保险箱，但理应成为护士站，对孩子身心健康的维护，家长虽然不能做到“门前三包”，但必须尽心尽力，其重点是要对孩子身心发育过程中出现的问题进行敏锐的观察，作出准确的判断，同时针对问题迅速地采取措施，及时地进行干预。例如，面对孩子体质与体能逐渐下降以及近视与肥胖问题日趋上升等情况，教会孩子合理安排作息时间，积极鼓励并主动陪伴孩子进行适度的体育锻炼，努力创造机会让孩子参加更多的户外活动；教会孩子选择科学的生活方式，指导孩子注意饮食结构以及重视个人卫生。再例如，面对孩子思想容易波动、情绪容易失控等现象，创设宽松的环境，使孩子的心理压力得到释放，紧张的心情得以松弛，通过主动的交流，对孩子内心的纠结烦恼进行化解，对孩子心路的障碍堵点进行疏通。所有这些，都是维护乃至改善和优化孩子身心健康状况的有效举措，问题并不在于家长们能不能这样去做，而是在于愿不愿这样去做。

基于维护孩子身心健康的责任和职能定位，家长的角色就不再仅仅是忠诚的安全卫士，同时应成为孩子的保健医生。作为保健医生，并不仅仅是对症下药，而是要遵循孩子身心发育的规律，重在对可能出现的问题作出预判，制订预案，同时依据教育的规律，注重引导，加强指导，从而防患于未然，千万不要等到孩子身心出现了这样那样的问题的时候，才病急乱投医。因此，称职乃至优秀的家长不仅要做治“已病”的良医，更要努力做治“未病”的上医。

第七章

爱子如命防错爱

家长情归于理的十种方式

人间儿女第一爱
父母痴狂只为爱
口口声声都是爱
敢问几人真懂爱
心心念念奉献爱
可叹多少糊涂爱
回归理性再说爱
更需明白如何爱

本书的前六章，我们就家长如何更好地教育与培养孩子的基本问题进行了初步的梳理和讨论。这些问题虽然都很平常，却非常重要，因为其中任何一个问题的认识偏差或处置不当，都可能成为孩子教育与培养上的短板和误区，直接影响着家庭教育的效果和孩子培养的质量，家长们切不可等闲视之。对此问题的讨论同时说明，孩子的教育与培养确实不是一件很简单的事，而要做一个称职尤其是优秀的家长就更不容易，这也许正是不少家长在孩子教育与培养问题上存在种种焦虑、纠结乃至畏难情绪的重要原因。

如果要问，在孩子的教育与培养过程中还有没有更为重要的问题，答案显然是肯定的。那么，什么才是更为重要的问题呢？我以为就是怎样爱孩子。之所以更为重要，其理由可以用一句话加以概括，这就是：父母怎样爱孩子，孩子就会是什么样子。只有正确处理好怎样爱孩子的问题，我们以上所有的讨论才具有真实的价值和实际的意义，倘若父母对孩子总是过度的宠爱，我们在孩子教育与培养上的所有努力无异于竹篮打水。一个不可争辩的事实是，面对父母的宠爱，孩子教育的认知无论多么全面和深刻，都不过是空言虚语；培养孩子的规范无论多么完整和系统，也只能是形同虚设，甚至可以断定，在父母的宠爱面前，教育的智慧将黯淡无光。这就有必要回过头来与家长们一起就如何爱孩子的问题再作讨论，即谈谈关于孩子的那份情，说说对于孩子的那份爱。

普天之下，几乎所有的父母对孩子不仅充满了爱，而且把对孩子的爱放在了最高的位置。如果把父母的爱看作是一个圆，那么，对孩子的爱无疑是这个圆的圆心。集各种社会关系于一身的父母，其爱心无论多么博大，都难以超越对孩子的爱，正所谓人间儿女第一爱。这绝不是狭隘和自私，而是有着重大的人文价值和社会意义，因为孩子不仅仅是家庭的希望，更是民族的未来。

父母对孩子的爱是那么的执着和滚烫，其情之真、意之切足以感天动地。对于孩子，父母们的“为爱痴狂”不仅可以理解，更值得点赞，但面对现实，我们无法回避这样的一个现象，这就是为数不少的父母并不真正懂得如何爱孩子，口口声声都说爱，其实不知何为爱，以至于心心念念奉献爱，却难免种种糊涂爱，突出的表现就是：一些父母总是以为只要一切以孩子为中心，无条件地满足孩子的一切需求就是爱，只要把一切都奉献给孩子，甘愿为孩子牺牲一切就是爱，同时，只有把所有的爱都倾注给了孩子，才算对得起孩子，否则，情感就没有归属，心灵就无处安放，结果就是孩子被爱出了诸多的问题，我把这样的糊涂爱称之为“爱子病”。事实上，今天的一些孩子之所以有这样那样的成长性问题或毛病，很大程度上也都是由父母的糊涂之爱而生，拜父母的糊涂之爱所赐，如我们常说的“小皇帝”，就是被宠爱出来的，几代宠爱集一身，孩子要不当“小皇帝”也难，这显然与是不是独生子女无关。我再次表明这样的观点：在孩子的教育与培养问题上，不要总是拿独生子女说事，孩子虽然是“独生”，但没有“原罪”，尤其是在查找和分析孩子“病因”的时候，父母们不要一味地责问孩子，首先应当躬身自问，我们对孩子的爱是不是出了问题？

爱是人世间最美好的情感，但如果不懂得什么是爱以及如何去爱就会带来问题，所以，有没有爱与懂不懂爱尤其是会不会爱并不是一回事，这就决定了我们所有父母都必须自修或重修关于爱的课程，从而弄懂什么是爱并学会如何去爱。爱是人人张口就会说但又是最难说得清楚的，正如“问世间情为何物”一样，爱为何物也是千古之问，尽管无数的高知们对此有着见智见仁的诠释和解读，但都不可能给出明确的定义和标准的答案，以至于只能“留一半清醒，留一半醉”。要使爱处于完全清醒的状态是做不到的，再说也没有必要，因为完全清醒的爱是没有美感且索然无味的，但这并不意味着就可以满足于“难得糊涂”。就我们父母对孩子的爱而言，至少应当有一半的清醒，所谓清醒，就是要让爱回归理性，不要让爱盲目地跟着情感走，既要“通情”更要“达理”，为此，我们应当重温且铭记圣人的训导，“发乎情，止于礼”。

要让爱回归理性，我认为关键是把握如下两点：一是把对孩子的爱纳入教育的范畴，使之具有教育的内涵，即寓教于爱，化爱为育，没有教育内涵的爱，虽然不能说是庸俗的，但确实是没有品位的。二是要确立爱的价值取向，使之具有价值的判断，即我们不论用何种方式去爱孩子，都必须有利于孩子的健康成长尤其是素质状态的优化，偏离了这一价值，所有的爱即使没有害人的故意，但也一定会误人子弟。能不能把握这两个要点也许正是普天之下的父母虽然具有同样的爱心，其结果却截然不同的重要原因。

以上的讨论，着重强调了如何爱孩子的极端重要性。那么，立足现实，我们又该当如何呢？要把这个“该当如何”说清楚同样是十分困难的。这里所说的困难，主要是因为本人的学识有限，道行不深，尽管如此，还是听命于责任感的驱使，不自量力地向父母们建言献策并概括为如下十句话：一、爱姿美感在朴实；二、慈爱有度防过失；三、富爱无恙靠精神；四、一个不字爱意深；五、爱心回报去功利；六、放飞爱心敢分离；七、家庭和谐就是爱；八、豪放爱出阳刚孩；九、敢讲爱情多开明；十、培育爱心最有品。

一、爱姿美感在朴实

父母有爱当可知
感受感动重仪式
回看爱姿何以美
至真至诚不装饰
爱味淡雅胜浓香
保质保鲜靠朴实
秀爱煽情也累人
简明简约最合适

我们不止一次地把孩子比作禾苗，同时把父母之爱比作阳光雨露，正所谓“雨露滋润禾苗壮”，但雨露的滋兰润物是既无声也无痕的，对于认知能力尚处于早期培育阶段或有待启蒙的孩子来说，要于无声处听到父母的爱之音，于无痕中看到父母的爱之形，显然是比较困难的。这就对父母们提出了一个问题，即我们如何才能让孩子具有爱的感知。

让孩子具有对父母之爱的感知是非常重要的，因为孩子如果没有爱的感知也就不会有爱的获得感，也就不可能具有内在的幸福感，更不可能具有回报父母爱心的责任感。当我们把“知恩图报”这一成语用在孩子身上乃至于作为一种期待的时候，其重心并不在于“图报”，而是在于“知恩”，因为只有“知恩”，才谈得上“图报”。在日常生活中，我们经常听到一些父母抱怨孩子没有感恩之心，其实，孩子们并不都是没心没肺，而是无知无觉，或者说，主要是缺乏对父母之恩的真切感知，究其原因，就是我们许多父母自以为只要有爱的付出孩子自然就会知道，或者说，孩子对父母之恩应当知道，而忘记了如何让孩子知道，由此我认为，如果父母之恩不能让孩子有所感知，就不要责怪孩子没有感恩之心。所以，让孩子们具有对父母之爱或父母之恩的感知是情感培育或教育的题中应有之义，甚至可以说也是一种责任，用不着遮遮掩掩，羞羞答答。

孩子有没有对爱的感知，在很大程度上取决于父母是否善于爱的表达。尽管爱的表达方式多种多样，但我认为最简单然而又最有效的方式之一就是对孩子的关注。孩子对父母关爱的最初认知正是来自父母对自己是否关注以及关注程度的体验，例如，一声问候与叮咛，一句安慰与鼓励，一个微笑与拥抱，都能让孩子觉得自己不仅在父母的眼中，而且在父母的心中，由此具有被父母关爱的获得感。事实也证明，孩子对父母是否关注自己以及关注的程度不仅非常在意，而且十分敏感，但我们有些父母往往并不在意，也不敏感，乃至于经常有所忽略，最普遍的现象就是一些父母关注手机与宠物胜过关注孩子，个别的父母甚至从早到晚，手机不离手心，对孩子却很少关心，对宠物总是那么精心，对孩子则不够用心，这与其说是注意力的转移和关注重心的偏移，不如说是“移情别恋”，由此使孩子发出了“我多么想成为爸爸妈妈的手机和宠物”的哀叹。面对孩子这样的哀叹，父母们又会有怎样的感受呢？事有凑巧，有一次我饭后散步，偶遇一手摆弄着手机，一手牵着爱犬的熟人，因为很熟，招呼之后，她很自然地与我谈起孩子的教育问题，主要是抱怨孩子一天天地长大，但与自己的感情却一点点地疏远，然后似乎很虚心地问我该怎么办。基于职业的特点，我理当积极地给予回应，但我发现，她在与我谈论孩子的教育问题时，两眼仍然不离手机，身躯随着爱犬不停地移动，也许是触景生智，我笑着回答道：“这个问题说起来很复杂，其实也很简单，你只要把孩子当成手机和爱犬就行了。”我不知道她对我这样的回答有何感想，但我绝不是随口一说，更不是开玩笑和玩忽悠，因为在我看来，这是一个很严肃的话题。

以上讨论并不仅仅旨在强调父母对孩子关注的重要性，而是由此说明，要让孩子具有爱的感知，父母应当重视爱的表达及其呈现方式，用当下流行的话讲就是父母对孩子的爱需要有仪式感。所谓爱的仪式感，也就是爱的姿态美，父母们具有爱的美姿，孩子们才会有爱的美感。

我们认同父母之爱的仪式感，也点赞父母之爱的姿态美，但并不意味着就要过度依赖爱的仪式感，刻意追求爱的姿态美，过度的仪式感无异于形式主义，刻意的姿态美无疑是故作姿态。现实生活中不乏这样的父母，平时很少有爱心的付出，例如，既不主动且经常地与孩子进行情感的交流和沟通，也不积极且有效地对孩子的心理进行疏导和引导，却热衷于做表面文章，甚至为了弥补爱心的不足，在孩子生日或升学时，才有声有色地搞各种庆祝活动，不亦乐乎地摆谱晒排场，比阔晒新颖。所有这些虽然不能一概地说就是虚情假意，但确实能让爱变质变味、失真失实，其结果就是，孩子们只能喜于形而不能感其心，因为伴随着孩子们的成长，他们会逐渐懂得需要父母给予什么样的爱以及什么才是父母真正的关爱。

那么，家庭尤其是父母对孩子的真情流露和真爱表达靠的是什么呢？我认为就是朴实。所谓朴，其要义就是本色，即使经过加工也不华丽与奢侈；所谓实，其要义就是真诚，充盈但不虚假。所以，朴实之爱，犹如纯净的母乳，没有添加剂，最有营养且最有利于健康；也好比自然景观，没有人工打造，最具美感且最能让人赏心悦目。朴实虽然平淡和简约，却是爱的最高仪式和最美姿态，应当成为父母们的自觉追求，不论环境如何变化，都要守朴，不丢本色，务实，不失真诚。现实生活中，具有朴实之爱的父母到处可见，例如，有的父母由于职业的特殊性，早出时，孩子未醒，晚归时，孩子已睡，以致很难在孩子放学后专心致志地陪伴孩子，只能通过微信留言、纸条传情，对于孩子来说，虽然未见其面却能感知其心。更有不少尚处于相对贫困状态的父母，他们也许对孩子没有那么多的甜言蜜语，甚至连像样的礼物都买不起，但为了孩子即使是仅仅为孩子多挣一些学费而四处奔波，不辞辛苦，乃至不惜牺牲自己的健康。所有这些谁敢说不是真诚的爱呢！这样的朴实之爱，不仅能让孩子感动，也令天下所有的父母为之动容，全社会应当还给他们一个庄严而隆重的点赞仪式。

二、慈爱有度防过失

父母慈爱贵有度
泛滥沉溺害处多
孩子事情全包揽
包出小姐公子哥
人生难免坎与沟
岂能总是抱着过
我劝奴仆洗衣婆
束手旁观装懒惰

所有父母对孩子都有一颗慈爱之心，虽然弥足珍贵，但更难能可贵的则是不失其度，因为一旦过度，慈爱就会变成溺爱。说到溺爱，我们许多父母并不陌生，不仅常常挂在嘴边，而且也有着“对孩子不能溺爱”的共识，但对什么是“溺”似乎很少深究，因而有必要再作解读。所谓“溺”，其本义是没于水中，或被水淹没，后泛指沉迷而没有节制的现象以及过分、过度的状态，所以，溺爱也就是指孩子被父母过分、过度或无节制的爱所淹没，正是基于这样的解读，我们在父母溺爱孩子的诸多现象中，选择两个相对突出或比较典型的进行分析，一是操心过度，二是包揽过多。

所谓操心过度，主要表现为对孩子这也不放心，那也不放心，唯恐因为不够细心而导致孩子出现这样那样的问题，以至于什么都要过问，样样都要干预，甚至要求孩子的举手投足、一静一动都不能偏离自己的视线，所感所想、一言一语都要符合自己的意愿。这样的操心过度，实际上是一种“关爱强迫症”，或者说只是为不信任孩子滥贴了爱的标签，滥用了爱的名义，看似爱心博大，却是大而无当，其结果就是把孩子爱得喘不过气来，由此构成了孩子隐性的成长烦恼。在日常生活中，我们做父母的无不为孩子日夜操心甚至操碎了心，但换来的往往是孩子的不胜其烦和逆反，其重要原因也正是在于我们对孩子爱心表达的过度。都说孩子的培养以及如何看待孩子的成长需要平常心，爱心也是一样，需要平和、平静，不要总是那么心潮澎湃、心痒难挠，更要防止心急如焚、心动过速。

所谓包揽过多，其主要表现就是把应该由孩子自己去做且自己能够做的事情一概包办。诚然，有的时候尤其是在某种特殊的情况下，父母们给孩子主动帮忙，出手相助不仅是难免的而且也是必要的，但不少父母却把这种帮忙和相助变成了越俎代庖，以至于事无巨细包揽无余。父母们对孩子的事情既包又揽，看似被迫无奈，实则是自告奋勇，其原因就是为了提高爱心的显示度，似乎不给孩子做事就不足以充分表达对孩子的爱，正由于此，许多父母在苦不堪言、叫苦不迭的同时，又是那么的乐此不疲、乐不可支，进而自觉自愿地甘做孩子的奴仆，其结果就是把孩子爱得立不起来。今天的一些孩子之所以这也不会做，那也不会做，大多情况下并不是因为他们不能做，更不是因为不愿做或有着依赖的故意，而是由于我们父母包揽过多，说到底，是我们父母压根儿就不让他们自己去做。

以操心过度、包揽过多为主要特征的溺爱，对孩子确实是有害的，犹如江河泛滥必成其灾。古往今来，众多的有识之士无不把防止溺爱作为孩子教育与培养问题上最重要的忠告和最醒目的警示牌。遗憾的是，在现实生活中，总有那么多的父母因为过于感性或“被情所困”，对如此重要的忠告充耳不闻，对如此醒目的警示牌视而不见，以至于仍然品尝着因溺爱而带来的苦果，这就有必要对溺爱的危害性再作理性的评估。

溺爱的危害性很难用一句话概括，但从人才培养的角度看，我认为最大的危害就是导致孩子独立精神的缺失、独立能力的丧失，表现为不能独立地适应环境、不能独立地选择职业、不能独立地处理问题、不能独立地克服困难，概括起来就是不能独立生存、创造生活、谋求发展。仅此一点就足以说明，父母的溺爱对孩子的成长与发展是多么的有害，所以，父母们千万不要因为自己的溺爱而导致孩子失去独立生活的能力，一个失去独立生活能力的孩子，在未来的人生道路上，很难独挡风和雨，独跨坎与沟，我相信没有一个父母愿意永远抱着他们过。

失去独立能力无疑是孩子培养上的最大失误，也是整个社会的最大忧虑，由此使防止孩子失去独立能力构成了素质教育的重大任务，同时也是所有父母的重大责任。那么，如何才能有效地防止孩子失去独立能力呢？虽然需要多措并举，但我以为最关键的一招就是孩子的事情让孩子自己去做，父母则是要束手旁观装懒惰。“懒惰”一词似乎很难听，“装”字也多有贬义，但用于孩子独立意识与能力的培养则不失为一种智慧。为了提高孩子做事的自觉性，减少依赖性，父母在孩子该做且能做的事情上故意偷懒，因此，装懒惰并不是真懒惰，或者说不是对孩子的事情不闻不问大撒手，不瞅不睬大甩锅，而是要基于职能定位，做自己应该且必须做的事情。具体到孩子的事情上，父母们要做的至少有如下三个方面：第一是要给孩子明确做事的边界，即哪些事情是属于孩子的事情，应当由孩子自己去做，最好是能列出清单，由此让孩子具有自我的责任意识。第二是要给孩子提出适度的要求，即这些事应该做成什么样子，做到什么程度，什么时候应当完成，由此端正孩子努力把事情做好的认真态度。第三是要给孩子进行及时的指导，即告诉孩子事情应从哪里做起，什么样的事情应当用什么样的方法去做，做的过程中遇到困难如何想办法去解决等，由此培养孩子做事的能力。如果要再增加一条，那就是给孩子热情的鼓励，增强孩子的信心。父母们只要能做到这“3+1”，孩子们怎么可能会失去独立能力！也怎么可能会有那么多的“巨婴”！

我在高校工作了四十多年，也曾在高校主要领导岗位上工作了二十多个春秋，最令我兴奋且难以忘怀的情景之一就是每年新生报到的现场。面对从四面八方奔涌而来的莘莘学子，喜悦之情确实难以言表，尤其是没有父母陪伴以及亲友簇拥独自一人背着行李前来报到的孩子，更是让我情有独钟，刮目相看，总是尽可能地与他们热情交谈并给予赞赏，同时也一再提醒院系的负责人、辅导员以及从事学生工作的同事们，要对他们给予特别的关注。事实也证明，他们中的绝大多数在校期间各方面的表现都相对突出，成为学生干部的也相对较多，也正是这样的体验使我深化了这样的认知：我们所有父母都对大学充满了信任，都希望大学能把孩子培养成才，但孩子走出大学校门的时候是什么样的才，在很大程度上也取决于他们踏进大学校门的时候是什么样的材，大学对人才的培养确实具有特殊的功能，但绝没有特异功能，对于那些“娇小姐”“公子哥”而言，大学能够做的也许只是让他们改头换面，很难让他们真正地脱胎换骨。我谈这样的体会，不是为了给大学的“失能”辩护，而是旨在给父母们如何防止对孩子溺爱进言。

三、富爱无恙靠精神

父母曾经为爱苦
今日爱心遇上富
富而思爱需淡定
莫让爱心漂与浮
物质如墙把爱堵
精神贯通爱心路
若用金钱炫耀爱
爱心越厚越糊涂

父母对孩子的关爱不仅仅是一个亲情伦理的范畴，或者说父母之所以把全部的爱都奉献给孩子并不仅仅是由 DNA 所决定的，而是具有鲜明的社会属性和显著的时代特征，突出的表现就是，爱的内涵会随着社会的发展而不断丰富，爱的方式也会随着时代的进步而有所变化。常言道，世界上没有无缘无故的爱，其实，世界上也没有一成不变的爱，爱心既是永恒的，也是多变的，更是鲜活的，如果要问影响爱心的最大因素是什么，我以为是物质与金钱。从总体上看，物质与金钱的匮乏，无疑会使爱心缺血，表现为力不从心或爱莫能助，但物质与金钱的丰厚也容易使爱心肥大，表现为心浮气躁或爱不自禁，这说明，跳动不止、奔腾不息的这颗爱心也并不那么轻松，而是既有苦也有累，即苦于贫穷、累在富裕。

我们这些曾经的孩子，对苦于贫穷的父母之爱有着刻骨铭心的记忆和感怀。在那样一段充满着生存危机的岁月，父母宁可自己挨饿、受冻也总是想方设法让我们尽量吃得饱些、穿得暖些，尽管我们仍然生活在饥寒交迫之中，但父母已经尽到了最大的努力且作出了最大的牺牲。每当想起这些，我们对父母的那颗爱的苦心总是有着表达不尽的感激。我们对父母之所以感激不尽，固然是因为他们含辛茹苦地把我们养大，但更为重要的原因则是他们用爱的苦心培育了我们独立自强、吃苦耐劳、敢于担当、勇于拼搏的精神和品质。面对全社会给予“50后”以及“老三届”的点赞之声和溢美之词，我们更多的不是沾沾自喜、忘乎所以，而是思绪万千、心潮难平，集中到一点，就是感念父母用爱的苦心培育了我们成功的基因。我说这些，绝没有夸张、作秀或煽情之意，只是很自然地表达了我们这一代孩子对父母的真情实感。

今天的社会和时代已经完全不同了，伴随着高水平、高质量小康社会建设的进程，父母们的爱心也正在告别贫穷，奔向富裕。尽管还有不少父母仍然为爱而苦，但对于大多数父母的爱心来说无疑已遇上了富，这确实是一种幸运，但在快速致富或相对富裕的环境状态下，如何才能守住这颗爱心，显然是一个新的且重大的现实问题，也是一个难题。坦率地说，许多父母的爱心是在没有充分准备的情况下突然遇上了富的，以至于有点茫然不知所措，其结果就是，我们越来越富裕了，爱心也越来越漂浮了。

改革开放的重要成果之一，就是催生和涌现了众多的市场精英和自主创业的成功人士。经过艰苦的打拼，他们较快地完成了资本的原始积累，拥有了相对丰厚可观的物质财富，形成了被体制所容纳且为法律所认同的先富起来的社会群体，即富裕的社会阶层。在他们当中，不乏具有理智与远见、德财配位尤其是守得住爱心的人，表现为对孩子的要求严格，注重于孩子自立意识和自强精神及能力的培养，为整个社会富起来以后如何更好地关爱孩子的健康成长提供了有价值的实践样本。毋庸讳言，他们中的有一些人并不是这样，突出地表现为爱心因富裕而迷失，在他们看来，创业的成功，不仅使自己这条“咸鱼”得到了彻底的翻身，完成了社会阶层的逆袭，而且从根本上改变了家庭乃至家族的命运，由此把孩子享受优裕的生活当作是最大的情感满足和心灵慰藉。他们虽然也会对孩子提出好好学习的要求，但并不真的指望孩子能通过努力学习而创造自己的生活进而丰富自己的人生。相对于财富分配的不公，由富裕所导致的爱心迷失才是更大的社会隐患。

由于本人长期在高校工作，因而常常会接受许多父母关于孩子教育问题的咨询，且听一位老板的坦言："我从小在农村长大，家境贫寒，虽然没有念多少书，但立志创业，风里来，雨里去，终于创下了这一份事业，看起来很光鲜，其实备尝艰辛，因此，我不忍心让孩子再吃二遍苦、再遭两茬罪。我尽管算不上富豪，但积累的财富已足够孩子享用了，不瞒你讲，我连孙辈们的房子都已准备好了，只要孩子能轻轻松松地拿到一张大学文凭，然后再有一份看起来比较体面的工作，并尽早结婚生子，我就心满意足了。"对于如此的爱心表达，我自知没有资格表示非议乃至批评，但作为一名教育工作者，无论是基于责任还是出于良知，都不允许我随声附和。当然，在他们面前谈"其兴也勃、其亡也忽"以及"富不过三代""五世而斩"的那些道理似乎并不合适，因而只能礼貌且友好地提出这样的一个问题："你为孩子的未来生活作了如此精心的准备和安排，爱子之心固然可贵，用心也堪称良苦，但有没有冷静地想一想，孩子未来的生活应该是什么样态？他们需要什么样的生活？"在此基础上，我又谈了两点看法：第一，文凭是孩子努力学习的成果证明，不是轻轻松松就能拿到的；第二，孩子人生价值的彰显靠的是尊严。这样的提问和看法未必能顺这位老板的耳，但我自认为是忠言，至少是直言。

伴随着中华民族的伟大复兴，爱心的"富有"将是一种新的常态，问题在于如何才能有效地防止爱心的"富贵病"，从而使富爱无恙。要有效地防止爱心的"富贵病"，其关键我认为就是不要用小富消弭孩子的大志，不要用物质的盛宴代替精神的洗礼，更不要用自己的成功买断孩子的发展之路。为此，我郑重地建议所有父母尤其是创业成功、先富起来的父母们能对孩子说这样几句话："我们只是走过了属于我们自己的创业之路，你们的人生道路要靠你们自己去走；我们今天创造了属于我们自己的生活，你们的未来生活要靠你们自己去创造；我们积累的财富虽然可以让你们分享，但并不属于你们；我们的成功虽然为你们奠定了发展的基础，但你们必须在新的起点上重新开始。”这几句话听起来似乎很简单，却标志着传统爱心文化的突破和创新，堪称是具有新时代内涵和特征的“富爱宣言”！凡是能如此说且能这样做的父母，才是真正懂得关爱孩子的明白人。

四、一个不字爱意深

关爱孩子重自律
满足需求宽从严
一呼百诺爱滋娇
百纵千随娇生泆
敢于拒绝爱才深
只会迎合终是浅
治理宠爱先治软
硬气父母最有力

父母关爱孩子的内容是丰富的，其方式也是多样的，父母对孩子的那颗爱心不仅宽广而博大，而且生动又鲜活。如果要问现实感最强烈、显示度最真切的内容和方式是什么，我以为就是满足孩子的需求，正由于此，在日常生活中，我们很多父母都会把满足孩子的需求看作是对孩子最大的关爱，进而把最大限度地满足孩子的需求当作情感的最大追求，总是殚精竭虑、不遗余力，哪怕上九天揽月、下五洋捉鳖，也心甘情愿，无所畏惧。

让孩子的需求得到最大限度的满足或为了满足孩子的需求而作出最大的努力，确实是我们父母关爱孩子的本分，也是好爸爸好妈妈的重要标准，但问题是，我们很容易把满足孩子的需求作简单化的理解和形式化的处理，常常缺乏理性的思考。在日常生活中，许多父母面对孩子的需求很少做合理性的评估，对满足孩子需求的方式也很少注重有效性的选择，尤其是对满足孩子需求的“度”不能精准地把握，即是说，在孩子的需求哪些才是合理的或应当努力满足孩子什么样的需求，以及用何种方式去满足孩子的正当需求，满足到什么程度等一系列的问题上，认知并不真正清晰，这就难以避免种种失控现象和失范行为，其突出的表现就是对孩子有求必应、一呼百诺、百纵千随。这样的一味迎合、百般顺从，很容易使孩子因纵成宠，因宠滋娇，因娇生泆，这无疑是我们许多父母在关爱孩子问题上最大的苦恼和遗憾之一。要消除这样的苦恼，避免这样的遗憾，就必须回归理性，高度重视并切实加强对孩子需求的管控。

对于我们父母来说，如何管控孩子的需求，既是一个非常重要的任务，也是一个十分困难的问题，从实际出发，我认为最有效、最管用的一招就是敢于拒绝，敢于对孩子说“不”。对孩子的需求给予拒绝看起来有点狠心，对孩子所说的那个“不”字，听起来也有点冷酷，但对于孩子的培养而言，却内含着重大的人文价值。其一是能让孩子知道，对父母提出的要求并不都是合理和正当的，不合理和不正当的需求是不会得到认同而是会被拒绝的；其二是能让孩子懂得需求的满足是有条件的，纵然是合理的需求和正当的要求，也并不都是能够得到满足的，即使父母作出最大的努力，也很难让自己心满意足。孩子只有既知又懂，才能从小学会需求的自我约束，进而具有自律的意识。所以，父母们对孩子的这一声拒绝和一个“不”字，蕴藏着深深的爱意。其实，不少人早就表达过这样的观点：“有一种爱叫拒绝！”我深以为然。

回看现实，我们有些父母在孩子的需求面前，尤其是面对孩子不断膨胀的不合理需求，缺乏拒绝的勇气，这与其说是人性的弱点，不如说是爱心的弱点，一些孩子之所以因需求得不到满足就敢于在父母面前无理取闹乃至撒泼打滚，摆出不达目的誓不罢休的架势，也正是抓住了父母不敢拒绝或不忍拒绝这一弱点。现在越来越多的人赞同这样的说法，即“跪着的老师培养不出站着的学生”，其积极的意义是希望所有的老师在孩子面前要有底气，更要硬气，敢于对孩子不合理的诉求和不规范的行为说“不”。事实上，敢于拒绝和说“不”并以此重塑昂首挺立形象的老师真的比以前多了很多，这无疑是值得高兴的事情，但相比之下，我们许多父母在孩子面前却没有那么硬气，常常显得那样的软弱无力，殊不知，不敢拒绝和说

“不”的父母，根本不可能培养出懂得自律的孩子，这比“跪着的老师”更可悲。一个严酷的现实是，许多孩子早已成人乃至成家立业，且不说如何关心和孝敬父母，至少应当具有独立的生活能力并独自担当相应的责任，遗憾的是，他们似乎永远没有长大，依然如故地对父母提出种种不合理的要求，习以为常地给父母布置这样那样的任务。伴随着年龄的增长和体能精力的衰退，许多父母早已力不从心，也只能勉为其难，不敢拒绝，因为一旦拒绝，轻则带来孩子的不满意从而影响到家庭的和谐，重则造成亲情关系的紧张和情感的破裂。面对这样的孩子，整个社会都会把他们归入不孝之子的行列并给予严肃的批评和强烈的谴责，批评无疑是必要的，谴责显然也是合理的，但许多父母往往忽略了一个十分重要的原因，这就是：孩子的这种不孝在很大程度上正是我们家长不敢拒绝或说“不”的结果。由此我认为，简单地把这些不孝之子推向被告席接受道德的审判乃至被“社死”，其理由并不充分，因为绝大多数的不孝之子也是父母宠爱的受害者。孩子的不孝固然有错，但首先是我们父母有过。

我国传统的教育文化历来就非常重视对孩子需求的严格管控，从来不片面强调所谓的“最大限度”，而是讲求适度，即，在孩子需求的满足问题上，留有余地，防止太满。这不仅能体现出父母良苦的用心，更具有着重大的人本意义，因为需求的严格管控，能让孩子从小学会欲望的自我控制，进而达到修身、修心、养性、养德的目的，这无疑是孩子培养上的远见与卓识，更是关爱孩子的理性与智慧，今天的父母们不仅应当自觉地借鉴和继承，更需要努力地发扬光大。

五、爱心回报去功利

父母爱心多预期
图报合情需合理
若用爱心作投资
虽不势利也功利
只把爱心当奖品
道是无私却有私
爱之初心在人本
桃李互赏非交易

世界上所有的爱都是美好的，凡是具有爱心的人也都是值得点赞的，但相比之下，父母们对孩子的爱心无疑是最为美丽的。所以自古以来，人们几乎把最美的致敬词都献给了天下的父母，例如：博大而崇高、厚重而质朴、炽热而纯真等都至为精当，尤其是倾情付出、无所保留、甘愿牺牲却不求回报的表述更为经典，所有这些都是对父母们爱心最公正的评价和最准确的定义，也是全社会给予父母们爱心的最高礼赞和褒奖。面对这样的评价和褒奖，所有的父母不仅要懂得珍惜，更需要懂得自爱。

不求回报是父母爱心最可贵的品质，我们许多父母也总是以此为自豪，但只要仔细地想一想，就很容易产生这样的疑问：父母们把所有的爱都给了孩子，真的不求任何回报吗？我的答案是否定的，至少是“未必”。坦率地说，几乎所有的父母对孩子爱的付出都是希望能够得到回报的，或者说，都对爱心的回报有所期待，例如：我们用爱心滋润孩子，不仅期待孩子能快乐地学习、健康地成长，从而成为一个品德高尚、才能卓著以及工作有业绩、生活有质量的优秀人才，而且指望通过孩子的成功能让自己这条“咸鱼”彻底翻身，并使家庭的命运得到根本的改变。事实上，没有一个父母不把孩子的成功或者为成功而努力奋斗看作是对自己爱心付出的最大回报。再例如：我们所有父母都希望孩子能懂得知恩图报，虽然我们并不奢望或苛求孩子一定要做到滴水之恩涌泉相报，但至少有着这样的期待，即孩子不能没有感恩之心，至于说今天我陪着孩子长大，明天孩子陪着我变老，那就是更为强烈的求回报心理。所有这些都充分地说明，父母对孩子的爱心，既是浪漫的，也是现实的，父母对孩子的这颗爱心同样充满着人间的烟火味，正由于此，父母们的爱心才显得那么的真实而可信。

父母们期待爱的付出能有所回报的心理，不仅是正常和正当的，而且蕴藏着巨大的正向激励功能，突出地表现在：孩子能把父母的这种爱心回报的期待作为价值的追求，并转化为内在的精神力量。例如，对于许多孩子而言，立志成才，努力进取的最初动力正是为了不辜负父母的爱心，这无疑是最妥帖也是最有效的励志教育和人格培育。所以，面对孩子，父母们希望爱心得到回报的心理，用不着故意回避，而是应当坦诚相告。

我们对父母希望爱心得到回报的心理给予了充分的肯定和高度的认同，但这种心理同样需要有效的管控和自我的调适，从而做到既合理又适度，更为重要的是必须坚持人本精神，不忘爱的初心，否则，也会迷失方向甚至走入误区。在日常生活中，一些孩子之所以对父母的爱心回报期待和心理不能给予高度的认同，其重要原因正在于此，而我们许多父母很少从这一角度去观察和思考，为此，我提出两点看法，与父母们一起讨论。

第一，不把爱心当投资。我们承认父母爱的付出存在心理预期的合理性，但这种心理预期并不是爱心付出的前提和理由，即父母不是因为有回报的预期，才有爱的付出。父母与孩子之间特殊的亲情伦理关系决定了爱的付出是没有条件的，所谓没有条件，就是父母爱的付出不因孩子的状态差异而有所改变，也不因期望值的高低而任意选择，不能把爱心的付出简单地等同于为了未来收益最大化而进行的投资，否则，就很容易被功利所绑架。在现实生活中，我们有些父母总是一味地追求爱心的高额回报，犹如资本不仅要实现增值而且要带来丰厚的利润，虽然不能说是势利的，但确实是功利的，给孩子造成了巨大的精神压力和情感负担，使许多孩子面对父母强烈的爱心回报期待自信不足，甚至产生无力回报的感觉。所以，父母们在爱心回报的问题上要自觉地防止功利化倾向，并由此强化这样的认知：爱心的付出是情感的归属，不是资本的运作。

第二，不用爱心作交易。当我们说父母对孩子爱心的付出与回报不是资本运作的时候，还有着另一层更深的含义，那就是父母不能用爱心与孩子做交易。“交易”这一词听起来很刺耳，但在现实生活中，用爱心做交易的行为或现象却到处可见，其突出的表现就是不少家长自觉不自觉地把爱心的付出与孩子的学习成绩挂钩，即是说，父母爱心付出的多少直接取决于孩子学习成绩的优劣和分数的高低，孩子的成绩越好，分数越高，父母爱心的付出就越是充分，反之，就会大打折扣乃至很不情愿。如此的“挂钩”现象很容易让孩子产生这样的感觉：父母爱的并不是我，而是分，或者说，父母的爱心只是为了高分而设立的奖品，如果要获得这一奖品，必须用好成绩去交换。由此必然导致两种结果：对于那些学习成绩相对较差的孩子来说，父母的这一爱心奖品形同虚设，似乎永远与己无关；对于学习成绩相对优异的孩子而言，父母的爱心是靠自己的劳动成果换来的，不仅可以心安理得，而且不必有感恩之心。在现实生活中，有些孩子之所以对父母的爱心既缺少敬意也不领情，其重要原因就是在他们的心中，父母的爱是出于私心，爱的是他们自己的那个面子，那份虚荣。所以，父母们的爱心需要净化，虽然难免会夹杂私心，但要努力防止异化为私心。由此我们应强化这样的认知：爱心的付出与回报信守的是道德准则而不是市场规则，追求的是情感倍增，而不是利益双赢，纵然是投桃报李、桃来李答，也只是为了彼此欣赏，而不是等价交换。

六、放飞爱心敢分离

孩子当有凌云志
父母爱心与天齐
天高才能任鸟飞
爱不忍释燕啄泥
家庭温暖方寸地
远方为爱赋新诗
追梦圆梦千万里
大爱无疆敢分离

所有父母的情感寄托和爱心归属莫过于孩子能健康地成长和顺畅地发展进而拥有美好的生活和完美的人生，但孩子们的成长道路和发展模式以及生活方式和人生目标，只能由他们自己去选择。面对孩子们的自主选择，我们父母虽然有引导和指导的责任，却不能进行硬性的干预，更不能作出武断的决定，而是要相信孩子们的选择有着他们的依据和理由，应当给予积极的认同、充分的尊重。同时要认识到，孩子们对人生道路的自主选择，是其主体意识和独立精神的重要体现，也是其自信、自强的显著标志，父母们更应当感到欣慰并由衷地给予欣赏。伴随着社会形态的快速转型和时代格局的急剧变化，孩子们的选择机会越来越充分，选择的空间越来越广阔，足以让孩子们的青春更加自由地放飞，千万里追梦圆梦的愿景更加具有现实的可能性，这无疑是孩子们的幸运。为了孩子们的人生更加丰富和精彩，父母们的思想需要进一步解放，心态需要进一步开放，突出地表现为热情支持并鼓励孩子们远走高飞，让孩子这只绕梁的堂前燕，飞出寻常百姓家。

远走高飞，既符合“好男儿志在四方”（好女儿也是一样）的优秀传统文化，也体现追求“诗和远方”的新型价值观念，更彰显着孩子们“清风送我上青云”“直挂云帆济沧海”的豪情壮志。我们常常勉励孩子们要志存高远，虽然志的高和远具有丰富的内涵，也并不仅仅是一个物理空间的概念，但敢于独自远行、勇于飞向蓝天，无疑是题中应有之义，这就要求我们所有父母在孩子的培养问题上，立意要高，目光要远，要具有“不畏浮云遮望眼，自缘身在最高层”的境界，切不可再用“父母在，不远游”这样的狭隘伦理观念去束缚孩子，更不能用家庭的温暖去消弭孩子的独立意志和精神。父母无论怎样多情，只是温柔之乡，绝不是孩子的未来世界；家庭不管多么温暖，也只是方寸之地，绝不是孩子的人生舞台。所以，纵观古今，横看中外，所有开明的父母都十分注意防止孩子对亲情和家庭的过度依恋，也不会总是把孩子当作“啄新泥”的春燕和“争暖树”的早莺。

要鼓励孩子们远走高飞，不仅需要父母们立意的高和目光的远，更需要爱心的大，孩子们能走多远，能飞多高，也取决于父母们的爱心有多大。常言“海阔凭鱼跃，天高任鸟飞”，如果把孩子比作“鱼”和“鸟”，那么，父母的爱心也是“海”和“天”，唯有父母爱心的海阔天空，才会有孩子的尽情跳跃和自由飞翔。因此，为了孩子的人生发展，父母们既要登高远望，更要有大爱之心。都说大爱无痕，其实，无疆才是真正的大爱，所谓大爱无疆，其重要的内涵和表现方式就是敢于分离，如果说父母的大爱也有痕的话，那就是：爱心与孩子的青春一起放飞。

说到分离，我们许多父母也许并不那么爱听，在情感上难以认同，心理上也难于接受，其原因至少有两个方面：第一是因为传统的亲情伦理文化，过多地用聚合对爱进行解读和诠释，似乎只有聚合乃至黏合，才有情感的满足即天伦之乐，也才有爱心的安放即承欢膝下。第二是因为环境的复杂难以判断，其变化更难以预料，对孩子的分离尤其是远离既不放心也不忍心，正所谓“儿行千里母担忧”。仅仅以上两个方面的原因，就决定了不少父母对孩子总是那么的难以割舍。其实，相对于聚合而言，分离才是人生的常态，适时地与父母分离乃至渐行渐远也是孩子自我成长与发展的常态，所以，我们父母不仅要勇于面对孩子的分离，而且要学会如何在分离的状态下表达爱心。

正因为与父母分离是孩子人生发展的常态，所以，孩子的教育与培养从一开始就有为分离而准备的价值取向和功能定位。我们今天之所以如此重视和强调孩子的素质培育，其重要的目标之一就是为了孩子在与父母分离的状态下能具有独立生存和自我发展的勇气与能力，这也是许多学校在对孩子进行素质拓展训练的时候，十分注重创设与家庭和父母适度分离的环境和情景的重要原因。事实上，孩子与家庭、父母处于相对分离的状态下，其素质才能得到最真实的展现，也最有利于孩子素质的自我完善。只要我们细心地观察就不难发现，正是与父母分离的环境和状态，造就了许多优秀的孩子，这对于我们如何进一步完善孩子的培养模式无疑具有重要的启示作用。

立足于分离进一步完善孩子的培养模式，是家庭教育面临的一个重要课题，同时也是一道有待破解的难题。如何破解这一难题，不仅需要父母们心态的调整，重点是解决“舍不得”“放不下”“离不开”的问题，同时需要对孩子培养中的诸多关系重新界定和厘清，其中，陪伴与分离的关联度或对应性最强，因而有再作讨论的必要。我的总体看法或基本观点是，在孩子的成长过程中，父母陪伴的重要性毋庸置疑，所有的父母都应当且必须尽可能给孩子多一些陪伴，但陪伴的重要性也不宜过度地夸大乃至绝对化。确实，有的孩子之所以存在这样那样的成长性问题，大多与缺少父母的陪伴直接相关，但如果由此就得出“优秀的孩子都是陪伴出来的”结论，则未免言过其实。生活中更多的例子说明，父母用心陪伴未必能陪伴出优秀的孩子，其重要原因就是我们常常把陪伴理解为寸步不离、形影相依，从而造成了孩子在心理上以及行为上对父母的过度依恋和依赖，例如，有的孩子只要父母不坐在身边，学习就心神不宁，就连作业也很难独立完成，更有这样的孩子，一旦父母出差哪怕只是短暂地离家，也会有恐惧之感，即通常所说的“分离焦虑”，甚至于就连睡觉也要抱着父母的枕头。这样的所谓陪伴怎么可能陪伴出独立、自信、勇敢、坚强的孩子呢？相反，有的父母由于种种原因（这里主要指客观原因）不能与孩子朝夕相伴，甚至时常分离，孩子却很优秀，如果说有什么秘诀和奥妙，那就是一句话：适度的分离让孩子早早地学会了独立和自立。我这样说，并不是要给陪伴泼冷水，唱反调，更不是为那些因主观故意对孩子缺少陪伴乃至不陪伴的父母辩解和开脱，而只是建议父母们要辩证地看待和恰当地处理陪伴与分离的关系，使之适以相成，即在陪伴的过程中保持适度的分离状态，在分离的状态下选择适当的陪伴方式。

七、家庭和谐就是爱

父母好合源于爱
孩子有情奔爱来
家庭完整爱圆满
残缺不幸爱破碎
和谐生爱堪称美
怒怼伤爱究可哀
爱河改道虽无奈
先问爱渠为谁开

在现实的所有社会关系中，父母关系以及父母与孩子的关系看似最简单其实是最为复杂的，因而也是最难说得清楚、道得明白的。但千百年来，人们从未放弃过思考，于是就有了各种各样的解读和见仁见智的诠释，其中“夫妻是缘，善缘孽缘，无缘不合；父子是债，欠债还债，无债不来”似乎是民间流传最久且影响最大的一种说法，以至于我们今天的许多“信众”还会经常地引用。如果我们进一步聚焦人本精神和人文情怀，也许会获得更为清晰的认知，这就是，夫妻的“合”也好，孩子的“来”也罢，都源于一个爱字，即夫妻好合源于爱，孩子有情为爱来。进一步说，夫妻之合并不是冥冥之中的那个“缘”字所决定的，而是基于对爱的理解做出的自主选择，这也正是自由恋爱所具有的本质意义。既然“合”是一种自主选择，那么对爱也就应当自我担责。孩子之所以“奋勇争先”来到父母身边，绝不是因为“债”，而是为了爱，一方面是为了获得或享有父母的那份人间温情和热爱，另一方面则是为了使父母的爱能得到延续和升华，所以，孩子既是父母爱的结晶，更是父母爱的天使。

正因为孩子为爱而来，普天之下的父母们才把孩子享有最充分的爱作为最大的心愿，并努力追求爱的圆满和完美，唯恐留下点滴的遗憾，这样的心愿和追求确实难能可贵。然而回看现实生活，由于各种各样的原因，几乎所有父母对孩子的爱都不可能那么的圆满和完美，以至于存在这样那样的遗憾似乎也是一种常态，所以，父母们对孩子的爱既需要真切、真诚，也需要坦然、释然，只要尽到这份爱心，也就无愧于心。

我们承认对孩子的爱难以圆满和完美的事实，并不意味着父母们就不要有对圆满与完美的追求，或把求之不得作为降格以求的借口，恰恰相反，我们不仅应当而且必须要有圆与美的自觉追求。如果要问，什么是爱的圆满与完美境界，我以为最基本然而又是最重要的标准就是家庭的完整和夫妻的和睦，父母们只要能做到这两点，对孩子的爱也就堪称圆满，近乎完美，因为在孩子的心中，家庭的完整就是爱，父母的和睦就是最大的爱。如果追问，什么最能让孩子感到心满意足并具有美的享受，那就是花好月圆。

家庭是以情为纽带、以爱为内核的生命共同体，这一纽带系得牢不牢，这一内核裹得紧不紧，直接决定着孩子对爱的感受真不真、实不实，其中，最为重要的因素与标志就是家庭的完整性。对于孩子而言，只要家庭是完整的，不论物质多么贫乏、收入多么微薄，其情感都是丰满的；不论生活多么简朴、房子多么老旧，其内心也是温馨的，所以，孩子不仅需要有一个家，而且渴望有一个完整的家。都说有家才有爱，但如果家庭是破损的，孩子纵然有爱，也不能不说是残缺的，因此，为了孩子，所有父母都应当十分珍惜并精心维护家庭的完整性，既要防“天灾”，更要防“人祸”。

家庭的完整并不仅仅在于“全”的外观，更为重要的是必须具有“和”的内核。所谓“和”，就是父母之间的和睦、和谐。都说“和为贵”，其实，“和”就是爱，乃至是爱的至美形态与至高境界。在现实生活中，父母们的个体差异是一种客观的存在，例如，地位总是有高有低、光环有多有少，能力也难免有强有弱、成功有大有小，但对于孩子们来说，所有这些都不会作过多的计较，只要父母能和和美美，就足以感到珍贵、幸福乃至陶醉。

相信绝大多数人都会有这样的体会：父母相敬如宾、相濡以沫，孩子不仅喜形于色，而且娱悦于心，相反，父母相逢狭路，相互怒怼，孩子不仅无可奈何，而且黯然伤悲，所以，凡是对孩子真正有爱心的父母，不仅能自觉地“求和”，而且能努力地“维和”，彼此都会运用谦让、忍让或宽容、包容的方式及时化解矛盾和危机，随时消除误解和隔阂，从而努力避免感情的破裂。感情的破裂也就是爱镜的破碎，父母的爱碎一地无疑是孩子最大的不幸和悲哀，正是从这个意义上说，父母为了孩子努力求和、精心维和既是一种责任，更是一种修养。

教育的理论和实践一再证明，在通常的情况下，家庭是否完整、父母是否和睦，对孩子的学习状态以及成长样态确实有直接的乃至重大的影响。毫不夸张地说，只要是长期从事教育工作并善于观察的人，仅仅依据孩子们的表情、眼神以及行为举止，就能大致判断出其家庭与父母的和谐状态。诚然，不完整的家庭也能走出有出息的孩子，吵吵闹闹的父母也会有相对优秀的孩子，只是不要忘记，这些孩子本来可以更有出息，更加优秀。

我们强调家庭完整与父母和睦的极端重要性，同时也承认，家庭不是世外桃源，出现家庭的重组、夫妻关系的重建乃至爱河的“改道”都不奇怪，重要的是必须确立并信守“孩子优先”的原则。所谓孩子优先，就是不论“重组”“重建”的理由多么充分，都必须首先对孩子可能受到的伤害以及伤害的程度作出理性的评估，绝不能轻率地以牺牲孩子的健康成长和幸福为代价，同时要清醒地认识到，为孩子“开爱渠”无论如何都比自己的“爱河改道”更为重要。在现实生活中，很多父母都有着这样的情感和心境表达：为了孩子，我们甘愿忍受所有的委屈，不怕承受一切的痛苦。但同样遗憾的是，并不是每一个父母都真的能这样做，以至于仍然有那么多的孩子生活在被父母爱情所遗忘的角落。

八、豪放爱出阳刚孩

孩子未来靠力量
勇敢坚强大气场
大气才有大格局
父母之爱需豪放
豪放放出千里马
绵柔柔化小绵羊
娘炮因何遭贬义
只为男儿多阳刚

我们在孩子培养的诸多问题讨论中，一再表达了这样的观点：孩子能否走向成功、赢得未来，取决于素质是否完整和健全，其中，道德优良、品行端正无疑是最重要的，但具有强大的内在力量同样至关重要。说到力量，许多人很容易把它归结于知识，因为我们对“知识就是力量”的论断从来就深信不疑，同时我们也强调文化是更为重要的力量，但力量并不仅仅源于知识和文化，无数成功者的经历和经验都充分地证明：真正的力量是完善的人格和强大的气场。例如，在人生的发展道路上，具有坚定不移的目标、坚强不屈的意志、坚韧不拔的品质，具有勇于拼搏、争先、担当和敢于毅行、挑战、亮剑的胆量，同时具有耐得住寂寞、压力、挫折和受得了批评、误解、委屈的器量，仅此几点就足以称得上大气，而大气才会有人生的大格局。所以，家长们要想培养出具有强大内在力量的孩子，就不要总是两眼紧盯着考场不放，而是要高度关注且及时转向气场，因为对于孩子的人生发展来说，大气磅礴显然比学识渊博更为重要，犹如“将军决战岂止在战场”一样。

孩子的气场并不是自然形成的，尽管有先天的因素，但主要是靠后天养成的，其中父母（包括老师）的关爱方式无疑是最为重要的影响因素。孩子之“气”与父母之爱存在着极其紧密的联系，甚至可以说，父母用何种方式去关爱孩子，孩子就会有什么样的气场。从大概率上看，如果父母对孩子的关爱是豪放的，孩子的性情往往也是豪迈的，即“豪放放出千里马”；倘若父母对孩子的关爱总是那么的绵柔，孩子的性情常常也是柔弱的，即“绵柔柔化小绵羊”。所以，要让孩子大气，父母之爱当有豪气，要让孩子具有强大的内在力量，父母之爱就必须充满力量。

从父母之爱看孩子之“气”，并不是一个标新立异、故弄玄虚的理论命题，而是一个真真切切的现实问题和不能不谈的生活话题。早在二十世纪九十年代初，一些有识之士就敏锐地发现了这样的现象：孩子们的知识虽然越来越丰富，但整体素质却呈现出逐渐弱化的趋势，突出的表现之一就是“气”即内在力量越来越不足。由此发出预警：如果这种“气”不足的现象得不到及时且有效的改变，将会严重地危及孩子和民族的未来。正是基于这样的远见和卓识，才有了素质教育理念的提出和模式的探索。三十年的实践证明，他们的判断没有言过其实，他们的警告也不是危言耸听，只是许多人对这一“哨声”不以为然，更为重要的是缺乏认同和面对的勇气，不仅用美丽的肥皂泡去掩盖，而且被耀眼的成绩单所陶醉，以至于我们今天不得不重新正视这一问题，重谈这一话题。

凡是具有理性和良知的人，对教育所取得的长足进步和显著成就都不会故意抹煞，尤其是对孩子们健康成长和发展的主流不会视而不见，但这并不意味就要回避孩子们某些方面的素质在不同程度上有所弱化的事实，其表现至少可以从身、心、志三个方面作出概括。所谓身，是指身体的虚弱，即体能的下降，这种身虚体弱的状况，我相信用不着举更多的例子去证明，只要看看在运动场上有多少孩子稍一奔跑就喘不上气来，在军训场上又有多少孩子因站立和正步走而倒下就已经足够。所谓心，是指心理的脆弱，即承受力的下降，例如，稍有一点委屈就悲痛欲绝，偶尔一次失误就愁云密布，听到一声并不那么严厉的训斥，也会心胆俱裂甚至走向极端。所谓志，是指意志的薄弱，即坚韧度的下降，例如，遇到困难和坎坷，不能自我跨越，往往退缩不前；面对挑战和考验，不能充满自信，常常萎靡不振；一旦受挫或犯错，很容易心灰意冷甚至自暴自弃。以上的概括未必精准，但我认为并没有违背基本的事实，正因为基本属实，才引起了全社会的忧虑尤其是许多教育工作者的反思。

对孩子素质弱化问题的反思以及原因的寻找，也是随着这一现象的出现就开始的，最初的认知或代表性的观点是：孩子素质弱化的原因在于在孩子的培养和成长过程中，香水味过浓，脂粉气过重，即母爱与父爱失衡，通俗地说就是“阴阳失调”。其理由或依据主要有两个方面：一是在绝大多数的学校，女教师的比例过大，尤其是幼儿园和小学的教师群体堪称是“娘子军”；二是在绝大多数的家庭，孩子的教育似乎只是母亲们的事情，这两个方面的重合，构成了庞大的“妈妈们”群体，由于许多孩子只能在“妈妈们”的怀抱中成长，因而逐渐被“慈化”了，其结果就是孩子们某些方面素质的弱化。这样的理由和依据显然并不完整和充分，也有失公允，因为孩子某些方面素质的弱化是多种原因造成的，例如，过度强调孩子成长环境的“软”与培养方式的“柔”就是很重要的原因，所以，孩子素质的弱化不能简单地归结于“妈妈们”的香水有毒、脂粉有害，更不能否定“慈母们”在孩子教育与培养上的异常辛苦和特殊贡献。尽管如此，我们仍然可以从中获得深刻的启示，进而对父母之爱作深入的思考。

母爱是伟大的，对于孩子的成长乃至一生来说都是最不能缺少的，但仅仅有母爱又是不够的。都说母爱如水，意指母爱具有绵柔或柔情的特质，正所谓柔情似水，这无疑是母爱的天然优势。诚然，现实生活中从来就有许多性格刚毅、刚强“不让须眉”的母亲，但从总体上说，这种柔的内在特质不可能得到根本的改变，这也可以称之为母爱的天然局限。正由于此，父爱就显得非常重要。都说父爱如山，意指父爱具有厚重或浑厚的特质，突出地表现为豪放与阳刚，这样的特质对于孩子性格与气质的形成有着母爱不可比拟的优势，纵然有些父爱的“山势”并不那么挺拔与雄伟，那也绝不是母爱之水可以替代的，更是孩子们不可缺少的。坦率地说，在一些妻子的眼中，也许会有“窝囊”的丈夫，但在所有孩子的心中，不会有“废物”的父亲。为了切实改变孩子素质弱化的状况并使之具有强大的内在力量和气场，希望有更多的父亲能主动担当孩子的教育责任从而成为孩子们的“李云龙”，也希望有更多的男教师能积极参与孩子的培养从而成为孩子们的“美猴王”。当然，父爱如山、母爱如水只是相对的，而不是绝对的，现实生活中，母爱如山、父爱如水的情况也是常见的，同时也很正常。我们所强调的重点显然在于，无论是母爱还是父爱，都必须实现豪放与绵柔的有机整合或优势互补，犹如山与水的情景交融。

最近一个时期，人们有着关于“娘炮”的热议。所谓“娘炮”，大意是指一些男孩子在外形上诸如容貌、穿着、打扮乃至行为举止等方面具有女性化至少是中性化的特征或样态，但更为主要的是指这些男孩子缺乏内在的力量，阳刚之气不足，仅仅就说话不能掷地有声、走路不能气宇轩昂这些日常的细微表现就足以作出基本的判断。显然，“娘炮”是对一些男孩子素质弱化状况的形象化概括，虽有贬义，却意味深长，即为了未来重任的担当，期盼所有男孩子的气质能多一点阳刚与豪放，或者说能有更大的气场。话再说回来，“娘炮”并不是生来就如此，而是被爱成了这个模样，父母包括老师们岂能不仔细端详和思量，进而在如何关爱孩子的问题上改弦更张！

九、敢讲爱情多开明

孩子人生自画圆
忽视爱商难免缺
素质教育本多情
何需谈爱色就变
积极引导胜消防
恋爱课程非等闲
家庭不是戒律院
父母爱情启蒙篇

凡是父母无不希望孩子能有圆圆满满的人生，然而在现实生活中，人生总是难免会有这样那样的缺憾，对于我们父母来说，最大的心愿莫过于孩子今后不要有爱情与家庭的缺憾，我确信，几乎没有一个父母能认同包括“不娶妻、不生子”在内的所谓新的“四大皆空”，问题是，我们如何才能有效地防止孩子出现这种缺憾？我认为重要的途径和举措就是注重孩子“爱商”的培育。爱商是情商的拓展和升格，集中体现为积极而健康的恋爱观和家庭观。只有注重孩子的爱商培育，孩子才能懂得爱情的价值与家庭的意义，进而学会如何恋爱。

孩子懂得什么是爱情并学会如何恋爱，是其人生发展中不可或缺且十分重要的素质，理应成为素质教育的内涵和目标之一。我们为什么要坚决反对应试教育进而积极倡导并努力实施素质教育，其重要的理由或原因之一就是应试教育只是把孩子当作知识的容器、考试的机器，在一定程度上可以用冷酷无情来形容或概括，与此相对，素质教育崇尚的是人本精神，释放的是人文情怀，彰显的是人性尊重，即是说，素质教育既重情且多情，充满着人情味，其中，培育孩子正确的恋爱观并让孩子懂得爱情、会谈恋爱无疑是其鲜明的特征和显著的标志之一。如果素质教育不敢“谈情说爱”，不仅是狭隘的，而且是索然无味的。所以，在孩子素质培育的问题上，父母们对爱情与恋爱用不着一味地回避，更不要强行地“清零”，而是要用开放和开明的心态给予积极的认同、主动的接纳。

把懂得爱情、会谈恋爱纳入孩子素质培育的范畴和目标体系，绝不仅仅是一个理念更新和思维拓展的问题，而是一个非常现实的问题。由于应试教育向素质教育的转型尚不彻底，为数不少的父母对孩子素质的培育仍然只是关注会不会读书尤其是会不会考试，总是认为孩子懂不懂爱情、会不会恋爱并不那么重要，即使重要，也要看书读得好不好，分考得高不高，因为古人早就给了我们这样的自信：“书中自有颜如玉”，今天的许多人也有着这样的乐观预期：“分中自有帅富高”。但这样的自信和预期一再被生活无情地打击，以至于高学历、高学位的所谓“大男剩女”成为当今社会的一个突出现象并让许多父母忧心如捣、愁肠百结。面对这样的现象，不少父母常常埋怨社会，抱怨孩子，其实，这种现象的产生和存在，很大程度上也是由我们自己造成的，其主要理由就是我们过度关注了孩子的早恋现象却忽视了孩子恋爱课程的开设。

孩子早恋确实是有害的，父母们对孩子早恋的现象给予高度的关注并采取相应的管控措施也是完全必要的，但更为重要的则是在恋爱问题上能给予孩子积极主动的引导，其主要内容我认为至少有如下三个方面：第一是引导孩子确立健康的恋爱观以及家庭观，学会认同恋爱的价值和家庭的意义，重在培育孩子的积极态度；第二是引导孩子懂得什么样的情况下或具备什么样的“条件”才能开启爱情的大门，同时应当具有什么样的心理准备，重在培养孩子的责任意识；第三是引导孩子理性地看待并正确处理学习与恋爱、立业与成家的关系，以及如何适度把握早与晚的时机以及快与慢的节奏，重在培育孩子的自主能力。在我看来，这样的引导既体现了素质教育的人本价值，也是对“三观”内涵的丰富，堪称是孩子人生的必修课。也许有些家长会这样认为，孩子的恋爱是顺其自然、水到渠成、无师自通的事情，用不着主动地引和积极地导，其实不然，有没有积极且主动地引导，孩子恋爱以及家庭的质量将表现出很大的不同乃至明显的差异，只是我们很少关注罢了。

对孩子恋爱的积极引导，构成了素质教育的重要课程，由于复杂的原因，这一课程总是那么的敏感，也总是容易引起争议，致使许多学校常常处于两难的境地，但对于家庭来说，则应当把这一课程的开设作为重要的职能，同时应当成为我们所有父母的重大责任。我一直持有这样的观点：文明的家庭应当是孩子懂得恋爱的课堂，而不是“戒律院”，开明的父母更应当是孩子学会恋爱的导师，而不是“守门员”，即是说文明的家庭与开明的父母，要敢于对孩子“谈情说爱”，而不是谈爱色变。尤其是要消除这样的疑虑：似乎面对孩子打开爱情的话匣子，就如同打开了潘多拉的魔盒，后果不堪设想。之所以要消除这样的疑虑是基于这样的事实，即绝大多数孩子并不会因为听了恋爱课程而荒废学业乃至误入歧途，同时，在一个万物互联，信息爆棚的时代，父母们不谈自然有人会谈，与其让孩子去听“杂谈”，不如主动给孩子以“美谈”。回看现实生活，几乎所有的孩子很早就有着探寻父母恋爱秘密的浓厚兴趣，也几乎每天都在阅读父母爱情这本生动的教科书并从中获得幸福感，父母们岂能避而不谈！需要注意的只是什么时候谈，用什么方式谈，谈些什么内容，谈到什么程度。总的原则就是，根据孩子身心发育的状况谈，既因人而异，又掌握分寸，既不失坦诚，更讲究艺术。

十、培育爱心最有品

孩子立身爱为本
父母爱心种基因
只爱不教善根断
爱心迷失恶道行
天堂有爱安琪儿
世间无恨爱心人
要让社会充满爱
万家生佛育爱心

本章立足于人本价值观，就父母应当用何种方式去关爱孩子的问题从不同的角度进行了讨论，其主要目的就是为了能更理性地选择爱的方式，从而避免爱的错误。之所以确立这样的宗旨，是因为爱的方式如果不当或选错，就很容易犯错，而爱一旦犯错，其后果要比其他方面的一些失误严重得多。古往今来的无数事实都反复证明，父母对孩子的“错爱”，足以毁掉孩子的一生，也必然会让自己悔恨终身，换句话说，父母们对孩子糊里糊涂的爱，得到的绝不仅仅是“无言的结局”，而可能是痛苦的结局乃至人生的悲剧，对于所有父母来说既要清醒，更要警醒，也正由于此，我们才要大声疾呼！

正确地或理性地选择爱的方式无疑是极其重要的，但我认为追求爱的境界、提升爱的品位则更加重要。所谓境界和品位，我认为就是让孩子具有爱心或成为有爱心的人。无论是就孩子的人生发展而言，还是从社会的文明延续而论，孩子的爱心都是不可替代的硬核，父母们的爱心纵然博大而丰满，但都比不上孩子有爱心，正所谓父母的爱心诚可贵，孩子的爱心价更高。

孩子的爱心是立身之本。说到立身，我们常常强调德与信的重要性，因为立德才能树人，人无信不立，这无疑都是正确且精当的。但德从来不是狭义的，信也不是抽象的，爱显然是其最为重要的内涵和体现。如果缺少了爱心，德不仅是不完整的，而且很可能是虚伪的，至少是不厚重的，信更是靠不住的，在现实生活中，几乎没有人能真的相信一个没有爱心的人会是一个有道德和讲诚信的人，也很少有人能真的被那些用黑心钱去做慈善的“爱心人士”所感动。所以，有爱才谈得上有德，也才真正的可信。对于孩子而言，爱无疑是德之端、信之源，甚至可以说，孩子只要有了爱心，就足以立身乃至立命，虽然有了爱心未必就能非圣即贤，但一定能成为善良之辈，而非邪恶之徒。

孩子有没有爱心，是一个重大且严峻的问题。如果说我们对今天的孩子有什么忧虑的话，那么最大的忧虑之一也许就是爱心的缺失，由此成为精致的利己主义者。这种忧虑显然不是杞人忧天、庸人自扰，而是面对现实的严肃思考，同时也是责任感的体现。但一些孩子为什么会缺少爱心则需要我们所有父母躬身自问，在我看来，缺少对孩子爱心的滋养是首要的或根本的原因，我们许多父母只是满足于对孩子爱心的付出，而淡忘了对孩子爱心的培育，这就是只爱不教或爱无所教。

孩子的爱心是需要从小滋养和培育的。自从《三字经》问世以来，就有着人之初是性本善还是性本恶的争论，这样的争论也许还会无休止地进行下去，但我的肤浅心得和体会则是：“苟不教，性乃迁”才是其精妙之处或精义所在，用于孩子的爱心培育也最为精当，即是说，孩子的善念也好，爱心也罢都是教出来的，父母们如果只爱不教，孩子的爱心不可能自然地“生长”。常言“父慈子孝”，其实，父慈与子孝之间虽然有因果关系，但并没有必然的联系，因为缺少爱的教育，慈父面对的很可能是逆子，同样，如果孩子爱无所教，即使有爱心也难免会迷失。关于这一点，凡是看惯了各种各样的“洗礼”尤其是经历了“文革”的人，无不有着刻肌之感和切肤之痛，因此，父母们要想让孩子具有爱心以及善心和孝心，就不能不高度重视教的功能，主动担当育的责任。当然，孩子爱心的培育是一个过程，也有着多种的方式，但我认为最重要的则是在孩子的心中播下爱的种子，植入爱的基因。

不知从何时起，学校、家庭以及社会对孩子越来越重视“防”的教育，既要防诈防骗防陷阱，又要防黑防恶防毒品，从而让孩子不仅要具有“防人”之心，更要懂得“防身”之术，这无疑体现了对孩子的保护责任和真心关爱，遗憾的只是防不胜防。究其原因，许多人常常归结为社会诚信体系的垮塌，以至于整个社会都表达了重建诚信体系的强烈愿望，以期能彻底改变靠防范自救或在防范中生活的状态，其态度之积极，对策之正确都值得肯定和点赞。但在我看来，诈骗与陷阱、黑恶和毒品之所以防不胜防，并不仅仅是由于诚信的缺失，更是因为爱心乃至人性的泯灭，或者说，爱心的泯灭才是一切丑恶和罪恶的源头，这就需要从源头上治理。所谓源头治理，就是洗去人性上的污垢，使爱心获得重生，其中，让所有的孩子接受仁的文化熏陶、爱的精神培育则更为关键。社会赋予了我们所有父母以这样的崇高使命：不能让未来的孩子再为今天的孩子处处设防。

生活在现实中的每一个人，都有着对社会更加和谐、温馨的祝愿，更有着人人献出一点爱，让世界充满爱的心灵呼唤，但理性一再告诉我们，总有一些人是没有爱可以奉献的，更有一些人的爱心是呼不出、唤不回的，唯有孩子的爱心是可以培育的。如果每一个孩子的心中都充满着爱，那么社会将到处都是“安琪儿”，人间也将比天堂更加美好。所以，父母们对孩子爱心的培育，既是为孩子祈福，更是对社会的贡献。

最后，我与家长们朋友们再次分享一个成语并以此结束我们的讨论，这个成语叫“万家生佛”，亦作“生佛万家”，旧时用作对官吏仁爱或德泽广披的颂扬，今天我们可以赋予其新的含义并用来点赞注重孩子爱心培育的父母和家庭，即所有的父母若能育出有爱心的孩子，每一个家庭都能走出有善心的孩子，功高莫此为甚！善大莫之与京！

尾声

一、抖擞精神只为情

家教期盼有情人
耆年园丁抖精神
情之所钟为孩子
怀质抱真意也殷
激情喷涌难自禁
直把狂放当谦逊
一言一语皆是情
我以我口应我心

我们围绕家长所展开的讨论，其目的显然是为了更好地发挥家庭教育的重要功能，更好地彰显家庭教育的独特优势，从而让孩子能得到更好的教育与培养。如果对基本的认知再作一次归纳，这就是：家庭是孩子这棵幼苗生长的土壤，家庭的生态决定着孩子的成长样态；家长是滋润孩子茁壮成长的阳光雨露，家长的人文素养决定着孩子的人格修养。如果说孩子的人生发展确实有起跑线的话，那就是也只能是好家庭尤其是好家长，所以，家长们要想不让孩子输在人生的起跑线上，就必须努力提升家庭的品位，完善自我的素质。要培养好孩子，先做好家长。

家庭生态和家长的素质对孩子的健康成长乃至人生发展既然如此重要，我们所有教育工作者理应给予高度的关注，进而做家庭教育的热心人、家长们的有情人。正是基于这样的情感归属，我对家庭教育有着长期的认真思考并由此产生了与家长们进行交流与讨论的强烈愿望。2018 年，我退出高校领导岗位，因而有了相对充裕的时间，能专心致志地对家庭教育的相关问题进行系统的梳理，并结集成书。我不敢奢望能为家长们立言，为孩子们请命乃至能开辟家庭教育的新境界，我能做的仅仅是不忘一个老园丁应有的责任，夸大一点说，就是为了做一件对家庭与社会，孩子与家长们有益的事情，因此，我既没有把倾情的付出看作是自作多情，也没有把辛苦的写作看作是自找苦吃，更没有在人文价值之外追求什么“附加值”。面对此书，家长们虽然未必都是“知我者”，能“谓我心忧”，但也不要对我的动机作过度的解读和猜测，何况对于一个步入耆年的人来说，早已没有想象中的那么复杂。

正因为我的情感是真挚且质朴的，内心是敞亮且释然的，所以我与家长们的交流是坦诚的，讨论是平等的，所提建议也是真诚的，即使有批评也是善意的。同为家长，我们在孩子教育与培养的问题上不仅有着共同的愿景和体悟，而且都不乏“幼吾幼及人之幼”的大爱精神，以至于理相近、心相通、意相合、情相融，这决定了我与家长们的交流和讨论不需要闪烁其词，更用不着故弄玄虚，而是实话实说，直言无隐。虽然“实说”和“直言”也都有着相应的规范因而并不那么容易，但我自信没有说假话乃至言不由衷、口不应心，只是因为情不自禁，直抒胸臆，以至于既有好为人师之感，也有老气横秋之味，更是多有狂放之状少有谦逊之态，但为了孩子们，恳请家长们能以友情为重，宽大为怀。

二、以诗言志少雅韵

家教激情化诗情
白发犹作孩子吟
诗肠鼓吹儿歌声
抒怀不拘雅和韵
平铺直叙诗言志
老妪能解实与真
一字一句捻成诗
我以我手写我心

我在表达与叙述家庭教育的所思所想、所感所悟的时候，很自然地写下了若干首小诗。之所以说很自然，是因为没有刻意为之，更不是为了附庸风雅、卖弄风骚，而是有感而发，激情使然，正所谓心中有情才有诗，情到深处诗自成，犹如蓝天白云牧人放歌，落霞孤鹜渔夫唱晚。都说诗言志，但对我来说更多的是以诗抒情，对家庭教育情感之真挚尤其是对孩子们激情之奔放，才使我诗肠鼓吹，因而激情化诗情，言志为言人，并非无病呻吟。如果说我对这些小诗有什么价值期待，那就是以情动人。

我不是诗人，既不具备诗人的先天禀赋和潜质，也没能在后天修炼出诗人的素养和气质，之所以写了这些小诗，是因为“儿歌声”让我萌发了写诗的兴趣，也激发了我写诗的灵感，写着写着就成了这个样子。当然，这些小诗也不完全是“无心插柳”，多少也是“有心栽花”，其重要的原因之一就是我对教育以及教育学有着这样的体悟和认知：教育科学与其他所有科学一样，力量来自对客观规律的揭示以及由此形成的内在逻辑，但规律的客观性决定了逻辑既是严密的也是冰冷的，因而总是那么的严肃，这也许正是许多人对教育科学既想亲近又敬而远之的重要原因。其实，教育科学有着独特的品质和魅力，即充满着伦理的精神和人文的情怀，可以说情感深深、爱意浓浓是教育科学的灵魂，由此具有了浪漫的气息，这就是我所理解的教育诗性。我一直认为，教育科学应当微笑着回归生活与人本，不仅要让大众喜闻乐见，而且可以作为生命的颂歌和人生的赞美诗来吟唱，犹如“经典”那样“咏流传”，因此，我才有了用诗歌形式来解读教育科学以及表达教育认知的尝试。

教育的诗性与教育的理性虽然相融，但并不能简单等同。要把教育科学转化为教育诗篇，或把教育的逻辑语言转化为诗意的表达，既准确规范又生动形象，显然是非常困难的。我自知没有深厚的内功，要想让家长们赏心悦目实在是心有余而力不足，其用心仅仅是为了不让家长们被那些堆砌且枯燥的概念和范畴所累，进而能方便家长们记忆，哪怕只是记住一句两句，同时能让家长们产生联想并展开想象，哪怕只是想到一点两点。这些小诗确实耗费了我大量的心血，以至于常常为了“吟安一个字，捻断数茎须”，但仍然多有比兴不当、词不达意之处，同时我自认为这些小诗既不“歪”，也不“油”，但终究是少韵乏味，难登大雅之堂。尽管如此，我还是敝帚自珍，也希望家长们不因通俗而鄙之，更不因肤浅而弃之。

三、登峰攀顶自知难

家教如山峰连岭
侧横远近几多层
虽说也是登山人
自知乏力难攀顶
众煦漂山议成林
存异求同聚正能
一唱一和山谷鸣
我以我诚表我心

我自信对家长和孩子们有着真挚的情感，对家庭教育充满着激情，也自信有一定的理论知识和实践经验的积累，因此自告奋勇地与家长们就如何让孩子接受更好的家庭教育进行坦诚的交流和讨论。之所以自告奋勇，是因为充满自信，但在铺纸提笔的时候，却又感到下笔千斤重，开口一时难。

为什么会感到下笔千斤重？主要是因为孩子的教育与培养是比天还大的事情，责任重于泰山，不可以有任何的随意性，自己姑妄言之，让家长们姑妄听之。姑妄言之，也许没有误导的故意，但一定会有害人的结果，这决定了我思考与写作态度的认真，为此字斟句酌，反复推敲，几易其稿，以期能对得起家长们和孩子们，同时也经得住良心的自我叩问。

为什么会感到开口一时难？主要原因有如下两个方面：第一，家庭教育虽然人人都很熟悉，也看似很简单，但却是十分复杂的领域，其突出的表现之一就是每个家庭的状况各不相同，每个孩子的性情千差万别，还有家长群体，不仅在构成上具有鲜明的层次性，在素质上也有着丰富的多样性，正所谓各家有各家的经要念，各人有各人的话要说，虽然有心凝聚共识，但确实很难找到“最大公约数”。第二，家庭是社会的细胞，不仅是真实社会形态的缩影，也是社会现实样态的写照，社会形态和样态的任何变化，都会对家庭教育的理念、方式以及生态产生直接的乃至深刻的影响，即使努力以变应变，也确实很难保证内在的鲜活性。仅仅这两个方面的原因，就导致了我对家庭教育的问题想说清楚却难以说得清楚，想道明白却难以道得明白，以至于我在直面家庭教育的时候，不仅有“横看成岭侧成峰，远近高低各不同”之感，更有“虽说也是登山人，自知乏力难攀顶”之叹。

诉说这样的“重”，不是为态度的认真和责任的尽心自我标榜并以此博得家长们的点赞；诉说如此的“难”，更不是为自己水平不高、能力不足找理由并借此封堵批评、吐槽之口。为了孩子们，态度无论多么认真都是应该的，只要是为了孩子们，批评不管多么尖锐也都是宝贵的，但更为重要的则是如何才能更多地汇聚家庭教育的智慧，由此我真诚地希望，在孩子教育与培养的问题上，既要各抒己见、百家争鸣，更要存异求同、山鸣谷应。

四、老马嘶鸣唤新人

家教面貌日日新
情随境变与时进
推陈出新活力涌
因循守旧死气沉
新学小生敢超轶
识途老马望绝尘
一鼓一呼为新人
我以我愿慰我心

家庭教育既是古老的也是永恒的话题，只要家庭这一社会细胞和文明载体没有死亡和消亡，家庭教育就始终存在，其讨论也就不会终结。但这绝不意味着可以老生常谈，而是要常说常新。伴随着时代的进步以及社会形态的创新性转型，家庭教育的理念与内涵、职能与模式等都会发生巨大而深刻的变化，事实上这种变化每天都在发生，与其说是“无边光景一时新”，不如说是“家教面貌日日新”。现在的家庭已不是传统的家庭，今天的孩子也不是从前的孩子，这样的“旧貌变新颜”，要求家庭教育必须“新桃换旧符”，更要求我们所有家长必须与时俱进。诚然，我们高度重视且一再强调对千年智慧应当怀有敬畏之心，对优秀的传统文化要自觉地继承，但决不应当盲目崇拜乃至墨守成规、因循守旧，而是要情随境变并善于推陈出新，尤其是要敢于破旧立新，唯有如此，家庭教育才能鲜活清新、永远年轻。

放眼家庭教育的新天地，我们欣喜地看到，众多的家长尤其是新生代家长正以全新的素质和崭新的姿态活跃在孩子教育与培养的舞台上，他们迎着初升的太阳，怀着未来的梦想，更加自觉地注重于新知识、新理论的学习，新价值、新规范的认同，新模式、新方法的探寻，这正是家庭教育的希望所在。对于我们老一代家长而言，虽然在孩子的教育与培养问题上有着相对丰富的经历，也有着相对真切的体悟，把所有的这一切加以整理让新生代的家长们共享，无疑是我们应尽的责任，但毋庸讳言，所有这些都有着我们那个时代的印记，因而不可避免地存在着诸多方面的局限，相信年轻的家长们既有兼听则明、虚怀若谷的胸襟，也有择善而从、自我作故的能力。

都说老马识途，其实，并非所有的老马都能识途，即使识途，也未必都能识新途。面对新学小生的超轶绝尘之势，所谓的识途老马纵然也有努力追赶的雄心，但更多的只是望尘莫及之感叹，这种感叹绝不是情绪失落的悲鸣，而是激情奔放的嘶鸣，是为更好地培育新人而热情地鼓与吹，尽情地呐与喊。倘若我的热情鼓吹和尽情呐喊能使家长们的精神有所振奋，信心有所递增，由此助力家庭教育再创新优势、新格局，我便愿有所偿、心有所慰。

后　记

关于写作本书的动机、过程，尤其是心中的遗憾与愿望，我在尾声部分已作了坦率的陈述，但在付梓之际，仍觉得言犹未尽。此刻，我最想说的就是感谢，向所有为本课题的研究以及本书的出版给予关心和帮助的人表达真诚的谢意！

作为自选课题，从一开始就得到了江苏省教育厅基教处原处长，江苏省教育科学研究院党委书记、院长陆岳新同志的大力支持。他不仅对本课题的研究寄予热切的期待，而且就家庭教育中需要讨论的诸多问题提出了有针对性的建议，这对我的研究既拓展思维又贴近生活有着很大的启发。

在本课题研究以及本书写作的过程中，江苏凤凰教育出版社总编辑王瑞书先生给予了高度的关注。基于让孩子们能得到更好的培养这一共同愿景，围绕着如何给家长们以正确的导向，进而为家庭教育注入正能量这一重大的话题，我们有过多次热烈的讨论和坦诚的交流，他的许多真知灼见让我受益匪浅。

当我把阶段性的研究成果整理成书稿以后，江苏省政协原副主席、南京大学党委原书记、国家总督学顾问胡金波教授进行了认真的审阅，并给予了充分的肯定和热情的鼓励，欣然为本书作序。他的肯定和鼓励既是对我个人劳动的褒奖，也是对家庭教育研究的推动，更是对怎样做好家长、培养好孩子的引领。

为了本书能顺利出版，江苏凤凰教育出版社副总编辑孙兴春先生、编辑部主任刘煜女士、责任编辑马笑女士都以高度负责的精神、一丝不苟的态度付出了辛勤的劳动。江苏开放大学校办秘书徐卫红女士再次为我承担了繁杂的文档处理工作。金陵科技学院纪委原书记丁鹏先生、江苏开放大学原副校长顾鼎竞先生、江苏开放大学国开分部教学处原处长瞿学良先生等都给了我许多的帮助。

本书的写作历经五年，我可敬的夫人一如既往地为我做好后勤保障，她细针密缕的服务，使我能专心致志地进行研究和写作，同时，在许多问题上贡献了智慧。我可爱的女儿先是把我写作此书当作她唯一需要的嫁妆，当她做了母亲后，又把我写成此书看作外公赠送给小外孙的最珍贵的礼物，因而满腔热忱地参与讨论。可以说，这本新著是我们家庭的集体创作。

彭坤明

2023 年 4 月 16 日于南京